Rudolf Steiner

Die Welt der Pädagogik

Rudolf Steiner

Die Welt der Pädagogik

Ausgewählte Texte

Herausgegeben und kommentiert
von Urs Dietler

RUDOLF STEINER
VERLAG

1. Auflage 2008

Einband und Foto	BADER. Kommunikation
Layout und Satz	BADER. Kommunikation
Schrift	FF DIN, Stempel Garamond, Linotype Syntax Sans
Papier	Cordier Werkdruck
Druck und Bindung	Druckhaus Nomos, Sinzheim

Printed in Germany
ISBN 978-3-7274-5377-9
www.steinerverlag.com

Inhalt

Einleitung

Als Rudolf Steiner in den turbulenten Zeiten zu Beginn der Weimarer Republik auf Anfrage des Stuttgarter Industriellen Emil Molt – Inhaber der Zigarettenfabrik Waldorf Astoria – eine Schule für dessen Arbeiterkinder entwickelte, die sich als impulsierender Kulturfaktor in das 20. Jahrhundert hineinstellen sollte, zielte er auf eine schnelle Ausbreitung dieser Schulbewegung – weltweit. Er regte einen «Weltschulverein» an, der international tätig solche Schulen inaugurieren und unterstützen sollte. Wiewohl sich diese Idee nicht konkretisierte und Waldorfschulen[1] in kleiner Zahl zunächst nur in Europa und hier vor allem in Deutschland entstanden, so begannen sich nach der Zeit von 1933 bis 1945, während der diese Schulen verboten wurden, die Waldorfschulen nach und nach in der ganzen Welt auszubreiten. Heute arbeiten an die 1000 Schulen in 60 Ländern auf dieser Grundlage, und ihre Vernetzung über die Landesverbände und verbindende Organe ist gewährleistet.

Diese Ausbreitung ist nicht zentral gesteuert: Waldorfschulen entstehen auf Initiative von lokalen Elterngruppen, die sich mit den *Grundideen* einer solchen Schule verbunden fühlen. Immer wieder stellen sich bei solchen Gründungen die Fragen, die auch an langjährige Schulen von innen und außen gerichtet werden. Was zeichnet die Waldorfschule aus, gibt es Kriterien, die primär und sekundär berücksichtigt werden müssen? Ein äußerlicher Blick wird vielleicht eine gewisse Einheitlichkeit in der Erscheinungsweise erkennen wollen; wer genauer hinsieht und nachfragt, wird einerseits eine sehr große Viel-

1 Auch «Freie Waldorfschulen» oder «Rudolf Steiner Schulen» genannt. Rudolf Steiner wirkte an weiteren sieben Schulgründungen mit, so auch an der «Freien Goethe Schule» in Hamburg und der «Vrije School» in Holland.

falt in der Praxis, andererseits eine gemeinsame, verbindende Inspirationsquelle aufspüren können. Diese Quelle ist es denn auch, die in ihrer Qualität keine Uniformität erzeugen kann, sondern individuelle Initiativen in je bestimmten sozialen und kulturellen Zusammenhängen hervorruft und ermöglicht. Es geht nicht um Programme und allgemein-abstrakte Losungen, sondern um die Verwirklichung einer Idee. Diese unterscheidet sich von den Ideen der beiden großen Wellen der Reformschulimpulse in den 20er und 68er Jahren des letzten Jahrhunderts, auch wenn in bestimmten Praxisfeldern durchaus Übereinstimmungen gefunden werden können. Rudolf Steiner entwickelte ganz grundsätzlich und differenziert das, was Pestalozzi seinerzeit forderte:

«Die Erziehungskunst muß wesentlich und in allen Teilen zu einer Wissenschaft erhoben werden, die aus der tiefsten Kenntnis der Menschennatur hervorgehen und auf sie gebaut werden muß.»[2]

In diesem Buch wird versucht, anhand von thematisch zusammengestellten und kommentierten Texten aus Rudolf Steiners Vorträgen und Schriften die Grundideen und Praxisrichtlinien der Waldorfpädagogik vorzustellen. Dabei galt es, aus der immensen Fülle von 224 pädagogischen Vorträgen auszuwählen, die Rudolf Steiner zu den verschiedensten Gelegenheiten in einigen europäischen Städten in der Zeit zwischen 1919 und 1924 hielt. Da für diese Auswahl mit Absicht fast ausschließlich öffentliche und halb-öffentliche Vorträge berücksichtigt wurden, sieht sich der Leser derselben Situation gegenüber wie die Studenten, Lehrer und Interessierten, die zum ersten Mal mit diesen Ideen bekannt wurden. Erwähnt sei hier zum Beispiel der pädagogische Kurs,[3] der aufgrund einer Anfrage von Lehrern im Frühjahr 1920 in

2 J. Pestalozzi, «Reden an mein Haus», 12. Januar 1818.

3 Siehe GA 301

der Aula der Oberrealschule in Basel zustande kam; im Saal saßen dicht gedrängt die eingeladenen Lehrer aus Basel und Umgebung.

Rudolf Steiner sprach bei solchen Gelegenheiten immer einführend, aber auch spirituell konkret und das Anliegen offenlegend. In diesen Vorträgen wurde das geisteswissenschaftlich erweiterte Menschenbild ebenso erörtert, wie die Themen Schicksal und Freiheit zur Sprache kamen oder die Notwendigkeit einer dem Staat gegenüber autonomen Schule als Trägerin eines Kultur schaffenden Geisteslebens. Viel Raum nahmen natürlich auch methodisch-didaktische Konkretionen ein, die im Zusammenhang mit den spirituellen Grundlagen dargestellt wurden. Oft ging Rudolf Steiner in diesen Vorträgen auf schriftlich oder mündlich vorgebrachte Fragen ein, so die damalige kulturell-geschichtliche Situation aufgreifend.

Für uns heute stellen sich andere Fragen, insbesondere auch die nach der Aktualität und dem Zukunftspotential dieser Pädagogik. Seit der Gründung der ersten Waldorfschule 1919 in Stuttgart hat sich das Bild der Erde und der Menschheit radikal verändert. Naturwissenschaften, Technologien, Kommunikations- und Mobilitätsmöglichkeiten entwickelten sich in progressiver Beschleunigung, Chancen und Gefährdungen dieser nun globalen Entwicklungen liegen nahe beieinander. Das gesellschaftliche Umfeld, in dem Kinder heute aufwachsen, ist ihnen oft wenig förderlich, ja feindlich gesinnt und eine zukünftige Pädagogik muß sich den neuen Problemfeldern stellen: Fragmentierung der Beziehungen, Virtualisierung der Wahrnehmungswelt und zunehmende Komplexität und Unübersichtlichkeit der Lebensverhältnisse.

Die hier vorgelegte exemplarische Auswahl von Texten möchte aufzeigen, daß der von Rudolf Steiner entwickelte Ansatz gerade auch den Anforderungen des 21. Jahrhunderts gerecht wird, so er denn von innen – nicht programmatisch – ergriffen und für heute aktualisiert wird. Er ist durchaus so angelegt, daß neue Antworten gefunden und die alten tiefer verstanden werden können, ist er doch der *Wesensnatur* des Kindes und Jugendlichen abgelesen.

Wiewohl das Buch nach Themen gegliedert ist, ließen sich aus der Natur der Sache heraus – Waldorfpädagogik ist ein ganzheitlicher Ansatz – thematische Überschneidungen und Wiederholungen nicht vermeiden. Sie mögen zur Vertiefung der angesprochenen Aspekte dienen.

Im *ersten* Kapitel wird Rudolf Steiners *spirituelle Anthropologie* ins Zentrum der Betrachtungen gerückt. Jede Schule – staatlich oder privat – baut auf einem Menschenbild auf, das mehr oder weniger bewußt reflektiert wird. Vielen ist das heutige, aus der reduktiven Naturwissenschaft heraus geformte Bild des Menschen zu eng gefaßt. Rudolf Steiner nun entwickelt in präziser Weise ein solches, das die übersinnliche Dimension der Welt und des Menschen mit einbezieht. Von daher wird die Entwicklung des Kindes und Jugendlichen, innere Haltung und Ausbildung des Lehrers und der Lehrerin, das Verhältnis von Wissenschaft, Kunst und Religion auf ganz neue Art verständlich und handlungsleitend.

Im *zweiten* Kapitel wird das holistische Leitmotiv der anthroposophischen Pädagogik sichtbar. Der Unterricht erfolgt immer mit einem Bewußtsein für *das Ganze*, das größer ist als seine Teile, das dem Einzelnen vorausgeht und auf das die Besonderheiten bezogen werden.

Im *dritten* Kapitel kommt die *Didaktik* ins Blickfeld, die sich im Zusammenhang mit den in den beiden ersten Kapiteln dargestellten Grundlagen ergeben kann. Es geht hier nicht um ein einmal festgelegtes Regelwerk, um abzuarbeitende Programmpunkte, die die Qualität einer Waldorfschule auszeichnen, sondern um Beispiele und transparente Leitlinien.

Im *vierten* Kapitel geht es um die *soziale Gestalt* der Schule, um Schulstruktur, Organisation, um die Mitwirkung der Eltern. Dies war Rudolf Steiner ein besonderes Anliegen, stand es doch im größeren Zusammenhang seiner Ideen für eine soziale Gestaltung der Gesellschaft.

Das *fünfte und das sechste* Kapitel schließlich versammeln Überlegungen zu scheinbar peripheren Gebieten dieser Pädagogik: zu der Rolle des Humors, zu der Problematik von Kompromißbildungen und zu offenen Themenfeldern, die kontrovers oder kaum besprochen werden.

Der *Anhang* bringt den Nachweis der Textstellen, ein Sachwortregister und eine Liste weiterführender Literatur.

Kapitel I: «weil einem das Materielle flüssig wird ...» Spirituelle Anthropologie

Herzstück jeder Pädagogik ist eine philosophische Anthropologie, das heißt eine mehr oder weniger differenziert ausgebildete Lehre vom Menschen, seiner Fähigkeiten, seiner Stellung innerhalb der Erde und der Lebewesen. Je nachdem, wo der Mensch im Spannungsfeld von Biologie, gesellschaftlicher Umwelt und freier Eigenaktivität angesiedelt wird, je nachdem, ob und wie er auf Transzendenz bezogen gedacht wird, wird Unterricht und Erziehung anders gestaltet. Während die *Nature-nurture*–Debatte[4] in Pendelschlägen nach der einen oder andern Richtung immer weiter geführt wird und die moderne Hirnforschung ultimativ die Freiheitsfrage stellt, sah es Rudolf Steiner als eine seiner Lebensaufgaben, eine spirituelle wissenschaftliche Erkenntnis des Menschen auszuarbeiten. Der Mensch erscheint so als Wesen, in dem Geistig-Seelisches und Leiblich-Physisches auf ganz bestimmte Weise miteinander verbunden sind. Diese Verbindung beginnt mit der Geburt und löst sich wieder mit dem Tod. Dazwischen geschieht eine das ganze Leben hindurch andauernde Neukonfiguration dieses Verhältnisses; eines Verhältnisses, das es gerade im Kindes- und Jugendalter präzis zu erfassen gilt. Hier finden gesetzmäßige Entwicklungen statt, die sehr komplex sind. Rudolf Steiner spricht von der Viergliedrigkeit des Menschen, die neben dem physischen Leib drei weitere, der übersinnlichen Welt angehörende umfaßt. Diese – Ätherleib, Astralleib und Ich – werden «geboren», wie der physische Leib bei der Geburt, und mar-

4 Dominiert das Erbgut oder die Erziehung?

kieren wichtige, pädagogisch zu berücksichtigende Lebensabschnitte. Wie ein Kind angesprochen werden soll und welche Inhalte ihm wie vermittelt und sinnvoll werden können, hängt von seinem Alter ab. Alles hat seine Zeit: bildlich-beseelte Darstellung, intellektuell-diskursives Vorgehen, freie Urteilsbildung. Rudolf Steiner zeigt auf, welche gesundheitlichen und biographischen Folgen Verfrühung oder – heute weniger die Gefahr – Verzögerung hier bewirken kann.

Neben die genannten, zu beachtenden Entwicklungs-Gesetzmäßigkeiten tritt als gestaltender Faktor die unverwechselbare Individualität jedes einzelnen Menschen, des Lehrers und des Kindes. Unterricht versteht sich so als Schaffung einer Lern- und Sozialumgebung, in der das einzelne Kind, der einzelne Jugendliche seinen Lern-, ja Lebensweg findet. Jedes Kind ist in seiner ganzen Lebensäußerung und seinem Wesen einmalig und ruft gleichsam nach einer individuellen Ansprache und Förderung, es will in seiner Einmaligkeit erkannt und geliebt werden. Dies aber ist nur auf der Grundlage einer Beziehung möglich, die über die sogenannte Stoffvermittlung hinausgeht und tiefes Interesse am andern beinhaltet. Dazu ist es nötig, daß der Lehrer und die Lehrerin nicht nur das Kind zu erkennen versuchen, sondern auch sich selbst. Rudolf Steiners Diktum, daß Erziehung eigentlich Selbsterziehung sei, wird von daher verständlich. Im hier entwikkelten Kontext geht es konkret auch um die meditative Schulung des Erwachsenen, sollen die übersinnlichen Dimensionen doch auch selbst erschlossen und verstanden werden.

Zur genannten Viergliedrigkeit stellt Rudolf Steiner auch eine Dreigliederung des Menschen, die er sich in jahrelanger Forschung erarbeitet hat: Die geistig-seelischen Dimensionen von Denken, Fühlen und Wollen sind eng mit dem physisch-leiblichen Komplex des Menschen verbunden, und auch hieraus ergeben sich zentrale pädagogische Aspekte.

Hiermit im Zusammenhang steht ein angemessenes, wiederherzustellendes Verhältnis von wissen-schaftlichem Forschen, künstlerischem Tun und lebenspraktischem Handeln oder – in einer anderen Perspektive – von Kunst, Wissenschaft und Religion.

Die folgenden drei Textabschnitte befassen sich mit der *pädagogischen Gesinnung*, die sich aus der «spirituellen Basis der Erziehung» ergibt. Das Kind trägt ein Geheimnis in sich, dem sich der Pädagoge in einer als Kunst verstandenen Erziehung nähert, einem Gärtner gleich, der seine Pflanzen pflegt.

Damit habe ich vielleicht zunächst etwas angedeutet aus der Gesinnung heraus, aus der diese Vorträge gehalten werden sollen: Dasjenige, was hier über Erziehungswesen und über Unterrichtswesen zunächst von mir gesagt werden soll, ruht ja auf der Grundlage derjenigen spirituellen wissenschaftlichen Erkenntnis, welche auszubilden ich mir zur Aufgabe meines Lebens gemacht habe.

Diese spirituelle Erkenntnis, sie wurde zunächst um ihrer selbst willen gepflegt, und in den letzten Jahren haben sich Freunde dieser Weltanschauung gefunden, um sie auch einzuführen in die einzelnen Gebiete des praktischen Lebens. Und so war es in Stuttgart Emil Molt, welcher aus der Anschauung desjenigen, was durch das Goetheanum, die Freie Hochschule für spirituelle Wissenschaft in Dornach in der Schweiz, gewollt wird, das angewendet sehen wollte auf eine Erziehungs- und Unterrichtsanstalt für die Kinder im volksschulpflichtigen Alter. Und so kam es zu der Einrichtung der Waldorfschule in Stuttgart.

Der Pädagogik und Didaktik dieser Waldorfschule in Stuttgart wurde nun jenes spirituelle Leben zugrunde gelegt, von dem ich meine, daß es aus dem Geiste unserer Zeit heraus zu einer Fortführung des Erziehungswesens führen muß, gerade so, wie es der Geist für unsere Zeit, wie es die Aufgaben und wie es die Stufe der Menschheitsentwicklung innerhalb unserer Zeitepoche fordern.

Das Erziehungs- und Unterrichtswesen, welches hier gemeint ist, ist durchaus gebaut auf Menschenerkenntnis, auf einer Menschenerkenntnis, die über den ganzen Menschen sich ausdehnt von seiner Geburt bis zu seinem Tode, die aber auch erfassen will alles dasjenige, was an übersinnlichem Wesen innerhalb dieses Lebens zwischen Geburt und Tod sich auslebt als Zeuge davon, daß der Mensch einer übersinnlichen Welt angehört.

Wir haben in unserer Zeit allerdings auch spirituelles Leben; spirituelles Leben vor allen Dingen aber, wie es uns überkommen ist aus alten Zeiten, spirituelles Leben, das wir traditionell fortpflanzen. Wir haben neben diesem spirituellen Leben, immer mehr und mehr, in einer geringen organischen Verbindung damit, jenes Leben, das uns aus der großartigen naturwissenschaftlichen Einsicht unserer neueren Zeit erquillt. Wir dürfen in dem Zeitalter, in dem gelebt haben die großen Naturforscher der Gegenwart, die tonangebenden Geister der Naturerkenntnis, wir dürfen heute auch, wenn wir von dem spirituellen Leben sprechen, nicht außer acht lassen dasjenige, was eindringlich zeigt für die Menschenerkenntnis die Naturwissenschaft selber.

Diese Naturwissenschaft, sie kann uns Aufschluß geben über das Körperliche des Menschen, sie kann uns Aufschluß geben über den Verlauf der körperlichen, der physiologischen Funktionen während des physischen Lebens des Menschen. Aber diese naturwissenschaftliche Erkenntnis, so wie wir sie treiben, indem wir mit äußeren Werkzeugen experimentieren, indem wir mit äußeren Sinnen beobachten, sie hat gerade in der Zeit, in der sie so groß geworden ist, nicht vermocht, in das eigentliche spirituelle Leben des Menschen tiefer hineinzudringen. Das ist kein Tadel, den ich damit aussprechen will; das war die große Aufgabe der Naturwissenschaft, wie wir sie zum Beispiel, ich möchte sagen, in einer großen Systematik zusammengestellt finden bei einer Persönlichkeit wie Huxley. Das ist die große Leistung, daß sie einmal die Natur angesehen hat, ganz unbekümmert um alles dasjenige, was etwa in der Welt an Geistigem lebt.

Dafür haben wir auch eine Menschenerkenntnis, die nicht übergehen kann zu der unmittelbar praktischen Handhabung des Geistigen. Wir haben ein spirituelles Leben in unserer gegenwärtigen Zivilisation, und die verschiedenen Religionsbekenntnisse pflanzen dieses spirituelle Leben fort. Wir haben aber kein solches spirituelles Leben, das dem Menschen etwas zu sagen vermag, wenn er die bange Frage richtet nach dem Ewigen, nach dem Unvergänglichen, nach dem Übersinnlichen, dem er angehört; wir haben kein spirituelles Leben, das uns, mit anderen Worten, zu geben vermag Überzeugungen, Überzeugungen, wenn wir einsam dastehen in der Welt mit unserem physischen Leben, mit unserer physischen Lebensauffassung und nun fragen: Was liegt zugrunde an Ewigem, an Übersinnlichem dieser ganzen Sinneswelt?

Wir können uns dann Überzeugungen bilden darüber, was wir waren vor der Geburt im Schoße der göttlichen, übersinnlichen Welt. Wir können Überzeugungen bilden von demjenigen, was unsere Seele wird durchzumachen haben, wenn sie durch die Pforte des Todes gegangen ist. Wir können dasjenige, was wir so als Überzeugungen fassen, in Formeln bringen. Es kann, ich möchte sagen, warm in unser Herz, in unser Gemüt hereinströmen. Wir können sagen: Der Mensch ist mehr im ganzen Weltenall, als er ist in diesem physischen Leben zwischen Geburt und Tod.

Allein dasjenige, was wir auf diese Weise gewinnen, es bleibt Überzeugung, es bleibt etwas, was wir denken und fühlen können. Es wird immer schwieriger und schwieriger, die großartigen Überzeugungen, die uns zu diesem Spirituellen hinzu die Naturwissenschaft gibt, in die Handhabung, in die Praxis des Lebens hineinzuführen. Wir wissen vom Geiste; wir verstehen es nicht mehr, mit dem Geiste zu tun, mit dem Geiste zu handeln, unsere Lebenspraxis, das alltägliche Leben mit dem Geiste zu durchdringen.

Welches Gebiet des Lebens ist es am meisten, das uns auffordert, mit dem Geiste zu tun? Es ist das Erziehungs-, es ist das Unterrichtswesen. In der Erziehung müssen wir den ganzen Menschen ergreifen, und der ganze Mensch ist Körper, Seele und Geist. Wir müssen mit dem Geiste tun können, wenn wir erziehen, wenn wir unterrichten wollen.

Hat zu allen Zeiten der Menschheitsentwicklung diese Forderung über der Menschheit gestanden, so dürfen wir sagen: Jetzt gerade, weil wir auf dem Gebiete der äußerlichen Naturerkenntnis so weit gekommen sind, jetzt gerade am allermeisten steht die Forderung vor uns, mit dem Geiste tun zu können. Darum ist die soziale Frage heute in erster Linie eine Erziehungsfrage. Denn wir wollen mit Recht heute fragen: Was soll geschehen, damit soziale Ordnungen, soziale Institutionen unter uns entstehen, die minder tragisch sind als die heutigen, die minder bedrohlich sind als die heutigen? – Wir können uns keine andere Antwort geben als die: Wir müssen zunächst Menschen in das praktische Leben, in die soziale Gemeinschaft hineinstellen, die aus dem Geiste heraus, aus dem Tun im Geiste erzogen sind.

Eine solche Erkenntnis, die zu gleicher Zeit fortwährendes Tun im Leben ist, strebt diejenige Spiritualität im Leben an, welche zur Basis gemacht werden soll – nach der Meinung, die hier vertreten wird – für die Erziehung der verschiedenen Lebensalter des Menschen. Denn in der Kindheit, da steht der Geist näher dem Leibe des Menschen als beim Erwachsenen. In der Kindheit, da sehen wir, wie die physische Natur plastisch ausgebildet wird vom Geiste. Was ist gerade nach unserer heutigen Naturerkenntnis das Gehirn des Kindes, wenn es geboren wird? Es ist fast wie der Bildestoff, den der Bildhauer übernimmt, wenn er ein Bildhauerwerk bereitet.

Und schauen wir uns das Gehirn eines siebenjährigen Kindes an, das wir für die Volksschulerziehung übernehmen: es ist ein wunderbares Kunstwerk geworden, aber ein Kunstwerk, an dem weitergearbeitet werden muß, weitergearbeitet werden muß bis zum Ende der Volksschule. Geheimnisvolle spirituelle Kräfte arbeiten zunächst an der Plastik des menschlichen Leibes, und wir als Erzieher werden mitberufen, zu arbeiten, werden mitberufen, nicht bloß das Leibliche anzuschauen, sondern, obzwar wir niemals das Leibliche vernachlässigen dürfen, dieses Leibliche auch so anzuschauen, wie der Geist daran arbeitet, mit dem unbewußten Geiste bewußt mitzuarbeiten, uns einzufügen nicht nur in die natürliche, sondern in die göttliche Weltenordnung.

Indem wir ernsthaft der Erziehung gegenüberstehen, werden wir aufgefordert, nicht nur Gott zu erkennen für die Befriedigung unserer Seele, sondern mit Gott zu wollen, aus den göttlichen Absichten heraus zu handeln. Dazu aber brauchen wir eine spirituelle Basis für die Erziehung. Von dieser spirituellen Basis der Erziehung möchte ich Ihnen in den nächsten Tagen sprechen.

WAS EINEM WIRKLICH VORLIEGT, ist das kindliche Wesen, das sein Dasein nicht begonnen hat mit seinem physischen Dasein, sondern das aus vorirdischen Welten sein Geistig-

Seelisches heruntergebracht hat und untergetaucht ist in das, was ihm an physischer Leiblichkeit von Eltern und Voreltern überbracht worden ist. Da schaut man hin auf dieses Kind, wie es mit ganz unbestimmter Physiognomie einem in den ersten Lebenstagen entgegentritt, mit ganz unorganisierten, unorientierten Bewegungen. Da verfolgt man von Tag zu Tag, von Woche zu Woche, wie die Physiognomie immer bestimmter und bestimmter der Ausdruck desjenigen wird, was vom inneren Seelischen her sich an die Oberfläche arbeitet. Da verfolgt man, wie die Bewegungen, wie das ganze Leben des Kindes immer orientierter und orientierter werden, wie ein Geistig-Seelisches im tiefsten Innern sich an die Oberfläche heranarbeitet. Da fragt man sich mit heiliger Ehrfurcht und Andacht: Was arbeitet sich denn da an die Oberfläche? – Da wird Herz und Sinn zurückgeführt zu dem, was vom Menschen selbst an Geistig-Seelischem da war in der geistig-seelischen, vorirdischen Welt, was aus dieser Welt heruntergestiegen ist in die physische, und man sagt sich: Du Kind, jetzt, nachdem du durch die Geburt ins irdische Dasein eingetreten bist, bist du unter Menschen; vorher warst du unter geistig-göttlichen Wesenheiten. – Was gelebt hat unter geistig-göttlichen Wesenheiten, das ist heruntergestiegen, um unter Menschen zu sein! Man sieht das Göttliche im Kinde werden. Man fühlt sich wie vor einem Altar. Nur daß auf den Altären, die man in den Religionsgemeinschaften gewohnt ist, die Menschen den Göttern opfern, damit ihre Opfergaben hinaufsteigen in die geistige Welt; jetzt fühlt man sich gewissermaßen vor dem umgekehrten Altar, die Götter lassen ihre Gnadenströme heruntersteigen als göttlich-geistige Wesenheiten, damit diese sich hier auf dem Altar des physischen Lebens als Göttersendlinge menschlich entfalten! Man schaut in jedem Kinde die göttlich-geistige Weltenordnungsentfaltung: wie Gott schafft in der Welt. Am höchsten, am bedeutendsten erscheint es einem, wenn man es anschaut im werdenden Kinde. Dann aber wird einem jedes einzelne Menschenkind zu einem heiligen Rätsel. Denn dann bildet jedes einzelne Kind die große Frage – nicht: Wie soll man es erziehen, daß es, wie man es sich ausgedacht hat, sich einem Idol nähert –, sondern: Wie soll man das pflegen, was einem die Götter heruntergeschickt haben in die irdische Welt? – Man lernt sich erkennen zu einem Helfer der göttlich-geistigen Welt, und man lernt vor allem die Frage aufwerfen: Was kann werden, wenn man mit einer solchen Gesinnung an den Unterricht und an die Erziehung herangeht?

Wahre Pädagogik geht vor allen Dingen von dieser Gesinnung aus. Auf diese Gesinnung, die Pädagogik, den Unterricht zu pflegen, darauf kommt es an! Menschenerkenntnis kann nur erworben werden, wenn die Menschenliebe – also hier die Liebe zum Kinde – zur werktätigen Gesinnung wird. Entsteht eine solche Gesinnung, dann wird der Erzieherberuf zum Priesterberuf; denn dann wird der Erzieher zum Verwalter dessen, was die Götter mit den Menschen ausführen wollen.

Wiederum könnte es scheinen, als ob wieder, nur mit etwas andern Worten, etwas Selbstverständliches ausgesagt wird. Aber so ist es wieder nicht. Wir sehen ja immer mehr und mehr in der heutigen unsozialen Weltenordnung, die sich nur als sozial drapiert, das andere herauskommen: mit der Erziehung einem Menschheitsidol nachjagen, nicht sich wissen als Pfleger desjenigen, was man erst kennenzulernen hat, wenn es einem im Kinde gegenübergestellt ist.

Solche Gesinnung, wie ich sie charakterisiert habe, kann nicht abstrakt arbeiten, sie muß geistig arbeiten – aber für das Praktische arbeiten. Solche Gesinnung erwirbt man sich auch nicht dadurch, daß man sich Theorien aneignet, die lebensfremd und lebensfern sind; sondern man erwirbt sie sich nur, wenn man einen Sinn hat für jede Lebensäußerung, wenn man auf jede Lebensäußerung mit Liebe einzugehen vermag.

Stellen wir uns aber nun vor, die Dinge werden Gesinnung, von denen heute gesprochen worden ist. Dann steht der Lehrer den Kindern so gegenüber, daß sich ihm in dem einzelnen Kinde eine ganze Welt, und nicht nur eine menschliche, sondern eine göttlich-geistige Welt im Irdischen offenbart. Und man möchte sagen: In so vielfacher Anschauungsweise, als er Kinder zur Pflege bekommt, offenbart sich dem Erzieher die Welt. – Er schaut durch jedes Kind in die große Welt hinein. Seine Erziehung wird zur Kunst. Seine Erziehung wird von dem Bewußtsein getragen: Was getan wird, das wird unmittelbar an der Weltenentwicklung getan. Diese Pädagogik, die hier gemeint ist, führt auch den Lehrenden in dem Erziehen, in dem Entwickeln des Menschen hinauf auf das Niveau der großen Weltanschauung. Dann wird der Lehrer derjenige, der nun auch führend sein kann in den großen zivilisatorischen Fragen. Und dann entwächst der Schüler niemals dem Lehrer, wie es heute so sehr häufig der Fall ist. – Denn wir können auch noch folgendes in der Schule haben. Nehmen wir einmal an, der Lehrer müßte wirklich erziehen nach einem Ideale, nach einem Menschenbilde, das er sich vorsetzen kann. Denken wir uns, er hätte dann eine Schulklasse von 30 Kindern; unter diesen säßen schicksalsmäßig zwei, die schon nach ihren Anlagen viel genialer sind als der Lehrer selbst. Was müßte er denn in diesem Falle machen wollen? Er müßte sie zu seinem Erziehungsideal machen wollen; etwas anderes könnte ja niemals herauskommen. Aber geht es auch? Die Wirklichkeit gestattet es nicht, die Schüler wachsen dann über den Lehrer hinaus.

Erziehen wir dagegen wirklichkeitsgemäß, sind wir Pfleger dessen, was sich geistig-seelisch im Kinde offenbart, dann sind wir ja in der gleichen Lage wie der Gärtner gegenüber seinen Pflanzen. Glauben Sie, daß der Gärtner alle Geheimnisse der Pflanzen kennt, die er pflegt? Oh, die enthalten an solchen Geheimnissen noch viel mehr, als der Gärtner kennt; aber er kann die Pflanzen pflegen und vielleicht gerade am besten auch diejenigen pflegen, die er noch nicht kennt. Denn er kennt die Praxis, er hat sie sozusagen im «geistigen Griff». So wird es auch möglich für eine wirklichkeitsgemäße Erziehungskunst, daß man, wenn man nicht selber gerade ein Genie ist, als Erzieher Genies gegenübersteht. Denn man weiß, man hat nicht hinzuführen zu einem abstrakten Ideal, sondern da im Kinde drinnen wirkt der Gott im Menschen, wirkt durch das Leiblich-Physische hindurch. Hat man diese Gesinnung, dann bringt man dies auch zustande. Die sich ausbreitende, über die Erziehung sich ergießende Liebe bringt es zustande. Aber diese Gesinnung muß vorhanden sein.

Die beiden folgenden, längeren Textpassagen aus Vorträgen in Holland und Stuttgart erläutern ein Zentralthema der Steinerschen Anthropologie, die *Viergliedrigkeit des Menschen*. Beachtenswert ist die präzis-anschauliche und bewegliche Art und Weise, in der Rudolf Steiner die verschiedenen Wesenschichten des Menschen schildert, wie er die Bezüge zu Plastik, Musik und Sprache aufzeigt, und wie er sie in einen engen Zusammenhang mit den Fähigkeiten setzt, die zu ihrer Erkenntnis und «Handhabung» nötig sind. «Könnendes Wissen und wissendes Können» auf der Grundlage eines Welt und Mensch durchdringenden künstlerischen Elements kommen als Leitlinien für eine entsprechende Lehrerbildung in den Blick.

Sie werden gesehen haben, welcher Wert innerhalb der anthroposophischen Pädagogik gelegt wird auf das, was im Bewußtsein des Lehrers liegt: daß in seinem Bewußtsein wirklich lebt eine vollständige, in sich abgeschlossene Menschenerkenntnis. Nun ist ja die heutige Weltanschauung, wie Sie aus verschiedenen Beispielen gesehen haben, nicht gerade sehr geeignet, tief hineinzudringen in die Menschenwesenheit. Sie werden verstehen, was ich meine, wenn ich das noch in der folgenden Weise auseinandersetze.

Wir müssen ja am Menschen unterscheiden erstens seinen physischen Leib, seine physische Organisation, dann den feineren, den Äther- oder Lebensleib, der die Bildekräfte enthält, die Kräfte, die im Wachstum und in den Ernährungsverhältnissen leben, und die sich dann in den ersten Lebensjahren verfeinern und zu den Gedächtniskräften werden. Weiter aber müssen wir alles das unterscheiden, was nun die Pflanze noch nicht hat, die auch Wachstum und Ernährung hat und die in gewissem Sinne sogar im Gedächtnis lebt, indem sie ihre Form immer wieder beibehält: dieses nächste Glied ist beim Menschen, beim Tiere der Empfindungsleib, der astralische Leib, der Träger der Empfindungen. Und dann haben wir noch die Ich-Organisation. Diese vier Wesensglieder des Menschen müssen wir voneinander unterscheiden. Und wir werden dadurch, daß wir sie unterscheiden, einen wirklichen Einblick in die menschliche Wesenheit, in ihr Wesen, in ihre Entwicklung bekommen.

Der Mensch bekommt zunächst, wenn ich mich so ausdrücken darf, seinen ersten physischen Leib mit aus der Vererbung heraus. Der wird ihm zubereitet von Vater und Mutter. Dieser physische Leib wird im Laufe der ersten 7 Lebensjahre abgeworfen, und er dient in dieser Zeit dem Ätherleib als Modell, um den zweiten Leib aufzubauen. Die Menschen machen sich ja heute die Dinge, die in der Wirklichkeit vorliegen, so furchtbar einfach. Wenn ein zehnjähriges Kind die Nase ähnlich hat mit seinem Vater, so sagt man, das ist vererbt. Aber so einfach liegen die Dinge nicht, sondern vererbt ist die Nase nur bis zum Zahnwechsel. Denn wenn der Ätherleib so stark ist, daß er sich auflehnt gegen das Modell der vererbten Nase, dann ändert sich die Form der Nase im Verlaufe der ersten 7 Jahre. Wenn der Ätherleib dagegen schwach ist, behält er sklavisch die Form der Nase bei, und es erscheint im 10. Lebensjahre noch immer dieselbe Form. Äußerlich genommen schaut es so aus, als wenn der Begriff der Vererbung in den zweiten 7 Lebensjahren immer noch dieselbe Bedeutung hätte wie in den ersten 7 Jahren; aber die Leute lieben es ja heute, in solchen Fällen zu sagen, die Wahrheit müsse einfach sein. In Wirklichkeit sind die Dinge sehr kompliziert. Die Anschauungen, die heute gebildet werden, sind zumeist aus der Begierde der Bequemlichkeit heraus gebildet, nicht aus dem Drang nach Wahrheit.

So handelt es sich wirklich darum, daß wir zunächst hineinschauen lernen in diesen Bildekräfteleib, in diesen ätherischen Leib, der nach und nach in den ersten 7 Jahren herausarbeitet den zweiten physischen Leib, der wiederum für 7 Jahre da ist. Der ätherische Leib ist daher ein Plastiker, er ist ein Bildhauer. Und wie ein echter Bildhauer kein Modell braucht, sondern selbständig arbeitet, während ein schlechter Bildhauer alles nach dem Modell macht, so arbeitet in der ersten Lebensperiode nach der zweiten Lebensperiode hin der Äther- oder Bildekräfteleib an dem zweiten physischen Leib des Menschen. Wir können an den physischen Leib heran mit unserer heutigen intellektuellen Erkenntnis; damit können wir den physischen Leib ganz prächtig begreifen. Und wer nicht Intellektualität hat, der begreift ihn nicht. Aber da hören wir dann mit unserem Hochschulstudium auf. Denn den Ätherleib begreift man nicht mit Intellektualität, sondern mit bildhafter Anschauung. Das wäre für den Lehrer außerordentlich notwendig, daß er lernt, den Ätherleib zu begreifen. Sie können nicht sagen: Wir können doch unsere Lehrer nicht alle so ausbilden, daß sie hellsichtig werden und den Ätherleib schildern! – Aber lassen Sie einmal die Lehrer im Seminar statt der Dinge, die sie vielfach dort lernen, modellieren, lassen Sie sie Bildhauerkunst treiben, da lebt sich der Mensch ein, wenn er wirklich bildhauerische Kunst aus der gestaltenden Natur heraus betreibt, in das innere Gefüge von Formen und zwar gerade von solchen Formen, mit denen der Bildekräfteleib des Menschen arbeitet. Denn wer gesund plastisch empfindet, der empfindet im Bildhauerischen nur Tierisches und Menschliches, nicht Pflanzliches. Stellen Sie sich einmal einen Bildhauer vor, der in Skulpturen Pflanzen darstellen würde: man würde sie umhauen vor Ärger! Die Pflanze ist fertig mit dem physischen Leib und dem Ätherleib; sie ist tatsächlich damit fertig. Das Tier aber überwindet den Ätherleib mit dem astralischen Leib. Der Mensch erst recht. Daher können wir beim Menschen den ätherischen Leib begreifen, wenn wir uns bildhauerisch in das innere Gefüge von Formen in der Natur hineinarbeiten. Deshalb sollte Modellieren vor allen Dingen Seminarwissenschaft sein; dann fängt man an, den Bildekräfteleib zu begreifen. Man sollte schon den Grundsatz haben: ein Lehrer, der nie Modellieren gelernt hat, versteht eigentlich von der Entwicklung des Kindes nichts. So grausam muß einmal schon diejenige pädagogische Kunst sein, die sich auf Menschenerkenntnis gründen will, daß sie auf solche Dinge aufmerksam macht; so grausam, weil man solche Dinge verlangt, aber auch so grausam, weil man scheinbar so ein furchtbar ablehnender Kritiker gegenüber allem wird, was heute getrieben wird.

Ebenso wie der Ätherleib da arbeitet, um herauszukommen und selbständig zu werden mit dem Zahnwechsel, so arbeitet wiederum der astralische Leib, der dann selbständig wird mit der Geschlechtsreife. Der Ätherleib ist ein Bildhauer, der Astralleib ein Musiker. Er verkörpert in sich alles, was musikalisch ist; er ist ganz aus der musikalischen Struktur heraus gebildet. Und das, was im Menschen aus dem astralischen Leib in die Form schießt, ist durchaus musikalisch gebildet. Wer das verstehen kann, der weiß, daß die weitere Seminarbildung darauf hinauslaufen muß, das Innere der musikalischen Weltauffassung in sich aufzunehmen, um den Menschen zu verstehen. Der Nichtmusiker versteht wiederum gar nichts von dem, was im Menschen aus dem astralischen Leib heraus gebildet ist; denn das ist musikalisch gebildet. Gehen wir daher in alte Kulturen hinein, die noch aus dem Musikalischen heraus gestaltet sind, in die orientalischen Kulturen, die selbst in der Sprache noch Musikalisches haben, dann finden wir bis in die Architektur hinein die Bauformen aus der musikalischen Weltauffassung heraus gestaltet. Das ist dann schon in Griechenland anders geworden, und es ist besonders im Abendland anders geworden, denn da ist es in das Mechanische und Mathematische hineingegangen. Im Dornacher Goetheanum versuchte man wieder darauf zurückzukommen. Musiker haben auch durchaus dieses Dornacher Goetheanum als musikalisch empfunden. Aber dafür hat man im allgemeinen heute nicht viel Verständnis.

So handelt es sich darum, daß man in dieser Weise die Menschenwesenheit konkret aufzufassen lernt und imstande ist, Anatomisch-Physiologisches, insofern es aus dem astralischen Leibe heraus stammt, musikalisch zu begreifen. Denken Sie, wie innig das Musikalische zusammenhängt mit dem Atmungs- und Zirkulationsprozeß. Der Mensch ist ganz ein Musikinstrument, insofern er ein Atmer ist und einen Zirkulationsprozeß hat. Und wenn Sie das Verhältnis zwischen Atmung und Blutzirkulation nehmen: 18 Atemzüge in der Minute, 72 Pulsschläge in der Minute, ergibt ein Verhältnis von 4:1, in der mannigfaltigsten Weise beim Menschen individualisiert, dann finden Sie, daß der Mensch eine innerlich musikalische Struktur hat. 4:1, das drückt etwas aus, was innerlicher Verhältnisrhythmus ist, was aber in der ganzen menschlichen Organisation sich ausprägt, in dem der Mensch durch seine Wesenheit leben will. Wenn in alten Zeiten skandiert werden sollte, so wurde die Zeile nach dem Atem geordnet, der einzelne Versfuß nach der Zirkulation: Daktylus – Daktylus – Zäsur – Daktylus – Daktylus: vier in einem. Der Mensch drückt sich selber aus.

Aber was der Mensch dann in der Sprache ausdrückt, das drückt er ja vorher schon in seiner Form aus. Wer den Menschen musikalisch versteht, der weiß, daß der Ton in ihm wirkt. Was da rückwärts beim Menschen sitzt, wo die Schulterblätter zusammengehen, was dort beginnt und sich von da in den ganzen Menschen hinein formend gestaltet, das sind diejenigen Menschenformen, die aus der Prim heraus sich konstituierten; geht es weiter zum Oberarm, so geht die Form nach der Sekund über. Und geht es zum Unterarm, so kommen wir in die Terz. Und weil es eine große und eine kleine Terz gibt – nicht eine große und eine kleine Sekund –, deshalb haben wir *einen* Oberarmknochen; aber wir haben große und kleine Terz, und daher *zwei* Unterarmknochen: Speiche und Eile. In diesem allem steckt die Tonskala; wir sind nach ihr gebildet. Und wer den Menschen nur äußerlich studiert, der weiß nicht, daß nach den Tönen der Mensch in seiner Form gestaltet ist. Und kommen wir dann zur Hand, so kommen wir damit zur Quart und dann in die Quinte. Und in der freien Beweglichkeit kommen wir dann ganz aus uns heraus; da ergreifen wir die andere Natur. Daher die eigentümliche Empfindung, die man hat bei den Sexten und Septimen, namentlich wenn man in der Eurythmie sich in die Dinge hineinlebt. Denken Sie nur, wie der Stil wird der verhältnismäßig spät in der musikalischen Entwicklung erscheinenden Terz, er wird so, daß der Mensch in sein Inneres kommt, das in der Terz lebt; während dann, wenn der Mensch in der Septime lebt, der Stil so wird, daß man am besten das Aufgehen in die Außenwelt hat. Das Sich-Aufopfern ist besonders in der Septime drinnen.

Und so wie der Mensch das Musikalische erlebt, so ist er selber in seinen Formen aus dem Musikalischen heraus gebildet. Will der Lehrer daher ein guter Musiklehrer sein, will er namentlich, wie es schon vom Anfange des volksschulartigen Zeitalters an der Fall sein muß, dem Kinde Gesang beibringen, was sein muß, dann muß er tatsächlich verstehen, daß sich der Gesang emanzipiert; denn der astralische Leib hat früher gesungen und hat die Formen des Menschen bewirkt. Jetzt emanzipiert sich der astralische Leib zwischen Zahnwechsel und Geschlechtsreife. Und was aus dem Musikalischen herausdringt, das ist, was den Menschen selbständig gestaltet. Kein Wunder, wenn das, was so vom Menschen durchdrungen wird, von einem die Dinge so verstehenden Musiklehrer wie selbstverständlich in den Gesangunterricht hineingebracht wird, und dann wieder in das Instrumental-Musikalische hineingebracht wird. Daher versuchen wir so früh als möglich und sofern die Kinder dafür Begabung haben, das Kind von früh an nicht nur an den Gesang, sondern direkt an die Handhabung irgendeines Musikinstrumentes heranzubringen, damit es die Möglichkeit hat, das Musikalische, das in seiner Form lebt, wenn es sich emanzipiert, nun wirklich auch aufzufassen.

Aber alle diese Dinge werden recht, wenn auch die rechte Gesinnung dafür im Lehrer lebt. Wenn man so sich darüber klar ist, daß eigentlich jede Seminarbildung darin bestehen müßte, sozusagen parallel zu gehen mit der medizinischen Universität, die nun auch zuerst führen sollte zum intellektuellen Verständnis, das man an der Leiche gewinnt; dann zum plastischen Verständnis, das man aber nicht gewinnt, wenn man nicht neben dem physikalisch-anatomischen Verständnis später Modellieren treibt; dann sollte sie führen zum musikalischen Verständnis. Denn eine wirkliche Menschenerkenntnis gewinnt man nicht, wenn man nicht zu dem früheren medizinischen Studium musikalisches Verständnis in sich aufnimmt, wie es in der Welt wirkt; nicht nur äußerlich, sondern innerlich müßte man auch in der Seminarbildung in das Musikverständnis hineinkommen und es anwenden, um überall Musik zu sehen. Sie ist ja überall in der Welt, wenn man sie nur finden kann. Will man nun aber die Ich-Organisation verstehen, so muß man unbedingt das innere Gefüge irgendeiner Sprache in sich tragen.

Also wir begreifen den physischen Leib mit dem Verstande, den ätherischen Leib mit dem plastischen Verständnis, den astralischen Leib mit dem musikalischen Verständnisse, die Ich-Organisation dagegen mit einem durchdringenden Sprachverständnisse. Aber damit steht es heute besonders schlecht. Da weiß man vieles gar nicht. Man schaut heute zum Beispiel nach, wie in irgendeiner Sprache, zum Beispiel in der deutschen, dieses Ding bezeichnet wird, das ruhig auf unserem Leib droben sitzt, dieses runde Ding, das vorne Augen und eine Nase hat. Es wird im Deutschen als Kopf bezeichnet, im Italienischen als *testa.* Man nimmt das Lexikon und weiß, die Übersetzung von Kopf ist *testa.* Aber das ist ja nur eine Äußerlichkeit, eine Oberflächlichkeit. Denn so ist es ja gar nicht wahr. Wahr an der Sache ist, daß ich, aus der Empfindung des Vokalischen und Konsonantischen in dem Worte Kopf zum Beispiel das *o* in einer bestimmten Weise zeichnend empfinde: es ist, die Eurythmiker wissen das, die Rundung, die nach vorn sich auslebt in Nase und Mund. In dem Lautgefüge liegt alles drinnen, wenn man es erleben will, was in der Form des Kopfes gegeben ist. Wenn also einer die Form des Kopfes ausdrücken will, so sagt er annähernd, je nach seiner Kehlkopf- oder Lungenorganisation, K-o-pf. Aber nun können wir sagen: Da im Kopfe sitzt das, was von einem Menschen zum andern spricht, wodurch ein Mensch dem andern die Dinge mitteilt, das Innere der Sache dem andern übergibt, das, was Sie zum Beispiel jemandem übergeben, im Testament haben, kundgeben, aussagen, festsetzen. – Wenn Sie den Kopf als den Festsetzer, den Mitteiler, nicht als den runden Gegenstand, sondern als den, der die Sprache von sich gibt, benennen wollen, dann sagen Sie *testa.* Sie benennen den Mitteiler, wenn Sie *testa* sagen; Sie benennen die Rundung, wenn Sie Kopf sagen. Wenn der Italiener würde die Rundung bezeichnen wollen, so würde er auch Kopf sagen, und wenn der Deutsche Mitteiler oder Festsetzer sagen wollte, so würde er auch *testa* sagen. Aber beide haben sich angewöhnt, etwas anderes in der Sprache zu benennen; denn es gibt gar keine Möglichkeit, die Dinge auf verschiedene Weise auszudrücken. Man sagt daher etwas anderes, wenn man *testa* oder Kopf sagt. Die Sprachen sind verschieden, weil sie verschiedene Inhalte mit ihren Worten bezeichnen.

Nun versetze man sich ganz hinein in die Art, wie jemand aus seiner Volksindividualität heraus in der Sprache lebt, wie der Deutsche zum Beispiel ganz in der Sprache lebt, indem er plastisch die Sprache bildet. Die deutsche Sprache ist einfach die Sprache für die plastische Anschauung. Das ist in der deutschen Sprache dadurch zum Ausdruck gekommen, daß sie sich bei der Sprachentwicklung über das Griechische herauf nach Mitteleuropa herein entwickelt hat. Wenn Sie die italienische Sprache studieren, so ist sie ganz daraufhin angelegt, sich aus dem Motorisch-Seelischen zu entwickeln, wie die romanischen Sprachen überhaupt. Sie schauen nicht an. Die deutsche Sprache ist eine solche, die aus der Anschauung herausgebildet ist; die italienische hat sich gebildet aus dem inneren

Tanzen, dem inneren Singen, aus dem Sich-Mitteilen in der Organisation. Daran sieht man die Art und Weise, wie das Ich in der Volkssubstanz drinnensteht; da lernt man an dem Sprachgefüge, wie das Ich eigentlich wirkt.

Daher ist es schon notwendig, daß sich der Lehrer nicht nur Musikgefühl, sondern inneres Sprachgefühl aneigne – von da ausgehend, daß wir eigentlich in den neueren Sprachen nur noch in den Empfindungslauten Gefühls- und Seelenerlebnisse haben. Wenn wir zum Beispiel im Deutschen sagen «etsch!», so ist das etwas, wie wenn jemand ausgeglitten, hingefallen ist, und wie wenn er ausdrücken wollte das Hinfallen, worüber wir uns lustig machen. In den Empfindungslauten haben wir noch etwas von dem, was in der Sprache gefühlt wird. Sonst ist die Sprache abstrakt geworden, schwebt so über den Dingen, lebt nicht mehr in den Dingen. Aber man muß mit der Sprache wieder in sie hineinkommen. Man muß ringen lernen mit der Sprache, man muß sein Ich durch die Laute durchgehen fühlen. Dann wird man fühlen, wie es etwas anderes ist, ob man Kopf sagt, wobei man, wenn man es fühlt, gleich zeichnen möchte, oder ob man *testa* sagt, wobei man, wenn man es fühlt, gleich tanzen möchte. Das ist eben dieses Sich-Hineinfühlen in die Lebensbetätigungen, das insbesondere beim Lehrer herauskommen muß.

Kann also der Lehrer sich allmählich immer mehr und mehr dieses Zusammenschauen von Körperlichem und Geistig-Seelischem aneignen – das ja eins ist, wie ich immer wieder betont habe –, dann wird er, ohne daß man versucht wird, in Abstraktionen und in Intellektualistisches überzugehen, Unterricht und Erziehung zwischen Zahnwechsel und Geschlechtsreife im Bildlichen gehalten haben wollen. Denn es ist einem nichts mehr zuwider, als wenn man gewohnt ist, in Bildern Realitäten zu denken, und der andere kommt und redet einem in Intellektualismen herum. Das empfindet man als furchtbar unangenehm.

Wenn man zum Beispiel gewohnt ist, eine Lebensszene so zu sehen, wie sie sich abspielt, indem man nur den Drang hat, sich hinzustellen und zu schildern, wobei man ganz im Bilde drinnen ist, und der andere kommt, man möchte sich mit ihm verständigen, er aber beurteilt die Sache nur nach dem Verstande, fängt gleich an: Es war schön, oder: Es war häßlich oder grandios oder wundervoll – wie alle diese Dinge sind, dann fühlt man eigentlich seelisch so, wie wenn er einem die Haare ausrisse. Und insbesondere ist es schlimm, wenn man gerne etwas erfahren möchte, was der andere erlebt hat, und dieser schildert einem nicht, wie die Sache war: Da habe ich einen Menschen kennengelernt, der hebt stark seine Knie auf, wenn er geht, – sondern er fängt an: Dieser Mensch geht schön, oder: Er hat einen schönen Gang. – Aber damit sagt er einem nichts über den andern Menschen, sondern über sein eigenes Ego. Aber das will man gar nicht wissen; man will die Schilderung dessen haben, was sich abgespielt hat. Die Menschen kommen heute immer schwer heraus aus sich zu dem, was da war. Daher schildern sie nicht die Dinge, sondern das, was sie empfunden haben, als schön oder häßlich. Selbst in der Sprache bildet sich so etwas nach und nach heraus und die Dinge werden danach benannt. Statt daß einem die Physiognomie des Gesichtes geschildert wird, wird gesagt: Ja, die blickte mich grausam an – oder so irgend etwas.

Das sind Dinge, die in das innerste Gefüge der Lehrerbildung hineinkommen müßten: von sich loszukommen und an die Sache heranzukommen. Kommt man an die Sache heran, so kommt man auch an das Kind heran. Das Kind empfindet nämlich so, wie ich es geschildert habe, daß man ihm die Haare ausreißt, wenn man ihm nicht von der Sache, sondern von seinen eigenen Empfindungen redet; während es sofort auf alles eingeht, wenn man nur die Sache wiedergibt. Daher ist es von großer Wichtigkeit für den Lehrer, daß er nicht allzuviel – denkt. Ich empfinde es immer als eine große Schwierigkeit bei den Lehrern der Waldorfschule, wenn sie allzuviel denken, dagegen immer als eine große Wohltat, wenn sie die Fähigkeit entwickeln, auch die kleinsten Dinge zu beobachten, zu sehen, ihre Eigentümlichkeiten herauszufinden. Wenn mir jemand sagt: Ich habe heute morgen eine Dame gesehen, die hatte ein violettes Kleid an, das war bis zu einem gewissen Grade ausgeschnitten, sie trug Schuhe mit hohen Absätzen – und so weiter, so ist mir das lieber, als wenn einer kommt und sagt: Der Mensch besteht aus physischem Leib, Ätherleib, Astralleib und Ich, – denn das eine bezeugt, daß er im Leben drinnensteht, daß er den Ätherleib ausgebildet hat in sich, das andere, daß er mit dem Verstande weiß, es gibt einen Ätherleib. Damit ist aber nicht viel getan.

Sehen Sie, wir beschreiben in der Anthroposophie den Menschen nach seinem physischen Leib, der das Grobstoffliche an ihm ist, nach seinem feineren Leib, dem Ätherleib, der noch ein Stoffliches ist, aber ein Stoffliches, das nicht Schwere in sich hat, das eigentlich eher eine Tendenz hat, der Schwere entgegen sich in den Weltenraum zu verflüchtigen. Der Mensch hat seinen schweren physischen Körper, der zur Erde fallen kann, wenn er ihn nicht aufrecht hält; er hat aber auch einen feineren Ätherkörper, der ebenso immer in die Weiten der Welt, der Schwere entgegen, sich verflüchtigen will. Und ebenso wie der physische Körper, wenn er nicht unterstützt wird, hinabfällt, ebenso wie der physische Körper unterstützt werden muß durch die Unterlage, ebenso muß der Ätherleib gehalten werden durch die inneren Kräfte der menschlichen Organisation, damit er sich nicht verflüchtigt. Wir reden also von dem physischen Leib, von dem ätherischen Leib, wir reden dann von dem astralischen Leib, der nun nicht mehr substantiell ist, der nun schon geistig ist, und wir reden von der Ich-Organisation, die erst recht geistig ist. Wir reden von diesen vier Gliedern der menschlichen Wesenheit. Verfolgt man in dieser Weise den Menschen und will man sich Erkenntnis, Menschenerkenntnis über ihn erwerben, dann sagt man sich folgendes: Den physischen Organismus, ihn kann man begreifen, über ihn kann man Einsichten bekommen, wenn man so vorgeht, wie die heutige Anatomie und Physiologie vorgehen; den ätherischen Menschen kann man so schon nicht mehr begreifen, und ganz und gar nicht den astralischen Menschen.

Wie soll man den ätherischen Menschen begreifen? Nun, den ätherischen Menschen zu begreifen, dazu ist eine viel bessere Vorbereitung notwendig als die, die heute gesucht wird, um den Menschen zu begreifen. Den begreift man, wenn man sich hineinlebt in das plastische Gestalten, wenn man weiß, eine Rundung wird so, eine Ecke wird so, aus den inneren Kräften heraus wird das so. Mit dem, was man als die allgemeinen Naturgesetze begreift, kann man den Ätherleib nicht begreifen. Mit dem, was man in die Hand, in die durchgeistigte Hand hineinbekommt, mit dem begreift man den Ätherleib. Daher sollte eigentlich keine Seminarbildung sein ohne eine aus dem Inneren des Menschen hervorgehende künstlerische Betätigung in Plastik, in Bildhauerei. Wenn das fehlt, ist es für das Erziehen viel ungünstiger, als wenn einem fehlt, die Hauptstadt von Rumänien oder der Türkei oder diesen oder jenen Berg zu wissen, denn das kann man im Lexikon nachschlagen. Es ist gar nicht nötig, daß man manches weiß, wovon man heute im Examen Gebrauch macht; das schadet auch nichts, wenn man im Lexikon nachschaut. Aber es gibt noch kein Lexikon, wodurch man jene Beweglichkeit kennenlernt, jenes könnende Wissen und wissende Können, das man in sich haben muß, um den Ätherleib zu begreifen, der nicht nach Naturgesetzen vorgeht, sondern der den Menschen in plastischer Tätigkeit durchzieht.

Und dem astralischen Leib, dem kommt man schon ganz und gar nicht bei, wenn man weiß, das Gay-Lussacsche Gesetz lautet so und so, wenn man alle Gesetze kennt, die man in der Akustik lernt, in der Optik lernt. Dem astralischen Leibe kommt man nicht bei mit diesen abstrakten empirischen Gesetzen. Was im astralischen Leibe webt und west, das läßt sich nicht so anschauen. Hat man aber innerlich begriffen, was eine Terz ist, was eine Quinte ist, kann man innerlich erleben dieses Verhältnis – aber innerlich musikalisch anschauend, nicht wie es die Akustik macht –, kann man innerlich musikalisch die Skala erleben, dann erlebt man das, was in dem astralischen Menschen ist. Denn der astralische Leib des Menschen ist Musik, nicht Naturgeschichte, nicht Naturwissenschaft, nicht Physik. Das geht so weit, daß man auch in der formenden Tätigkeit verfolgen kann im menschlichen Organismus, wie die Musik des astralischen Leibes in dem Menschen gestaltet. Sie setzt hier ein in der Mitte der Schulterblätter, strahlt aus zunächst in die Prim der Skala. Indem sie zur Sekunde vorschreitet, bildet sie den Oberarm, indem sie zur Terz fortschreitet, den Unterarm. Indem wir zur Terz kommen, haben wir den Unterschied zwischen Moll und Dur, und wir haben am Unterarm zwei Knochen, nicht einen. Der eine Knochen, die Speiche, stellt das eine, die Eile stellt das andere, Moll und Dur, dar. Wer die äußere menschliche Organisation betrachtet, inwieweit sie vom astralischen Leib abhängig ist, der muß Physiologie treiben nicht als Physiker, sondern als Musiker. Und er muß die innerlich gestaltende Musik im menschlichen Organismus kennen.

Verfolgt, wie ihr wollt, anatomisch den Gang der Nerven im menschlichen Organismus, ihr werdet nie auf den Sinn dieses Ganges der Nerven kommen. Verfolgt ihr aber diesen Gang musikalisch, mit Verständnis der Musikverhältnisse, aber alles tief innerlich hörbar, nicht mit physikalischer Akustik, verfolgt ihr so das Nervensystem, schaut ihr mit musikalischer Anschauung, mit geistig-musikalischer Anschauung, wie diese Nerven von den Gliedmaßen hin verlaufen nach dem Rückenmark, da angespannt werden und von da aus nach dem Gehirn sich fortpflanzen, seht ihr das geistig-musikalisch an, dann bekommt ihr durch das musikalische Anschauen das allerwunderbarste Musikinstrument des Menschen, das aus dem astralischen Leib gebildet ist, und auf dem die Ich-Organisation spielt.

Und lernt man, von da aufsteigend, wie die Sprache sich gestaltet im Menschen, lernt man das innere Gefüge der Sprache, das man ja gar nicht mehr kennenlernt in unserem Zeitalter der fortgeschrittenen Zivilisation, die alles Anschauliche abgestreift hat, lernt man erkennen, was im Menschen dann vorgeht, wenn er ein A, ein I ausspricht, wie im A die Verwunderung gegenüber etwas liegt, im I die In-sich-Erfestigung der inneren menschlichen Wesenheit, lernt man so erkennen, wie sozusagen das Sprachliche in die Organisation des Menschen hineinschießt, lernt man nicht bloß abstrakt sagen, wenn eine Kugel hinrollt: sie rollt –, sondern lernt man im Aussprechen das Rollen, was so innerlich verfließt wie das Rollen der Kugel äußerlich – *rollen* –, lernt man so innerlich anschauend, aber sprachgeistig anschauend kennen dasjenige, was eigentlich in der Sprache wirkt, dann lernt man durch die Struktur des Sprachlichen die Ich-Organisation kennen.

Heute gehen wir, wenn wir die Organisation des Menschen kennenlernen wollen, zum Physiologen, zum Anatomen, wenn wir kennenlernen wollen, was in der Sprache lebt, gehen wir zum Philologen. Aber was von dem einen und dem anderen gesagt wird, hat keine Verbindung. Darum handelt es sich aber, daß eine innerliche geistige Beziehung entsteht, daß man weiß, in dem Sprechen wirkt und lebt ein lebendiger Sprachgenius, und dieser Sprachgenius, der kann studiert werden, und studiert man ihn, dann lernt man die Ich-Organisation des Menschen kennen.

Wir gliedern in unsere Waldorfschulerziehung die Eurythmie dem Unterrichte ein. Was tun wir damit? Die Eurythmie zerfällt bei uns in eine Toneurythmie und in eine Spracheurythmie. Wir rufen in der Toneurythmie in dem Kinde diejenigen Bewegungen hervor, die entsprechen der Gestaltung des astralischen Leibes; wir rufen in der Spracheurythmie diejenigen Gestaltungen hervor, die entsprechen der Ich-Organisation. Wir arbeiten damit bewußt an der Ausgestaltung des seelischen Menschen, indem wir das Physische tun und Toneurythmie treiben; wir arbeiten bewußt an der Ausgestaltung des geistigen Menschen, indem wir das Physische dafür tun in der Spracheurythmie. Solch ein Arbeiten kann aber nur hervorgehen aus einer wirklich totalen Auffassung der menschlichen Organisation. Wer da glaubt, mit äußerer Physiologie oder mit experimenteller Psychologie, die ja auch nur äußere Physiologie ist, an den Menschen heranzukommen, der sieht eben nicht, daß man ja auch nicht, wenn man jemanden im Leben in irgendeine Stimmung versetzen will, vor ihm auf irgendeine Holzplatte klopfen muß, sondern Musik entwickeln muß. So muß auch das Erkennen nicht stehenbleiben bei den abstrakten logischen Regeln, sondern es muß das Erkennen so zum Erfassen des Menschenlebens aufsteigen, daß es nicht nur die tote Natur begreift oder das Lebendige, wenn es tot geworden ist oder man es tot vorstellt. Wenn man von diesen abstrakten Regeln aufsteigt zu dem, was sich plastisch gestaltet, wie sich jedes Naturgesetz bildhauerisch gestaltet, dann lernt man den Menschen nach seinem Ätherleib kennen. Wenn man aber anfängt, innerlich geistig zu hören, wie sich der Weltenrhythmus ausspricht aus dem wunderbarsten Musikinstrument, das aus dem Menschen gemacht wird durch den astralischen Leib, dann lernt man die astralische Natur des Menschen kennen. Und es müßte ein Bewußtsein davon vorhanden sein: Erste Periode des Lernens: Man lernt abstrakt logisch den physischen Leib des Menschen kennen. Man wendet dann das plastische Gestalten an im intuitiven Erkennen: Man lernt den Ätherleib kennen. Und die dritte Periode: Man wird als Physiologe zum Musiker und schaut den Menschen an, wie man ein Musikinstrument anschaut, wie eine Orgel oder eine Geige, indem man in ihr darinnen die verwirklichte Musik schaut; so lernt man den astralischen Menschen kennen. Und lernt man nicht nur äußerlich gedächtnismäßig mit den Worten verbunden leben, sondern lernt man den Genius in den Worten wirksam kennen, so lernt man die Ich-Organisation des Menschen kennen.

Nun, heute würde man einem schön heimleuchten, wenn man bei einer Universitätsreform etwa des medizinischen Studiums sagen würde: Die Erkenntnis muß aufsteigen vom Lernen zum Plastizieren, zum Musikalischen, zum Sprachlichen. Die Menschen würden sagen: Ja, wie lange würde dann eine Ausbildung sein? Sie dauert ohnedies schon lange genug! Dann soll man noch zum Plastizieren, dann zum Musikalischen und dann noch zum Sprachlichen aufsteigen! – Sie würde aber kürzer sein in Wirklichkeit. Denn die heutige Länge rührt von etwas ganz Besonderem her. Die rührt nämlich davon her, daß man ganz stehenbleibt beim Abstrakt-Logischen und beim empirischsinnlichen Anschauen. Da fängt man zwar an beim physischen Leib, aber der ist nicht erklärlich dadurch – und jetzt kommt man an kein Ende. Man kann da alles Mögliche studieren und kann das bis an sein Erdenende fortsetzen: es braucht gar kein Ende zu haben, während es innerlich geschlossen wird, wenn es selber organisch aufgebaut wird für den leiblich-seelisch-geistigen Organismus. Es handelt sich also nicht darum, daß wir etwa durch Anthroposophie noch neue Kapitel aufnehmen in das, was wir schon haben. Oh, wir können schon zufrieden sein mit demjenigen, was die äußere Wissenschaft gibt. Wir bekämpfen sie nicht, wir sind ihr nur dankbar, aber so, wie wir dem Geigenmacher dankbar sind, daß er uns die Geige liefert. Aber was notwendig ist aus unserer Zeitbildung und Zeitkultur heraus, das ist, diese ganze heutige Bildung in die Hand zu nehmen und sie zu durchseelen, zu durchgeistigen, wie der Mensch selber durchseelt und durchgeistigt ist. Es ist notwendig, das künstlerische Element in der Kultur überhaupt nicht so bestehen zu lassen, daß es wie eine Luxusunterhaltung neben dem ernsten Leben einhergeht, wie eine Luxusunterhaltung, der wir uns zuwenden, auch wenn wir sonst das Leben geistig zu nehmen wissen, sondern es so zu nehmen, daß es überall als eine göttlich-geistige Gesetzmäßigkeit Welt und Mensch durchdringt.

Wir müssen verstehen lernen zu sagen: Du stehst der Welt gegenüber. Erst kommst du ihr bei mit logischen Begriffen und Ideen. Das Wesenhafte der Welt gibt aber weiter der menschlichen Natur etwas, was herrührt von der Weltenplastik, die da ebenso aus den Sphären hereinarbeitet wie die Erdenschwere von unten herauf, von dem Erdmittelpunkte heraus, arbeitet. Und in all das gliedert sich hinein Weltenmusik, die da wirkt im Umkreis. Wie die Plastik von oben, die Physik von unten durch die Schwere wirkt, so wirkt in der Bewegung der Gestirne im Umkreis die Weltenmusik. Und das, was den Menschen eigentlich zum Menschen macht, das, was man geahnt hat in alten Zeiten, als man solche Sätze geprägt hat wie diesen: «Im Urbeginne war das Wort, und das Wort war bei Gott, und ein Gott war das Wort», das Weltenwort, die Weltensprache, sie ist das, was auch die menschliche Wesenheit durchdringt und in der menschlichen Wesenheit zur Ich-Organisation wird. Will man erziehen, muß man aus Weltenerkenntnis heraus Menschenerkenntnis gewinnen und auf diese Art künstlerisch gestalten lernen, was man an Menschenerkenntnis aus der Weltenerkenntnis gewonnen hat.

Nach der Schilderung des viergliedrigen Menschen folgen nun anhand zweier Textabschnitte aus Vorträgen in Dornach und Basel Ausführungen Rudolf Steiners zum zweiten Zentralthema seiner spirituellen Anthropologie, der sogenannten *Dreigliederung des Menschen*. Zunächst stellt er die dreifache Gliederung des leiblichen Menschen in die Nerven-Sinnes-Organisation, den rhythmischen Organismus und die Stoffwechsel-Gliedmaßen-Organisation dar – um darauf den Zusammenhang mit dem dreigliedrigen Seelenleben aufzuzeigen: Wie beziehen sich Denken, Fühlen und Wollen auf die drei Organismen des leiblichen Menschen, wie wirken sie auf- und ineinander? Was als schematische Zeichnung des Menschen mißverstanden werden könnte, erweist sich beim Studium dieser Schilderungen als ein komplexes und dynamisches Funktionssystem von Organismen, die sowohl vom leiblichen, seelischen wie auch geistigen Gesichtspunkt aus betrachtet werden müssen. Auch hier wird deutlich, daß – ähnlich wie bei der Viergliedrigkeit – das Erkennen verlebendigt und vertieft werden muß, damit diese Mehrdimensionalität erfaßt und pädagogisch handlungsleitend werden kann. Bei seinen Untersuchungen zu diesem differenzierten Zusammenwirken von Physisch-Leiblichem mit Seelisch-Geistigem befaßte sich Rudolf Steiner auch mit der Unterscheidung von sensitiven und motorischen Nerven, welche er aufgrund seiner Forschungen ablehnte. Die entsprechenden Ausführungen im zweiten Vortragsausschnitt mögen beispielhaft sein Ringen mit einer sich auf materielle Vorgänge beschränkenden Weltsicht aufzeigen.[5]

Menschen fühlen sich heute ungeheuer wohl, wenn ihnen das Goethesche Wort entgegenklingt: Materie in Geist, Geist in Materie. – Es ist schön, daß sich die Leute wohl fühlen dabei, denn es entspricht ja das wirklich einer Realität. Aber für denjenigen, der gewöhnt wird, überall das Geistige und das Physische zusammenzuschauen, für den kann das ebenso eine Trivialität sein, wenn man ihn noch zur Anerkennung dieser Selbstverständlichkeit auffordert. Und daß sich die Leute so wohl fühlen, wenn so etwas theoretisch vor sie hingestellt wird, das ist eben ein Beweis dafür, daß sie es in der Praxis nicht haben. Sehr dezidierte Theorien sind in der Regel ein Beweis dafür, daß man das Betreffende in der Praxis nicht hat, wie die Geschichte zeigt. Die Leute haben erst über das heilige Abendmahl in Theorien zu diskutieren angefangen, als sie in der Praxis der Sache nicht mehr die nötige Empfindung entgegenbrachten. Theorien stellt man in der Regel auf für das, was man nicht hat, nicht für das, was man im Leben hat.

Gerade mit dieser Gesinnung kann nun derjenige, der ein wirklicher Erziehungs- und Unterrichtskünstler sein will, an eine Menschenerkenntnis herangehen. Dann wird er aber dazu geführt, die Gliedhaftigkeit des Menschen in der Konkretheit zu erfassen, nicht ein verschwommenes Einheitsgebilde; die Einheit tritt zuletzt auch auf, aber aus dem Zusammenhang der Gliedhaftigkeit. Und da kann man dann nicht anders, als zunächst zu dem geführt werden, was ich zuerst in meinem Buche «Von Seelenrätseln» [GA 21] angedeutet habe, zu der Gliederung des Menschen in drei ihrer Organisation nach verschiedene

5 Siehe hierzu auch das Literaturverzeichnis S. 259

Wesensteile. Schon äußerlich zeigt sich die Kopforganisation ganz anders als, sagen wir, die Organisation, die wir sehen als die Gliedmaßen-Stoffwechselorganisation. Ich spreche von Gliedmaßen-Stoffwechselorganisation, weil der Stoffwechsel dann charakteristisch hervortritt, wenn der Mensch durch seine Gliedmaßen in Tätigkeit ist. Der Stoffwechsel ist ja auch morphologisch gewissermaßen die Fortsetzung nicht des ruhenden, sondern des bewegten Menschen nach innen; daher ist er reger, wenn der Mensch bewegt ist. Es ist ein innerer Zusammenhang, den man auch ganz im einzelnen nachweisen kann – ich will ihn hier nur andeuten – zwischen dem Gliedmaßenorganismus und dem Stoffwechselorganismus, so daß ich da zunächst von einer Einheit spreche: Gliedmaßen-Stoffwechselorganismus. Aber an sich stellen diese beiden einander entgegengesetzte Organisationen dar.

Nehmen Sie schon das Äußerliche, rein der Gestalt nach. Der Kopf ist, wenn wir von den Haaren absehen, die aber nach außen gehen und eigentlich etwas sind, was sich der lebendigen Organisation entzieht, die etwas Totes sind – es ist interessant, die Haare zu betrachten, aber es würde uns im gegenwärtigen Augenblicke zu weit führen –, der Kopf ist von einer Skelettkapsel umgeben, und die ist an der Peripherie am mächtigsten ausgebildet; während dasjenige, was das Weiche, Lebendige des Hauptes, des Kopfes ist, im Inneren liegt. Sehen Sie sich dagegen die Organisation des Menschen am entgegengesetzten Pole an, sehen Sie sich die Gliedmaßenorganisation an: Sie haben den Röhrenknochen, innerhalb desselben das gewöhnlich kaum bemerkte Mark, dem man für den Gesamtorganismus nicht eine solche Bedeutung zuschreibt wie dem Inneren des Kopfes; dagegen sehen Sie dasjenige, was wichtig ist für den Organismus, äußerlich angehängt. Also gerade den Gegensatz sehen wir hier ausgebildet. Und dieser Gegensatz ist durch die ganze menschliche

Natur bedingt. So daß wir von zwei entgegengesetzten Naturen sprechen können: von der Nerven-Sinnesorganisation, die hauptsächlich, ich sage hauptsächlich, nicht ausschließlich, im Kopfe lokalisiert ist, und von der Stoffwechseltätigkeits-Organisation, die im Stoffwechsel-Gliedmaßenorganismus lokalisiert ist. Natürlich ist der Mensch in Wirklichkeit doch eine Einheit. Und wir dürfen nicht vergessen, daß wir nicht, einer gewissen schematisierenden Neigung entsprechend, jetzt wiederum drei Teile hinstellen und diese fein definieren dürfen: Nerven-Sinnesorganisation, die andere werden wir gleich kennenlernen, Stoffwechsel-Gliedmaßenorganisation; und dann feine Definitionen hinstellen, als ob das so getrennt wäre. So getrennt ist es nicht. Es findet ein fortwährender Stoffwechsel und auch eine Bewegungstätigkeit in den Muskeln des Kopfes statt und im Kopfe; aber es ist der Kopf hauptsächlich Nerven-Sinnesorganisation; und es findet auch ein Durchdringen des Stoffwechsel-Gliedmaßenorganismus mit Gedankenkräften statt. Aber es ist der Stoffwechsel-Gliedmaßenorganismus eben hauptsächlich Stoffwechsel-Gliedmaßenorganismus.

Und zwischen drinnen steht alles dasjenige, was man nennen kann den rhythmischen Organismus des Menschen. Er ist lokalisiert im Brustorganismus. Da haben wir die hauptsächlichsten Rhythmen, Atmungsrhythmus, Zirkulationsrhythmus voneinander differenziert; der Atmungsrhythmus langsam, der Zirkulationsrhythmus schneller; der Atmungsrhythmus in den Atemzügen bemerkbar, der Zirkulationsrhythmus im Pulsschlag. Das ist das Vermittelnde, das steht zwischen den beiden anderen Polen drinnen, das gleicht aus. Es wäre reizvoll, das alles im einzelnen durchzuführen, allein das kann man nicht immer, wenn man zu einem besonderen Zweck, wie hier zu dem pädagogisch-didaktischen, die Dinge auseinandersetzt. Wenn Sie sich aber einen Sinn dafür aneignen, die Brustorganisation zu betrachten, dann werden Sie in der Skelettgestaltung, in der Gestaltung der Organe, überall den Übergang finden von der Gestalt der Kopforgane zu der Gestalt der Gliedmaßenorgane, der Stoffwechselorgane. Es steht das alles, was in der Brustorganisation ist, auch seiner Form nach, in der Mitte drinnen zwischen diesen beiden Polen der menschlichen Organisation. Zu dieser Betrachtungsweise werden wir geführt, wenn wir uns auf den Weg begeben, den Menschen nun tatsächlich seiner inneren Konfiguration nach anzuschauen und nicht einfach das nebulose Gebilde des Einheitsmenschen vor uns hinstellen.

Aber das geht viel weiter. Das geht auch in die Betätigungsweise des ganzen Menschen hinein. Und dafür möchte ich Ihnen auch ein Beispiel anführen. Man könnte unzählige solcher Beispiele anführen, aber gerade aus einem solchen Beispiel werden Sie sehen, wie notwendig es ist, daß gerade der Unterrichts- und Erziehungskünstler sich auf einen solchen Weg begibt, wie ich ihn hier darstelle. Nehmen Sie einmal an, Sie haben einen Menschen vor sich, der an Zornanwandlungen leidet. Zornanwandlungen, Zornmütigkeit beim Menschen können schon im Kinde auftreten. Man muß damit fertig werden als Erzieher, als Unterrichtskünstler. Nun, wenn man mit der heutigen Physiologie und Anatomie den Menschen betrachtet, so wird man ja allerdings noch auf der einen Seite abstrakt untersuchen, wie die Seele sich auslebt, wenn sie zornig wird, wie der Gewohnheitszorn sich äußert; das steht auf der einen Seite. Auf der anderen Seite wird man vielleicht auch wiederum dazu kommen, sich zu sagen: beim zornmütigen Menschen sondert sich Galle ab im abnormen Maße. Aber man schaut diese zwei Dinge nicht zusammen. Man schaut nicht das Geistig-Seelische des Zorns, des Ärgers, und das Leiblich-Physische, die Gallenabsonderung als eine Einheit zusammen. Nun, im normalen Menschen ist es notwendig, daß er die Gallenabsonderung hat, weil sich der Gallsaft vermischen muß mit den Stoffen, die sich seinem Organismus durch die Ernährung einverleiben. Von dem, was ganz in der Ordnung ist im normalen Organismus, von dem tut der Zornmütige zuviel, er sondert zuviel Galle ab. Und wenn er in diesem Zustande verbleibt, wird er zuletzt die Gelbsucht bekommen, wie Sie wissen.

Wir sehen durch ein Zusammenschauen des Geistig-Seelischen mit dem Physisch-Leiblichen eine Krankheitsneigung entstehen. Das allein aber genügt nicht, um die Menschennatur zu beurteilen. Während im Stoffwechselorganismus die Galle abgesondert wird, geschieht immer im Kopforganismus ein polarisch entgegengesetzter dazugehöriger Vorgang. Man betrachtet überhaupt die menschliche Natur nicht vollständig, wenn man nun wiederum nur die Aufmerksamkeit auf die Galle und auf ihre Absonderung richtet, wenn man nicht weiß: während im Stoffwechselorganismus Galle abgesondert wird, geschieht im Kopforganismus gerade das polarisch Entgegengesetzte. Da findet eine Aufnahme einer aus dem übrigen Organismus zubereiteten milchsaftähnlichen Flüssigkeit statt. Während also im abnormen Maße im Stoffwechselorganismus Gallenflüssigkeit abgesondert wird, entnimmt der Kopf aus dem übrigen Organismus, indem er sie aufsaugt, eine milchsaftähnliche Flüssigkeit. Dadurch entwickelt der Zornmütige einen Hang, seinen Kopf mit dem auszustaffieren; allerdings, wenn die Zornanwandlung vorüber ist, dann fühlt er so etwas, wie wenn sein Kopf Zerspringen würde. Und während ihm einerseits durch die Gallenabsonderung etwas gegeben werden kann in der milchsaftähnlichen Flüssigkeit, zeigt sich andererseits, wenn der Zorn im Abfluten ist, daß er durch dasjenige, was sich in seinem Kopf ansammelte, ganz blau wird. – Wir sehen also, auch wenn wir nicht bloß auf die

Form, sondern auch auf die Vorgänge schauen, eine Polarität zwischen der Kopf- oder Nerven-Sinnesorganisation und der Gliedmaßen-Stoffwechselorganisation. Zwischen beiden ist die rhythmisch-regulierende Organisation, eben die rhythmische Organisation, die in Atmung und Zirkulation besteht.

So steht gewissermaßen in der Mitte der menschlichen Natur die rhythmische Organisation in Atmungsrhythmus, in Zirkulationsrhythmus. Wenn man nun versucht, seine Menschenerkenntnis nicht so bequem auszugestalten, daß man sie nach den ruhenden Organen richtet, und diese möglichst in scharfen Konturen aufzeichnen will, sondern wenn man seine Menschenerkenntnis innerlich beweglich macht, so wird man vor allen Dingen von der Beziehung, dem Verhältnis gefangengenommen werden, das zwischen den drei angeführten Gliedern der menschlichen Natur besteht. Man wird sehen, wenn man den Blick zu der rhythmischen Atmungstätigkeit hinwendet, wie beim Einatmen gewissermaßen der Atmungsstoß bis zu jener Flüssigkeit geführt wird, die den Rückenmarkskanal ausfüllt. Diese Flüssigkeit setzt, indem sie den Atmungsrhythmus empfängt, diesen Atmungsrhythmus bis in die Flüssigkeit des Gehirns hinein fort, welche die verschiedenen Hirnhöhlen ausfüllt, und durch das Anschlagen dieser Atmung an das Gehirn wird fortwährend dasjenige aus der Atmung heraus angeregt, was den Menschen bereit macht, durch seine Nerven-Sinnesorganisation, durch die Kopforganisation zu wirken. Es ist wie eine Umsetzung des Atmungsprozesses durch den Rückenmarkskanal mit Hilfe der Rückenmarks- und Gehirnflüssigkeit in den Kopf hinein, was von diesem mittleren Gliede, von dem Atmungsgliede an Reizen fortwährend in den Kopf hinein will.

Und wiederum, wenn wir nach unten gehen, wenn wir sehen, wie der Atmungsrhythmus sich gewissermaßen mehr erregt zum Pulsrhythmus, wie er in den Zirkulationsrhythmus übergeht, so lernen wir darauf blicken, wie nun wiederum bei der Ausatmung, wenn die Gehirnflüssigkeit und Rückenmarksflüssigkeit nach unten stößt, der Zirkulationsrhythmus auf die Stoffwechseltätigkeit wirkt, und wir sehen den Zirkulationsrhythmus ineinanderwirken mit dem Sinnes-Nervenorganismus und dem Stoffwechsel-Gliedmaßenorganismus auf dem Umwege durch eine lebendige, plastisch-künstlerische Betrachtung der Atmungs-Zirkulationsorganisation. Wir sehen, wie sie sich polarisch nach der einen Seite hin in das Gehirn, in die Kopforganisation erstreckt, auf der anderen Seite ganz anders, polarisch entgegengesetzt in dem Stoffwechsel-Gliedmaßenorganismus sich äußert. Aber wenn man sich einmal auf den Weg begibt, der in dieser Art den Menschen lebendig auffaßt, dann kommt man weiter. Dann wendet man den Blick auf den Atmungs-Zirkulationsrhythmus hin und verschafft sich Vorstellungen, die sich gewissermaßen mit dem Atmungs-Zirkulationsrhythmus decken. Diese Vorstellungen sind ja nicht so bequem, daß man sie aufzeichnen kann, aber dieses Aufzeichnen und Einteilen, das ist überhaupt etwas Mißliches gegenüber der immer beweglichen Menschennatur.

Wenn man versucht, Vorstellungen zu gewinnen über diesen Atmungs-Zirkulationsrhythmus, wie er sich nach oben modifiziert und metamorphosiert, dann kommt man dazu, sich zu sagen, indem man jetzt nicht schematisch, sondern nur andeutend zeichnet: man hat hier etwas wie Vorstellungsstränge, durch die man sich in einer ziemlich robusten Art vorstellt, was durch die Atmungswege, Zirkulationswege sich für Prozesse abspielen, und man erfaßt dann das, was da materiell ist in der Blutflüssigkeit, in der viel feineren imponderablen Nerven-Ätherflüssigkeit, könnte man sagen. Aber wenn man nun den Menschen weiter vorstellt, indem man den Blick von der Brustorganisation im Menschen nach aufwärts wendet, so sieht man sich gedrängt, seine Vorstellungen selber zu zerfasern, sie netzförmig zu gestalten. Und dadurch kommt man dazu, etwas, was äußerlich real, wirklich ist, tatsächlich durch seine nach oben hin modifizierten Vorstellungen zu erfassen. Man kommt dazu, diese robusten, dicken Stränge zu zerfasern, und man kommt allmählich durch das Vorstellen dieses Prozesses in dasjenige hinein, was die sogenannte weiße, faserige Hirnsubstanz ist, die unter der grauen Masse liegt. Man wird mit seinen Vorstellungen so beweglich, wie die menschliche Natur selber beweglich ist.

Und wiederum, wenn man dem Menschen die Ehre antut, ihn nicht einfach so robust anzuschauen: er ist eine Einheit, sondern, wenn man auf seine Brust schaut, hier diese robusten Vorstellungen hat, dann, indem man sich dem Kopf nähert, die Vorstellungen zerfasert, kommt man gerade dadurch, indem die Vorstellungen sich zerfasern, in das materielle Leben hinein, was einem dann in den Nervenfasern und in ihren Verwebungen abgebildet wird.

Wenn man nun mit seinem Vorstellen nach abwärts geht, dann kommt man dazu, das nicht zu können, die Vorstellungen zu zerfasern, so daß sie ein Gewebe bilden, das man dann im Nervensystem wiederfindet, sondern dann kommt man dazu, indem man versucht, die robusten Stränge nach unten fortzusetzen, daß man sie verliert. Sie hören auf, sie wollen sich nicht fortsetzen, sie hören auf. Man kommt in ein Vorstellen hinein, das sich nicht mehr recht mit einem Materiellen decken will, weil einem das Materielle flüssig wird. Sehen Sie, wenn Sie sich das Gehirn anschauen, wie es sich im Rückenmark durch die zwölf Brustwirbel, Lendenwirbel, Kreuzwirbel und so weiter fortsetzt, so lösen sich die Nervenmassen, die jetzt außen weiß und innen grau sind, gegen das Stoffwechselgebiet hin auf. Gewissermaßen verliert sich die Möglichkeit in diesem Gefühl, sich das materiell vorzustellen. Man kann nicht mit gleichartig bleibenden Vorstellungen den ganzen Menschen umfassen. Man muß sein Vorstellungsleben innerlich beweglich machen. Indem man beim Menschen hinaufschaut, werden die Vorstellungen zu etwas anderem, als wenn man beim Menschen herunterschaut. Es ist eine Art Nachschaffen desjenigen möglich, was beim Menschen beweglich geworden ist. – Sie sehen, es ist ein Anfang zu einer künstlerischen Tätigkeit, die dann gewissermaßen den Erkennenden in dasjenige hineinstellt, was man als materielles Gebiet wirklich draußen am Menschen in der Welt sieht. Man hat, möchte man sagen, nicht auf der einen Seite die derbmaterielle konkrete Welt und dann das abstrakte Vorstellen, sondern man taucht unter in die menschliche Natur. Und das, was man in den Vorstellungen hat, das wird selber so, daß es lebendig wird und das menschliche Leben mitlebt. Auf eine andere Weise kann man insbesondere das, was man als Erziehungs- und Unterrichtskünstler nötig hat, am Menschen gar nicht erkennen. Man muß in dieser Weise selber beweglich werden, um den Menschen wirklich zu erkennen. Dann wird man aber auch richtig herausfinden, wie diese drei Glieder der menschlichen Organisation zusammenwirken müssen, um das menschliche gesunde Gleichgewicht zu erzeugen. Und man wird auf dasjenige aufmerksam werden können, was in gestörtem Gleichgewicht die Neigungen zu allerlei Krankhaftem hervorbringt. Man wird eine lebendige Anschauung von dem Wege zum Gesundenden und dem Erkrankenden im Menschen gewinnen.

Ich habe gestern darauf hingewiesen, wie man zu wirklicher Menschenkenntnis den Menschen zu betrachten hat von den verschiedensten Gesichtspunkten aus, wie aber diese verschiedenen Gesichtspunkte gerade dazu führen, einheitlich zu überschauen das Körperlich-Physische und das Seelisch-Geistige. Ich habe gestern gesagt, daß man in der Geisteswissenschaft redet von dem physischen Menschen, dem ätherischen Menschen, dem astralischen Menschen und dem Ich-Wesen. Von diesen Gliedern der menschlichen Natur ist jedes wiederum in einer gewissen Beziehung dreigliedrig. Der physische Leib ist dreigliedrig; alle anderen Glieder der menschlichen Wesenheit sind auch dreigliedrig, so daß die verschiedensten sich durchkreuzenden Gesichtspunkte in Betracht kommen. Ich werde heute von einer ganz anderen Seite her die menschliche Natur zu beleuchten versuchen, und Sie werden sehen, daß sich in den verschiedenen Beleuchtungen zuletzt eine lebendige Charakteristik der menschlichen Wesenheit ergeben wird.

Wir können nämlich in ganz anderer Beziehung, als dies gestern geschehen ist, den Menschen wiederum betrachten von drei Gesichtspunkten aus: von dem leiblichen Gesichtspunkt, von dem seelischen Gesichtspunkt und von dem geistigen Gesichtspunkt. Ich betone eben ausdrücklich, daß das, was ich heute sage, von einem ganz anderen Gesichtspunkte aus gesagt ist und sich erst später mit dem zusammenfinden wird, was gestern erwähnt worden ist. Den Menschen können wir betrachten, sagte ich, vom leiblichen Gesichtspunkte aus. Da erscheint er uns sogleich als ein dreigliedriges Wesen. Wiederum vom seelischen Gesichtspunkte aus erscheint er uns als ein dreigliedriges Wesen, und vom geistigen Gesichtspunkte aus erscheint er uns ebenfalls als ein dreigliedriges Wesen.

Betrachten wir den Menschen zunächst vom leiblichen Gesichtspunkte aus. Da geht ja die heutige physiologische naturwissenschaftliche Betrachtung vielfach fehl und bringt es nicht zu einer wirklichen plastischen Ansicht von der Wesenheit des Menschen. Ich habe auf diese Dinge hingewiesen, ich darf sagen, aus einem dreißig Jahre lang andauernden Studium dieser Sache heraus in meinem vor zwei oder drei Jahren erschienenen Buche «Von Seelenrätseln». Im Anfange habe ich hingewiesen auf diese naturgemäß gegebene Dreigliederung des Menschen vom Gesichtspunkte des Leiblichen aus. Ich werde zunächst diese Dinge wie berichtend anführen, um allmählich im Laufe der Stunde die Einzelbeweise für diese Sache beizubringen.

Wenn wir den Menschen zunächst in leiblicher Beziehung betrachten, so handelt es sich darum, daß wir erst hinsehen auf dasjenige, was der Mensch dadurch ist, daß er ein Wesen ist, das durch die Sinne die Außenwelt wahrnimmt. Aber Sie wissen ja auch, daß diese Sinne, die gewissermaßen an der Peripherie des menschlichen Organismus lokalisiert sind, sich nach dem inneren Menschen hin in den Nerven fortsetzen. Wer Sinnes- und Nervenorganisation ohne weiteres zusammenwirft mit der Organisation des übrigen Menschen, der betrachtet den Menschen durchaus nicht so, daß er ihm seiner Wesenheit nach durchschaubar werden könnte. Es ist ein hoher Grad von Selbständigkeit, von Individualisierung in dem, was ich nennen möchte den Nerven-Sinnes-Menschen. Und gerade weil man heute eigentlich den ganzen Menschen wie eine nebulose Einheit nur naturwissenschaftlich betrachtet, kommt man nicht darauf, diese fundamentale Selbständigkeit des Nerven-Sinnes-Menschen ins Auge zu fassen. Wir werden uns gleich noch besser verstehen, wenn ich die Sache weiter ausführe.

Ein zweites selbständiges Glied der menschlichen leiblichen Wesenheit ist dann alles dasjenige, was in unsern Organismus eingegliedert ist als – ich nenne es den rhythmischen, den rhythmisierenden Organismus des Menschen; was Atmungssystem ist und rhythmisch ist, was Blutzirkulationssystem ist und rhythmisches System ist, was Lymphgefäßsystem ist und rhythmisch ist. Alles das, was in rhythmischer Tätigkeit im Menschen ist, das ist ein zweites System der gesamten menschlichen Wesenheit und hat eine relative Selbständigkeit gegenüber dem Nerven-Sinnes-Menschen. Es ist, als wenn diese zwei Systeme einfach ineinander verbunden wären als selbständige und nur kommunizierten. Es ist keine solche Einheit im Menschen, wie sie aus unklaren Begriffen heraus die heutige Naturwissenschaft konstatiert.

Und das dritte ist wieder etwas, was relativ selbständig ist in bezug auf den ganzen Menschen; das ist dasjenige, was ich den Stoffwechselorganismus nennen möchte. Wenn Sie in bezug auf die Tätigkeit einfach den dreifachen Menschen betrachten, den Nerven-Sinnes-Menschen, den Menschen, der in gewissen rhythmischen Tätigkeiten lebt, den Menschen, der im Stoffwechsel lebt, dann haben Sie alles, was in der menschlichen Natur, sofern sie ein tätiger Organismus ist, vorhanden ist. Und Sie haben zugleich auf drei selbständige Systeme im menschlichen Organismus hingewiesen.

Sehen Sie, über diese drei selbständigen Systeme macht sich die heutige Wissenschaft ganz falsche Begriffe, indem sie einfach sagt: Seelenleben, das ist verknüpft mit dem Nervenleben. Wir können ja überall als eine Gewohnheit, die sich im Laufe der Zeit, man kann sagen, etwa seit dem Ende des 18. Jahrhunderts eingebürgert hat, sehen, daß das Seelenleben in einen gewissen Zusammenhang gebracht wird nur mit dem Nervenleben. Wir wollen, um einen gewissen Sinn zu verbinden mit dem, was ich gerade als die Dreigliederung des menschlichen Leibes angedeutet habe, die Zugehörigkeit des menschlichen Seelenlebens einmal zu diesem dreigliedrigen Menschen untersuchen.

Nun müssen wir sagen: Alles, was im menschlichen Stoffwechselleib konzentriert ist, was als Tätigkeit der Stoffwechselleib ist, das hängt zusammen unmittelbar mit dem menschlichen Wollen. Dasjenige, was Zirkulationssystem ist, hängt zusammen unmittelbar mit dem menschlichen Fühlen, und dasjenige, was Nerven-Sinnes-System ist, hängt zusammen mit dem menschlichen Vorstellen. Sehen Sie, hier macht sich die neuere Naturwissenschaft eben ganz falsche Begriffe. Sie sagt, das Seelenleben des Menschen hängt zusammen mit dem Nervenleben überhaupt, höchstens also mit dem Nerven-Sinnes-Leben. Denken, Fühlen und Wollen hängen zusammen unmittelbar mit dem Nervenleben, und erst durch die Nerven wird übertragen die Tätigkeit des Seelenlebens indirekt auf den Zirkulationsmenschen, auf den rhythmischen Menschen und auf den Stoffwechselmenschen. Dadurch kommt eine ganze Verwirrung in die Auffassung vom Menschen hinein. Man entfernt sich von der menschlichen Natur, statt daß man sich ihr nähert. Mit dem Nerven-Sinnes-Leben hat nichts anderes als das Vorstellen in unmittelbarer Art zu tun. Dagegen ist ebenso unmittelbar, wie das Vorstellungsleben verknüpft ist mit dem Nerven-Sinnes-Leben, das Gefühlsleben des Menschen unmittelbar verbunden mit dem rhythmischen System des Menschen. Gefühlsleben als seelisches Leben pulsiert zugleich in Atmung, Blutzirkulation, Lymphzirkulation und ist ebenso unmittelbar mit diesem System verbunden, wie das Vorstellungssystem mit dem Nervensystem. Und das Willenssystem ist unmittelbar verbunden mit dem Stoffwechselsystem. Immer geschieht irgend etwas im menschlichen Stoffwechsel, wenn eine Willenstätigkeit oder eine Willenskombination vorliegt. Das Nervenleben hat nicht die Beziehung zum Wollen, die man ihm gewöhnlich zuschreibt, sondern der Wille hat unmittelbar eine Beziehung zum Stoffwechsel, und diese Beziehung zum Stoffwechsel nimmt der vorstellende Mensch erst wiederum wahr durch das Nervensystem. Das ist die wirkliche Beziehung. Das Nervensystem hat keine andere Aufgabe, als vorzustellen. Ob vorgestellt wird irgendein äußerer Gegenstand, ob vorgestellt wird dasjenige, was durch den Willen im Zusammenhange mit dem Stoffwechsel geschieht, der Nerv hat immer die gleiche Aufgabe. Die heutige Wissenschaft unterscheidet sensitive Nerven, die da sein sollen, um von der Körperperipherie aus gewissermaßen die Eindrücke der Außenwelt zum Zentralorgan, wie man sagt, zu tragen; dann wiederum sollen motorische Nerven da sein, welche dasjenige, was vom Zentralsystem als Willensimpuls ausgehen soll, nach der Peripherie des Körpers zu tragen haben. Man hat, ich werde davon noch genauer reden, sehr geistreiche – geistreich sind sie ja, die Dinge –, sehr geistreiche Theorien ersonnen, um nachzuweisen, wie man durch Durchschneiden und so weiter von Nerven beweisen könne, daß ein solcher Unterschied besteht zwischen sensitiven und motorischen Nerven. Aber in Wirklichkeit existiert er nicht. Und viel bedeutungsvoller als alle im Laufe der Zeit geistreich ersonnenen Theorien über den Unterschied von motorischen und sensitiven Nerven ist die andere Tatsache, daß man allerdings den sogenannten motorischen Nerv zerschneiden kann, sein Ende zusammenstückeln kann mit dem Ende eines ebenfalls durchschnittenen sensitiven Nervs, und daß dies dann wiederum einen Nerv von einer Nervenart gibt. Das ist viel mehr sprechend als alles übrige, was sonst ersonnen worden ist, daß ein Unterschied in der wirklichen Funktion zwischen motorischen und sensitiven Nerven nicht gefunden werden kann. Er kann auch in anatomisch-physiologischer Beziehung nicht gefunden werden. Die sogenannten motorischen Nerven sind nicht dasjenige, was den Willensimpuls vom Zentralorgan zu der Peripherie des Menschen trägt, sondern diese motorischen Nerven sind in Wirklichkeit auch sensitive Nerven. Sie sind dazu da, sagen wir, wenn ich zum Beispiel einen Finger bewege, daß eine unmittelbare Beziehung zwischen dem Willensentschluß und dem

Stoffwechsel des Fingers zustande kommt, daß der unmittelbare Einfluß, der vom Willen ausgeübt wird, den Stoffwechsel des Fingers ergreift. Diese Stoffwechseländerung, dieser Stoffwechselvorgang wird durch den sogenannten motorischen Nerv wahrgenommen. Und wenn ich den Stoffwechselvorgang nicht wahrnehme, dann erfolgt auch kein Willensentschluß, weil der Mensch darauf angewiesen ist, dasjenige, was in ihm vorgeht, ebenso wahrzunehmen, wenn er dadurch etwas wissen soll, sich beteiligen soll daran, wie irgend etwas in der äußeren Welt wahrzunehmen ist, wenn er daran beteiligt sein soll.

Es ist geradezu, ich möchte sagen, diese Unterscheidung von sensitiven Nerven und motorischen Nerven der bequemste Knecht des Materialismus, allerdings ein Knecht, der nur hat heraufziehen können in der materialistischen Wissenschaft dadurch, daß man einen billigen Vergleich gefunden hat in dieser neueren Zeit, nämlich den des Telegraphen. Man telegraphiert von einer Station zur anderen hin, und dann telegraphiert man wiederum zurück. Nach diesem Bilde des Telegraphierens stellt man sich ungefähr heute die Vorgänge vor von der Peripherie nach dem Zentralorgan und wiederum zurück durch sensitive und motorische Nerven. Das ganze Bild ist natürlich nur möglich in einem Zeitalter, in dem eben gerade die Telegraphie eine solche Rolle zu spielen hat wie im 19. Jahrhundert. Wäre die Telegraphie nicht da, so hätte man ja auch dieses Bild nicht gefunden, und man wäre vielleicht zu einer naturgemäßeren Anschauung der entsprechenden Vorgänge gekommen.

Sehen Sie, es sieht aus, als wenn man, ich möchte sagen, aus einem gewissen Radikalismus heraus, aus Kritikasterei dasjenige in Grund und Boden treten wollte, mit dem sich so viele Menschen soviel ernstliche Mühe gegeben haben. Aber glauben Sie nicht, daß das leicht ist. Glauben Sie nicht, daß einem das leicht wird. Ich habe mich als ganz junger

Mann zu beschäftigen angefangen mit der Nervenlehre, und es war für mich etwas Erschütterndes, zu bemerken, wie gerade diese Nervenlehre der schlechte Knecht des Materialismus ist, weil dasjenige, was ein unmittelbarer seelischer Einfluß des Willens auf den Stoffwechsel ist, dadurch vermaterialisiert wird, daß man sich vorstellt, der materielle Nervenstrang trage den Willensimpuls vom Zentralorgan zu der Peripherie des Menschen, das heißt zum Muskel, zum Bewegungsorgan. Man zeichnet so die materiellen Prozesse in den Organismus hinein.

In Wahrheit ist bei einem Willensakt zunächst durchaus ein unmittelbarer Zusammenhang zwischen dem, was der seelische Willensimpuls ist, und irgendeinem Prozeß des Stoffwechsels. Der Nerv ist eben nur dazu da, um die Wahrnehmung dieses Prozesses zu vermitteln. Ebenso ist der Nerv nur dazu da, um jene Wahrnehmung zu vermitteln, welche bestehen muß für den Menschen, wenn zwischen seinem Fühlen und irgendeinem solchen Vorgang, der sich ausdrückt in Zirkulation, eine Beziehung entsteht. Das ist immer dann der Fall, wenn wir fühlen. Da liegt zunächst nicht zugrunde irgendein nervöser Prozeß, sondern es liegt zugrunde eine Modifikation unseres Zirkulationswesens. Bei irgendeinem Gefühl liegt immer ein Vorgang im, jetzt nicht Stoffwechsel, sondern im rhythmischen Gange der Zirkulationsprozesse vor. Und das, was vorgeht, was im Blute, in der Lymphbildung vorgeht, in dem Sauerstoffwechsel, was aber nicht ein wirklicher Stoffwechsel ist – der Sauerstoffwechsel ist schon ein Stoffwechsel, insofern gehört er aber zu den Willensvermittlern –, aber insofern wir es zu tun haben mit einem rhythmischen Prozesse der Atmung, gehört das zum Fühlen. Alles Fühlen ist direkt zugeordnet dem rhythmischen Prozesse. Und wiederum sind die Nerven nur dazu da, um dasjenige wahrzunehmen, was sich da unmittelbar abspielt zwischen dem seelischen Fühlen und dem rhythmischen Prozesse im Organismus. Nerven sind also auch da wiederum nur Wahrnehmungsorgane. So daß wir, ich möchte sagen, in dieser geisteswissenschaftlichen Untersuchung erst sehen, was es eigentlich bedeutet, wenn wir in Lehrbüchern der Physiologie oder auch der Psychologie immer wieder und wiederum finden mußten: Ja, man muß aus der Theorie heraus hypothetisch annehmen, der Mensch habe sensitive und motorische Nerven; aber anatomisch unterscheiden sich die beiden höchstens ein wenig durch ihre Dicke, jedenfalls nicht durch irgend etwas anderes. Spekulationen bei der Tabes und dergleichen, die man gemacht hat – auf die werde ich noch zurückkommen. Ich wollte heute nur eben andeuten zunächst, daß eine unbefangene Betrachtung des menschlichen Organismus diesen als einen dreigliedrigen uns zeigt: den Nerven-Sinnes-Organismus, der zugeordnet ist dem vorstellenden Seelenleben, dann den Organismus, der in Rhythmen lebt, zugeordnet dem Gefühlsseelenleben, den Organismus, der im Stoffwechsel lebt, im weitesten Sinne, zugeordnet unmittelbar dem Willensteil des Seelenlebens.

Nun können wir ja zur Verdeutlichung einmal ins Auge fassen das Leben, sagen wir, im Musikalischen. Dieses Leben im Musikalischen, es ist der allerbeste Beweis – zunächst einer von vielen, wir werden noch verschiedene kennenlernen, aber vielleicht einer der besten Beweise – für die besondere Zuordnung des Gefühlslebens zum rhythmischen Leben des Organismus. Dieses rhythmische Leben wird in seinem Zusammenhang mit dem Gefühlsleben wahrgenommen von dem Vorstellungsleben, das an den Nerven-Sinnes-Organismus gebunden ist. Wenn wir etwas Musikalisches hören, ja, wenn wir irgendwie uns einem Tonbilde hingeben, dann ist das allerdings scheinbar zunächst aufgenommen durch den Sinn. Aber diejenigen Physiologen, die etwas feiner beobachten können, merken, wie innerlich beteiligt ist an dem Verfolgen eines

Tonbildes das Atmen, und wie wirklich unser Atmen etwas zu tun hat mit dem, was wir als dasjenige in uns erleben, was uns das Tonbild erscheinen läßt als etwas, das ästhetisch zu beurteilen ist, das in das Gebiet der Kunst zu versetzen ist.

Wir müssen uns nämlich klar sein, welch komplizierter Prozeß eigentlich in uns fortwährend vorgeht. Nehmen Sie einmal diesen unseren Organismus an. Dieser Nerven-Sinnes-Organismus, der zentralisiert ist im menschlichen Gehirn, er ist ja so zentralisiert, daß das Gehirn eigentlich nur zum geringsten Teil in einem gewissen festen Zustande ist; das ganze Gehirn schwimmt im Gehirnwasser. Ich versuche dasjenige, was da zugrunde liegt, durch folgendes klarzumachen: Es würde unser Gehirn, wenn es nicht im Gehirnwasser wirklich schwimmen würde, fortwährend auf die an der Schädelunterlage befindlichen Blutgefäße drücken und diese fortwährend zerdrücken. Unser Gehirn erleidet nämlich dadurch, daß es im Gehirnwasser schwimmt, einen fortwährenden Auftrieb – was man nach dem Archimedischen Prinzip den Auftrieb nennt, wie Sie aus der Physik wissen –, so daß von dem reichlich 1300 bis 1500 Gramm wiegenden Hirn eigentlich auf die Unterlage des Schädels höchstens 20 Gramm drücken. So daß also dadurch, daß das Gehirn einen mächtigen Auftrieb erleidet, auf die Unterlage des Schädels sehr wenig gedrückt wird. Aber dieses Gehirnwasser, das ist nicht minder beteiligt an unserem ganzen menschlichen Erleben als etwa das Feste des Gehirnes. Dieses Gehirnwasser, das ist nämlich in einer stetigen Auf- und Abbewegung. Es bewegt sich das Gehirnwasser rhythmisch auf und ab vom Gehirn durch den Rückenmarkskanal, strahlt dann aus in die Bauchhöhlung, wird bei der Einatmung zurückgestoßen in die Gehirnhöhlung, wieder herausgestoßen, und bei der Ausatmung fließt es wieder herunter. In fortwährendem Auf- und Abbewegen ist dieses Gehirnwasser, das heißt, seine Fortsetzung in den übrigen Organismus hinein, so daß eine fortwährende vibrierende Bewegung stattfindet, die im Grunde genommen den ganzen Menschen erfüllt und die mit dem Atmen zusammenhängt.

Indem wir irgendeiner Folge von Tönen gegenüberstehen, stehen wir ihr als atmende Menschen gegenüber. Fortwährend wird das Wasser aufwärts und abwärts getrieben. Und indem wir hören, schlägt innerlich der Rhythmus des auf- und absteigenden Wassers an dasjenige an, was da durch die Töne in uns im Gehörorgan als Sinneswahrnehmung figuriert, und ein fortwährendes Zusammenschlagen der innerlichen Vibrationsmusik unseres Atmens findet statt mit dem, was als Wahrnehmungsvorgang an unser Ohr schlägt. Darinnen besteht eigentlich das musikalische Erlebnis, in diesem Ausgleich zwischen der Gehörwahrnehmung und dem rhythmischen Atmungsprozeß. Und der schildert ganz falsch, der etwa das musikalische Wahrnehmen, das ja überall im wesentlichen durchzogen ist vom Fühlen, nur in Beziehung bringen möchte direkt mit den Nervenvorgängen. Die sind eigentlich beim musikalischen Wahrnehmen nur dazu da, daß wir dasjenige, was eigentlich vorgeht, tiefer mit unserem Ich verbinden, daß wir es so recht wahrnehmen, daß wir es ins Vorstellen umsetzen.

Ich habe nach allen Richtungen hin versucht, diesen Dingen nachzugehen. Es war in der Zeit, in der die europäische Menschheit sich noch mehr für solche Fragen unmittelbar interessierte. Da war, wie Sie wissen, der lebhafte Streit vorhanden zwischen der Auffassung des Musikalisch-Schönen durch Richard Wagner und die Wagner-Schüler und durch den Wiener Hanslick. Da konnte man das Problem des musikalischen Wahrnehmens nach allen Richtungen erörtert finden. Da wurde auch hingewiesen in diesem Zusammenhange auf diejenigen Versuche, die man machen kann, um hinter das musikalische Wahrnehmen zu kommen. Und gerade beim musikalischen Wahrnehmen drängt es sich auf, die unmittelbare Beziehung zu suchen zwischen den Zirkulationsvorgängen und dem, was eigentliches menschliches Fühlen ist, während gleichzeitig eine unmittelbare Beziehung zwischen dem Nervensystem und dem Vorstellen vorhanden ist. Aber diese unmittelbare Beziehung ist nicht zu suchen zwischen dem Nervensystem und dem Fühlen und nicht zwischen dem Nervensystem und dem Wollen.

Ich bin überzeugt davon, daß die falsche Hypothese von den sensitiven und motorischen Nerven, die in die Wissenschaft als der Knecht des Materialismus eingezogen ist, weit mehr, als man meint, schon die Denkweise der Menschen ergriffen hat und in der nächsten oder in der zweitnächsten Generation Gesinnung wird. Ja, ich bin überzeugt, daß diese materialistische Nervenlehre schon Gesinnung geworden ist in der Menschheit und daß wir eigentlich heute das, was wir in der Physiologie oder in der Psychologie so als Theorie hersagen, schon in unseren Gesinnungen haben und daß diese Gesinnungen eigentlich die Menschen trennen. Wenn man das Gefühl hat – und die Leute haben heute schon das Gefühl –, daß eigentlich der andere Mensch uns nur gegenübersteht so, daß wir selber auf ihn einen Sinneseindruck machen, er auf uns, daß er da abgeschlossen von uns in sich hat sein Gefühlsleben, das erst durch die Nerven vermittelt werden soll, dann richten wir eine Scheidewand zwischen Mensch und Mensch auf. Es ist ja wirklich so, daß diese Scheidewände zu merkwürdigen Anschauungen geführt haben, wenn man heute hört, daß Leute sagen: Ja, wenn ich einen anderen Menschen ansehe, so sehe ich, daß er die Nase mitten im Gesicht hat, daß er zwei Augen hat an derjenigen Stelle, wo ich weiß, ich habe auch zwei Augen. Er hat ein Gesicht so geformt wie ich; indem ich das alles sehe, ziehe ich den unbewußten Schluß: Da ist ein ebensolches Ich in dem Organismus drinnen wie in mir. – Es gibt heute schon Leute, die auch diese Theorie vertreten und das Verhältnis vom Menschen zum Menschen so äußerlich auffassen, daß sie meinen, aus der Gestalt des Menschen wäre erst ein unbewußter Schluß notwendig, um darauf zu kommen, daß der andere Mensch ein mit dem eigenen Ich gleiches Ich hat. Die Anschauung, welche nur das Nervenleben zusammenbringt mit dem Vorstellungsleben, dagegen das Zirkulations- und Atmungsleben zusammenbringt mit dem Gefühlsleben, das ganze Stoffwechselleben zusammenbringt mit dem Willensleben, die wird, wenn sie Gesinnung wird, wenn sie einmal wirkliches Erleben wird, die Menschen wiederum zusammenführen. Ich kann für dieses Zusammenbringen heute zunächst nur ein Bild gebrauchen.

Sehen Sie, wir würden ja wirklich geistig-seelisch als Menschen sehr voneinander getrennt sein, wenn wir geistig-seelisch so einander gegenüberstünden, daß wir eigentlich alles Fühlen und Wollen durch unsere Nerven in unserem Innern entwickelten und der ganze Mensch in seiner Haut abgeschlossen gedacht werden müßte. Da wird das Seelische sehr isoliert. Und ich möchte sagen: So fühlen sich heute die Menschen, und ein getreues Abbild dieses Fühlens ist der antisozial und immer antisozialer werdende Zustand Europas.

Aber es gibt auch eine andere Möglichkeit. Wir sitzen hier alle in diesem Saale zusammen; wir atmen die gemeinsame Luft zunächst, da können wir nicht sagen, daß wir jeder um uns herum unseren Luftkasten abschließen können. Wir atmen die gemeinsame Luft. Wer das gesamte Seelenleben an das Nervensystem heftet, der isoliert die Menschen. Wer zum Beispiel an das Atmungsleben wiederum zurückgibt das Seelenleben, der macht auch das Seelenleben zu etwas Gemeinschaftlichem. So wie diese Luft uns gemeinschaftlich ist, so ist uns und wird uns das

Seelenleben gemeinschaftlich, wenn wir es an den Rhythmus-Organismus zurückgeben. Und wenn sich auch in unserer sozialen Ordnung die einen Menschen heute noch ein bißchen was Besseres kaufen können, die anderen was Schlechteres kaufen müssen, es kann doch nicht der reiche Mensch, damit er nicht dasselbe ißt wie der Arme, seine Nahrungsmittel vom Monde her, von einem ganz anderen Weltenkörper beziehen. In bezug auf den Stoffwechsel haben wir ein gemeinsames Leben. So aber wird auch unser Willensleben zu einem gemeinschaftlichen, wenn wir so ursprüngliche, unmittelbare primäre Beziehungen vom Willensleben zum Stoffwechselleben hin einsehen. Sie werden sehen, wie es von einer unendlichen Tragweite ist, daß man diesen Zusammenhang des Gefühlslebens mit allem, was rhythmisch ist in der menschlichen Natur und was rhythmisch den Menschen auch mit der Außenwelt zusammenschließt, einsieht und daß man auf der anderen Seite das Willensleben in seinem Zusammenhange mit dem Stoffwechselleben kennenlernt. Auch darinnen zeigt sich wiederum, wie Geisteswissenschaft gerade geeignet ist, die Materie und ihre Vorgänge wirklich kennenzulernen. Der Materialismus ist ja einmal dazu verur teilt, gerade von der Materie nichts zu verstehen.

Damit habe ich Sie zunächst präliminarisch – wir werden auf alle diese Dinge genauer eingehen – bekannt gemacht mit der Dreigliederung des menschlichen Leibeslebens in ein Nerven-Sinnes-Leben, in ein Leben des Rhythmus-Organismus und in ein Leben des Stoffwechsel-Organismus.

Die geschilderte Vier- und Dreigliederung des Menschen wird in Rudolf Steiners Sichtweise um eine wesentliche, für die Pädagogik unumgängliche Dimension erweitert. Es handelt sich dabei um das Motiv der *Entwicklung*. So spricht er von gleichsam vier Geburten, in denen die jeweiligen Wesensglieder zur Welt kommen, einer Geburt des physischen Leibes, des Ätherleibes, des Astralleibes und des Ich, im Abstand von je sieben Jahren. Wie sich dabei die Konfigurationen der vier Wesensschichten und leiblich-seelisch-geistigen Organismen in ihrem Aufeinander-Zugeordnetsein ändern, bildet Gegenstand vieler differenzierter Untersuchungen Rudolf Steiners. Im folgenden wird dies am Beispiel des markanten Entwicklungspunktes des Zahnwechsels, auf den sieben Jahre später jener der Geschlechtsreife folgt, dargestellt.

Aber man muss wieder dazu kommen, dasjenige was man hat, in derselben Weise bewußt, willkürlich, besonnen handhaben zu lernen, wie man früher unbewußt in instinktiven Intuitionen zu Anschauungen von der Menschennatur gekommen ist. Diese Bildung innerhalb der Zeitkultur, das ist dasjenige, was sozusagen wie ein Zauberhauch durch alle Lehrerseminarbildung hindurchgehen müßte, was Gesinnungsbildung für die Lehrerschaft werden müßte, was eigentlich erst den Lehrer bringen würde in den Mittelpunkt desjenigen Horizontes der Weltanschauung, den er übersehen, überblicken müßte. Daher ist es heute nicht so notwendig, daß man sich hinsetzt und experimentelle Gedächtnis- und Willensuntersuchungen, Verstandesuntersuchungen macht, sondern wichtig ist, daß die didaktische, die methodische, die pädagogische Bildung in Seminaren dahin orientiert wird, daß eine Gesinnung Platz greift in den Lehrerseelen, die in der Richtung geht, wie ich sie eben charakterisiert habe. Auf das Zentrale des Menschenwesens müßte eigentlich gerade in der Lehrerbildung losgegangen werden.

Und wenn das der Fall ist, dann wird dasjenige, was der Lehrer erfahren kann, erleben kann durch seine eigene Bildung, in ihm nicht ein totes Anwenden von Erziehungsregeln sein, nicht ein Nachdenken darüber, wenn irgendein Kind da ist: Wie wendet man diese oder jene Regel an? – Das ist etwas, was im Grunde genommen gar nicht sein darf, sondern es muß im ganzen Menschenwesen des Lehrers ein intensiver Eindruck entstehen von dem Kinde wiederum als Ganzes, und dasjenige, was da erblickt wird in dem Kinde, muß Freude und Leben erweckend sein. Und jenes Wesen, das als Freude und Leben erweckend im Lehrer wirkt, das muß wachsen können und unmittelbar eingeben dasjenige, was in der Frage liegt: Was machst du mit dem Kinde?

Man muß vom Lesen im Allgemeinen der Menschennatur übergehen zum Lesen in der einzelnen Menschenwesenheit. Überall muß Pädagogik übergeführt werden können, lassen Sie mich diesen materiell gefärbten Ausdruck gebrauchen, in die Handhabung desjenigen, was man braucht. Beim Lesen geht auch dasjenige, was man gelernt hat über den Zusammenhang der Buchstaben, über in Handhabung. Es muß wirklich ein dem Lesen ähnliches Verhältnis werden, in das der Lehrer eingehen kann zu dem Schüler. Dann wird er die materielle Entwicklung des Körperlichen nicht unterschätzen und nicht überschätzen, sondern sich zu ihr in eine richtige Beziehung setzen. Dann wird er erst anwenden lernen, was ihm Physiologie und experimentelle Psychologie über das Kind geben können. Dann wird er vor allen Dingen aufsteigen können von der Einsicht in Einzelheiten zu der Gesamterfassung der werdenden Menschenwesenheit.

Wenn wir das Kind in dem volksschulpflichtigen Alter hereinbekommen in die Schule, dann ist es für eine innere Schau im Grunde genommen eine andere Wesenheit, als es vorher bis zum Zahnwechselalter war. Schauen wir innerlich auf die Menschennatur hin, wie sie vor dem Zahnwechsel war. In den Zähnen kommt etwas heraus, was sich bildet im ganzen menschlichen Organismus auf die Art, wie ich es gestern beschrieben habe. Es ist ein Schießen in die Form, die menschliche Seelenwesenheit arbeitet an dem zweiten Körperlichen des Menschen, wie der Bildhauer arbeitet an der Gestaltung des Stoffes. Es ist in der Tat ein innerlich unbewußtes plastisches Gestalten. Das kann man nicht auf eine andere Weise von außen beeinflussen als dadurch, daß man das Kind nachahmen läßt, was man selber tut. Was ich vormache, was als eine Bewegung mit meiner eigenen Hand da wirkt und von dem Kinde angeschaut wird, das geht über in sein seelenbildendes Element, und meine Handbewegung wird der Anlaß zur unbewußten plastischen Tätigkeit, die in die Form schießt. Dieses In-die-Form-Schießen ist ganz und gar abhängig von dem Bewegungselemente im Kinde. Was das Kind vollbringt an Bewegungen, wie bei ihm diese Willensregungen übergehen aus dem Chaotischen, Unorientierten in innerlich geordnete, wie das Kind da nach außen plastizierend an sich arbeitet, so geht dieses Plastizieren in einem hohen Grade nach dem Innern vor sich. Wenn wir das Kind in die Volksschule hereinbekommen, so müssen wir uns darüber klar sein, daß mit seinem Fortschreiten in der physisch-seelisch-geistigen Entwicklung der Vorgang, der zuerst nur in den Bewegungen lebte, in eine ganz andere Region herübergeht. Das Kind ist bis zum Zahnwechsel in seiner Blutbildung abhängig von seiner Kopforganisation. Sehen Sie sich einen Menschen an während seiner Embryonalzeit, wie da die Kopfbildung überwiegt, wie sogar die andere organische Bildung von außen, von dem, was im mütterlichen Leibe vor sich geht, abhängig ist, wie alles dasjenige, was vom Kinde selbst ausgeht, von der kindlichen Kopfbildung ausgeht. Das bleibt, wenn auch abgeschwächt, noch vorhanden in der ersten Lebensepoche des Menschen bis zum Zahnwechsel hin. Da ist in alledem, was im menschlichen Organismus vorgeht, im wesentlichen die Kopfbildung beteiligt.

Da wirken Kräfte, die von der Kopfbildung, vom Nerven-Sinnes-System ausgehen, hinein in das motorische System, in das plastische Gestalten. Wenn das Kind den Zahnwechsel durchgemacht hat, dann zieht sich die Kopfbildung zurück. Dasjenige, was in den Gliedmaßen wirkt, das ist nun weniger von der Kopfbildung abhängig; das ist mehr abhängig von dem, was durch die äußerlich aufgenommenen Nahrungsmittel namentlich an Stoffen und Kräften in den menschlichen Organismus übergeht.

Beachten Sie das nur ganz genau! Nehmen wir an, wir essen als Kind in dem Lebensalter vor dem Zahnwechsel irgend etwas, wir essen Kohl zum Beispiel. Essen kann man ihn ja, wenn man ihn nur nicht redet. Der Kohl hat in sich dadurch, daß er Kohl ist, gewisse Kräfte. Diese Kräfte, die der Kohl in sich hat, die eine große Rolle spielen in der Art und Weise, wie der Kohl da auf den Feldern als Pflanze wächst, werden bei dem Kinde möglichst bald aus dem Kohl herausgetrieben, und die Verarbeitung des Kohls wird unternommen von denjenigen Kräften, die von dem Kopfe des Kindes ausstrahlen. Gleich versenkt sich in die Kohlkräfte dasjenige hinein, was von der Kopfbildung des Kindes selber ausstrahlt. Geht das Kind durch den Zahnwechsel durch, dann behält, weil die menschliche Natur sich mehr verinnerlicht, der Kohl viel länger bei seinem Wege durch den menschlichen Organismus seine eigenen Kräfte, und er wird nicht etwa schon im Verdauungssystem umgewandelt, sondern erst beim Übergang von dem Verdauungssystem in das Blutzirkulationssystem. Er wird später umgewandelt. Dadurch wird ein ganz anderes inneres Leben im Organismus hervorgerufen. Während in den ersten Jahren bis zum Zahnwechsel alles eigentlich abhängt von der Kopfbildung und ihren Kräften, wird für das zweite Lebensalter, für das Lebensalter vom Zahnwechsel bis zur Geschlechtsreife, besonders wichtig, wie der Atmungsprozeß mit seinem Rhythmus entgegenkommt der Blutzirkulation, und besonders wichtig wird diese Umwandlung der Kräfte, die da stattfindet an der Grenze zwischen dem Atmungsprozeß und dem Blutzirkulationssystem. So daß für das volksschulpflichtige Alter des Kindes das Wesentliche darin liegt, daß immer eine gewisse Harmonie da sein und durch die Erziehung gefördert werden muß, eine Harmonie zwischen dem Rhythmus, der sich im Atmungssystem herausbildet, und dem Rhythmus, mit dem er sich im Inneren des Organismus berührt, dem Rhythmus, der im Blutzirkulationssystem liegt und der aufschießt aus den äußerlich aufgenommenen Nahrungsmitteln. Der Ausgleich, die Harmonisierung zwischen Blutzirkulationssystem und Atmungssystem, das ist dasjenige, was sich vollzieht zwischen dem Zahnwechsel und der Geschlechtsreife.

Der nächste, kurze Text zeigt auf, welche Sichtweise auf Vier- und Dreigliederung Rudolf Steiner für die angemessene hielt. Es geht dabei nicht um den informativen Gehalt, sondern um eine erweiterte Betrachtungsart, die als Richtkraft das Leben bereichert.

Sie werden – wenigstens viele von Ihnen – gehört haben, daß Geisteswissenschaft es nicht so leicht hat wie die äußere Anthropologie der Gegenwart, den Menschen zu betrachten, den Menschen, mit dem wir es ja vorzugsweise in der Erziehung zu tun haben. Diese äußere Anthropologie der Gegenwart, die vereinfacht sich gewissermaßen die Probleme, welche uns in bezug auf den Menschen obliegen. Und man sieht dann, ich möchte sagen, so wie auf eine Art von Aberglauben herunter, wenn man hört, Geisteswissenschaft habe nötig, übersinnliche Glieder der menschlichen Wesenheit zu verzeichnen; in dem aufwachsenden Kinde schon zu sehen, wie sich nicht nur dieser Mensch im allgemeinen entwickelt, sondern wie sich zunächst – approximativ sei es gesprochen – vier Glieder der menschlichen Wesenheit entwickeln.

Man hat es leicht, aus unserer fortgeschrittenen Naturerkenntnis und der aus ihr gezogenen Weltanschauung heraus heute darüber zu lachen, wenn man hört, Geisteswissenschaft sage, der Mensch bestehe aus physischem Leib, aus Ätherleib, aus astralischem Leib und noch aus einem besonderen Ich-Wesen. Ich kann auch dieses Lachen ganz gut verstehen. Ich kann verstehen, wie man aus dem Mißverstehen heraus sich über diese Dinge lustig macht. Aber man macht sich eigentlich lustig auf Kosten einer wirklich gedeihlichen Fortentwicklung der Menschheit und auf Kosten einer richtig auf den Menschen hinschauenden Erziehungskunst. Wohl muß ich Ihnen recht geben; wenn Sie hören, daß da oder dort in sektiererischer Weise sich Theosophen in Zweigen zusammensetzen und nun irgend jemand, der es im Buche gelesen oder in den Vorträgen gehört hat, den Leuten vorträgt: Der Mensch besteht aus physischem Leib, aus ätherischem, astralischem Leib und dem Ich – so ist dies wirklich eine höchst unfruchtbare Wissenschaft, und es ist etwas, worüber man vielleicht sogar ein Recht hat, sich in einer gewissen Weise lustig zu machen. Denn wenn es dabei bleibt, daß Leute diese Dinge wie eine Art religiöses Bekenntnis sektiererisch verbreiten, so kommt für die Kultur der Menschheit, für das wirkliche Leben eigentlich nichts Besonderes dabei heraus. Heraus kommt erst dann etwas aus diesen Dingen, wenn man sie nimmt, ich möchte sagen, als Richtkräfte, um das Leben reicher zu betrachten, als man es betrachten kann, wenn man bloß den abstrakten Begriff des Menschen oder des heranwachsenden Kindes zugrunde legt.

Erweiterte Dimensionen erfordern *erweiterte Erkenntnisfähigkeiten*. Sie erscheinen in der Darstellung Rudolf Steiners als «Fortsetzung der gewöhnlichen menschlichen Fähigkeiten» und erfordern eine Schulung übersinnlicher Erkenntniskräfte. Rudolf Steiner unterscheidet die drei Stufen Imagination, Inspiration und Intuition, die erst eine eigene Anschauung des ganzen Menschen in seiner Vielschichtigkeit ermöglichen. Folgender Abschnitt aus dem Lehrer-Kurs in Dornach gibt einen Einblick in die Werkstatt des erweiterten Bewußtseins.

Zu einer vollständigen Menschenerkenntnis ist eben durchaus das Hereinziehen des zeitlichen Lebensverlaufes zwischen Geburt und Tod notwendig. Und eine solche vollständige Menschenerkenntnis ist daher darauf angewiesen, gerade alles Augenmerk auf den zeitlichen Verlauf des Lebens hinzulenken, den zeitlichen Verlauf des Lebens mitzuerleben. Gerade deshalb muß Anthroposophie, indem sie durch ihre besondere Methode ins Übersinnliche und dadurch in eine vollständige Menschenerkenntnis eindringen will, sie muß sich an das Einleben im Zeitlichen halten können. Der Mensch beachtet eben im Sinne der heutigen Zivilisation dieses Zeitliche nicht. Imagination, Inspiration, Intuition, welches die besonderen Erkenntnismethoden der Anthroposophie sind, müssen durchaus auf einem zeitlichen Erleben des Daseins aufgebaut sein. Imagination, Inspiration und Intuition soll nun nicht etwas sein, was sich als ein ganz Fremdes ins Menschenleben hineinstellt und als Fremdes zur übersinnlichen Erkenntnis führen soll, sondern etwas, was durchaus in der Fortsetzung der gewöhnlichen menschlichen Fähigkeiten liegt. Es wird also von Anthroposophie nicht behauptet, daß irgendwelche besondere Begnadigungen vorliegen müßten, um zu Imagination, Inspiration, Intuition zu kommen, sondern daß der Mensch sich gewisser tiefer in ihm liegenden Fähigkeiten bewußt werden könne, die er ganz sachgemäß entwickeln kann. Aufgestiegen werden muß durchaus von jener Art von Erkenntnis, die wir uns im gewöhnlichen Leben im heutigen wissenschaftlichen Erkennen und in der heutigen Lebenspraxis aneignen.

Wie verfahren wir denn da eigentlich, indem wir erkennende Menschen werden? Ich meine jetzt erkennende Menschen eben nicht nur als wissenschaftlich erkennende Menschen, sondern erkennende Menschen durchaus nur in dem Sinne, wie wir es sein müssen, um unser Leben in praktischer Weise durchzuführen. Wir haben dasjenige um uns herum, was wir nennen möchten den Sinnesteppich: die Farbenwelt, die Tonwelt, die Welt der Wärmeverhältnisse und so weiter, alles dasjenige, was auf unsere Sinnesorgane Eindruck macht. Wir geben uns diesem Sinneseindrucke hin und verweben diese Sinneseindrücke mit demjenigen, was wir denken, mit den Gedanken. Wenn Sie sich überlegen, was, wenn Sie sich Ihrem eigenen inneren Leben etwas erinnernd hingeben, was da den Inhalt dieses Seelenlebens ausmacht: es sind Sinneseindrücke, die in die Gedanken hineingewoben sind. Wir leben ganz und gar dadurch, daß wir in unser Seelisches ein solches Gewebe von Sinneseindrücken und Gedanken hereinnehmen.

Was geht da eigentlich vor? Nun, betrachten Sie in dieser schematischen Zeichnung diese Linie *a* bis *b* als den Sinnesteppich, als die sich um uns herum ausbreitenden Farben, Töne, Gerüche und so weiter.

Der Mensch gibt sich seiner Beobachtung, diesem Sinnesteppich hin, und er verwebt die Eindrücke durch seine Gedanken, die ich hier als die rote Schlangenlinie zeichne. Der Mensch verbindet, indem er sich dem Sinnesleben hingibt, gedanklich alles, was er in dieser Sinneswelt erlebt. Er interpretiert die Sinneswelt durch seine Gedanken. Dadurch, daß er gewissermaßen alles, was er an Gedanken entwickelt, in diese Sinneswelt hineinlegt, bildet diese Sinneswelt für ihn eine Grenze, eine Wand, durch die er nicht durchkommen kann. Er zeichnet gewissermaßen

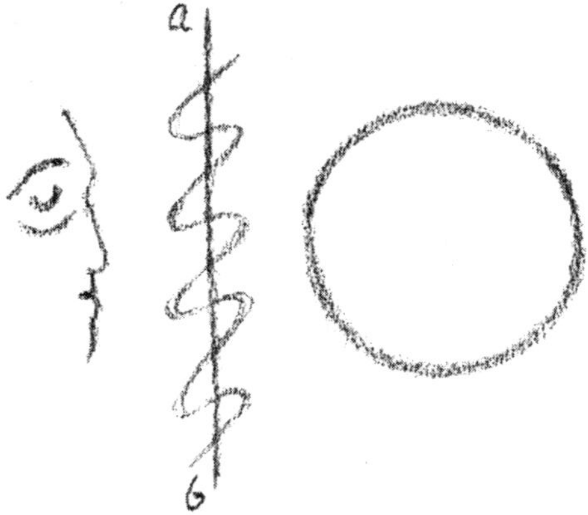

alle seine Gedanken auf dieser Wand auf, aber er durchstößt die Wand nicht im heutigen normalen Bewußtsein. Die Gedanken machen halt an dieser Wand und zeichnen auf dieser Wand.

Hinaus kommt man über dieses Haltmachen an der Wand dadurch, daß man zunächst die imaginative Erkenntnis ausbildet durch das, was man Meditation in systematisch-regelmäßiger Weise nennen kann. Diese Meditation kann als eine innerliche Forschungsmethode ebenso ausgebildet werden, wie die äußerliche chemische oder astronomische Versuchsmethode ausgebildet werden kann. Sie können sich aus meinem Buche «Wie erlangt man Erkenntnisse der höheren Welten?» und aus dem zweiten Teil meiner «Geheimwissenschaft im Umriß» sogar überzeugen, daß die Methoden, sich in dieser Meditation zu bewegen, keineswegs einfach und weniger langwierig sind, als die Methoden, die man sich aneignen muß, um ein Astronom oder ein Chemiker zu werden, wenn man bis zu den letzten Konsequenzen eben kommen will. Es ist allerdings ein verhältnismäßig leichtes, die Lektüre solcher Werke zu pflegen, welche Anleitungen zu den entsprechenden Übungen geben, und dann so weit zu kommen, daß man mit Zuhilfenahme des gesunden Menschenverstandes auch wirklich sich innerlich von der Wahrheit dessen überzeugen kann, was von anthroposophischen Forschungen gesagt wird. Man braucht es nicht auf Autorität hinzunehmen. Auch wenn man es nicht selber erforschen kann, so kann man es prüfen, wenn man nur auf die Eigentümlichkeit der Forschungsmethode eingeht.

Nun, dieses ganze Üben beruht ja darauf, daß man von einem Eingehen auf die Sinneseindrücke absieht. Den Sinneseindrücken gibt man sich nicht hin im Meditieren, man gibt sich allein dem Gedankenleben hin. Dieses Gedankenleben aber muß, durch ein festes Ruhen auf gewissen leicht überschaubaren Gedanken, zu einer solchen Lebendigkeit, zu einer solchen Intensität gebracht werden, wie es sonst nur das äußere Sinnesleben hat. Sie wissen ja, es ist etwas ganz anderes, wenn wir den äußeren Sinneseindrücken hingegeben sind, als wenn wir mit dem gewöhnlichen Bewußtsein nur unserer blassen, unlebendigen Gedankenwelt hingegeben sind. Die Sinneseindrücke wirken lebendig, intensiv auf uns. Wir sind an sie hingegeben. Die Gedanken verblassen, sie werden abstrakt, sie werden kalt. Aber darin besteht gerade das Wesen des Meditierens, daß wir es durch Übung dahin bringen, in dem bloßen Gedankenweben mit einer solchen Intensität und Lebhaftigkeit darinnen zu leben wie sonst im äußeren Sinnesleben. Wenn man einen Meditationsgedanken in einer solchen inneren Lebendigkeit erfassen kann, wie sie sonst vorhanden ist, wenn man sich einer Farbe hingibt, dann hat man den Meditationsgedanken in der richtigen Weise ins Leben hereingestellt. Alles das aber muß mit einer solchen inneren Freiheit geschehen, wie eben das normale Gedankenweben und das sinnliche Wahrnehmen geschieht. Wie wir uns da nicht nebulosen Stimmungen, mystischen Verträumtheiten hingeben, wenn wir die äußere Welt beobachten, wie wir da nicht zum Schwärmer werden, so dürfen wir es auch nicht, wenn wir in dieser Weise richtig meditieren. Genau dieselbe Stimmung muß in diesem Meditieren enthalten sein, wie sonst im äußerlichen, sinnlichen Wahrnehmen.

Das ist das Eigentümliche der anthroposophischen Methode, daß sie die Sinneswahrnehmung geradezu zum Muster nimmt. Sonstige nebulose Mystiker findet man ja, die sagen: Sinneswahrnehmungen – etwas sehr Minderwertiges! Die muß man verlassen. Man muß ins Traumhafte, ins Mystische, ins Sinnesabgewandte sich versetzen! – Dadurch kommt natürlich nur ein halber Schlaf zustande, nicht ein wirkliches Meditieren. Die Anthroposophie verfolgt den entgegengesetzten Weg: Sie nimmt sich das Sinneswahrnehmen geradezu zum Muster in bezug auf seine Qualität, Intensität, in bezug auf seine Lebhaftigkeit. So daß sich der Mensch in diesem Meditieren so frei bewegt, wie er sich in der Sinneswahrnehmung sonst bewegt. Er fürchtet sich dabei gar nicht, daß er zum trockenen Nüchterling wird. Die Dinge, die er auf diese Weise in aller Objektivität erlebt, die halten ihn schon von der trockenen Philistrosität ab und er hat nicht nötig, wegen der Objekte, die er erlebt, um der Überwindung der Alltäglichkeit willen sich in traumhafte Nebulositäten zu erheben.

Indem der Mensch also richtig meditiert, gelangt er dazu, sich in Gedanken frei zu bewegen. Dadurch aber werden die Gedanken selber befreit von ihrem vorherigen abstrakten Charakter, sie werden bildhaft. Und das tritt jetzt beim vollen Wachbewußtsein ein, mitten unter dem anderen gesunden Denken. Das darf man nämlich nicht verlieren. Der Halluzinant, der Schwärmer, der ist in dem Momente, wo er halluziniert, schwärmt, ganz Halluzinant, ganz Schwärmer, da setzt er den gesunden Menschenverstand ganz weg; das darf derjenige, der die hier beschriebenen Methoden befolgt, nicht. Der hat immer den gesunden Menschenverstand neben sich. Den nimmt er durch all dasjenige mit, was er da im bildhaften Gedankenleben erlebt. Und was tritt dadurch ein? Ja, sehen Sie: bei vollem Wachzustande tritt dasjenige ein, was sonst nur das unbewußte Leben formt an der Bildhaftigkeit des Traumes. Aber das ist gerade der Unterschied der Imagination gegenüber dem Traume: beim Traume wird alles in uns gemacht; dann dringt es aus unerkannten Tiefen herein in das Wachleben, und wir können es nur hinterher beobachten. Bei der Imagination, bei der Vorbereitung zur Imagination, beim meditativen Inhalt machen wir das selbst, was sonst in uns gemacht wird. Wir werfen uns auf zu Schöpfern von Bildern, die nicht bloße Phantasiebilder sind, sondern an Intensität, an Lebendigkeit sich von den Phantasiebildern ebenso unterscheiden wie die Traumbilder von den bloßen Phantasiebildern. Aber wir machen das alles selbst, und darauf kommt es an. Und indem wir es selbst machen, sind wir auch von einer gründlichen Illusion befreit, die nämlich darinnen besteht, daß man dasjenige, was man so selber macht, als eine Kundgebung aus der objektiven Außenwelt ansehen könnte. Das wird man nie, denn man ist sich bewußt, daß man dieses ganze Bildgewebe selber macht. Der Halluzinant, der hält seine Halluzinationen für Wirklichkeit. Er hält Bilder für Wirklichkeit, weil er sie ja nicht selber macht, weil er weiß, daß sie gemacht werden. Dadurch entsteht für ihn die Täuschung, daß sie Wirklichkeit seien. Derjenige, der sich durch Meditation für die Imagination vorbereitet, kann gar nicht in den Fall kommen, das, was er da selber ausbildet, für wirkliche Bilder zu halten. Eine erste Stufe zur übersinnlichen Erkenntnis wird gerade darinnen bestehen, daß man illusionsfrei wird dadurch, daß man das ganze Gewebe, das man jetzt als die innere Fähigkeit, Bilder von solcher Lebendigkeit, wie sonst die Traumbilder sind, hervorzurufen, daß man das in völlig freier Willkür gestaltet. Und man müßte selbstverständlich ja jetzt verrückt sein, wenn man das für Wirklichkeit hielte!

Nun, die nächste Etappe in diesem Meditieren besteht darinnen, daß man sich wiederum die Fähigkeit erwirbt, diese Bilder, die etwas Faszinierendes haben, und die, wenn der Mensch sie nicht in vollständiger Freiheit wie beim Meditieren entwickelt, tatsächlich sich wie die Parasiten festsetzen, daß man diese Bilder aus dem Bewußtsein wiederum ganz verschwinden lassen kann, daß man auch die innere Willkür erhält, diese Bilder, wenn man will, wiederum völlig verschwinden zu lassen. Diese zweite Etappe ist so notwendig wie die erste. So wie im Leben gegenüber dem Erinnern das Vergessen notwendig ist – sonst würden wir immer mit der ganzen Summe unserer Erinnerungen herumgehen –, so ist auf dieser ersten Stufe des Erkennens das Abwerfen der imaginativen Bilder so notwendig als das Weben, das Gestalten dieser imaginativen Bilder.

Aber, indem man das alles durchgemacht hat, durchgeübt hat, hat man etwas mit dem Seelischen vollzogen, was man vergleichen könnte damit, wenn man einen Muskel immerfort gebraucht, wenn man ihn immerfort übt, so wird er stark. Man hat jetzt eine Übung in der Seele dadurch vollzogen, daß man Bilder weben, Bilder gestalten lernt, und sie wiederum unterdrückt, und daß das alles vollständig in dem Bereich unseres freien Willens steht. Sehen Sie, man ist dadurch, daß man die Imagination ausgebildet hat, zu der bewußten Fähigkeit gekommen, Bilder zu gestalten, wie sie sonst das unbewußte Leben des Traums gestaltet, da drüben in der Welt, die man sonst mit seinem gewöhnlichen Bewußtsein nicht überblickt, die in die Zustände zwischen dem Einschlafen und Aufwachen hineinverlegt sind. Jetzt entfaltet man diese selbe Tätigkeit bewußt herüber. Man entfaltet also in jener Meditation, die abzielt auf das imaginative Erkennen, den Willen, die Fähigkeit zu erringen, bewußt Bilder zu schaffen, und wiederum die Fähigkeit, bewußt Bilder aus dem Bewußtsein wegzuschaffen. Dadurch kommt eine andere Fähigkeit.

Diese Fähigkeit ist eine solche, die sonst unwillkürlich vorhanden ist nicht während des Schlafens, sondern im Momente des Aufwachens und Einschlafens. Der Moment des Aufwachens und Einschlafens kann sich so gestalten, daß man das, was man vom Einschlafen bis zum Aufwachen erlebt hat, in den Traumresten herübernimmt, dann von dorther dasjenige, was drüben ist, beurteilt. Es kann uns aber auch dasjenige, dem wir uns öffnen beim Aufwachen, gleich so überraschen, daß alle Erinnerung an den Traum hinuntersinkt. Im allgemeinen kann man sagen: In den Träumen ragt etwas Chaotisches, etwas wie erratische Gebilde von einem außer dem gewöhnlichen Wachleben Liegenden in das Wachleben herein. Es ragt dadurch herein, daß der Mensch während des Schlafens die bildhafte, die Imaginationen schaffende Tätigkeit entwickelt. Entwickelt er im Wachleben die Imaginationen schaffende Tätigkeit und die Imaginationen wegschaffende Tätigkeit, kann er also aus seiner Vorbereitung zur Imagination zu einem bewußtseinsleeren Zustand kommen: dann ist es so wie ein Aufwachen, und dann dringen von jenseits des Sinnesteppichs – was ich jetzt hier in der Zeichnung mit einem roten Kreis bezeichnet habe –, da dringen dann auf den durch die Meditation entwickelten Gedankenbahnen diejenigen Wesenhaftigkeiten durch den Sinnesteppich durch in uns ein, die jenseits dieses Sinnesteppichs sind. Wir durchstoßen den Sinnesteppich, wenn wir nach den gemachten Bildern mit leerem Bewußtsein verharren; dann kommen die Bilder herein durch Inspiration aus dem Jenseits der Sinneswelt. Wir treten in diejenige Welt ein, die jenseits der Sinneswelt liegt. Wir bereiten uns durch das imaginative Leben zur Inspiration vor. Und die Inspiration besteht darinnen, daß wir bewußt so etwas erleben können wie sonst unbewußt den Moment des Aufwachens. Wie im Moment des Aufwachens in unser waches Seelenleben etwas von jenseits des wachen Seelenlebens hereinkommt, so kommt dann, wenn wir durch die Imagination unser Seelenleben so ausgebildet haben, wie ich es geschildert habe, etwas von jenseits des Bewußtseins des Sinnesteppichs herein.

Wir erleben auf diese Weise die geistige Welt, die hinter der Sinneswelt ist. Es ist durchaus das, was als solche Fähigkeiten zur übersinnlichen Erkenntnis angeeignet wird, eine Fortsetzung desjenigen, was der Mensch schon im gewöhnlichen Leben als Fähigkeit hat. Und darauf beruht Anthroposophie, daß solche Fähigkeiten weiter ausgebildet werden. Sie muß sich aber dabei ganz und gar auf dasjenige stützen, was sich der Mensch durch ein zeitliches Erfassen der Lebens- und Daseinsläufe aneignet.

Wenn Sie daher das durchlesen, was Sie als vorbereitende Übungen für Imagination, Inspiration und Intuition in meinem Buche: «Wie erlangt man Erkenntnisse der höheren Welten?» oder in meiner «Geheimwissenschaft» finden und mit unbefangenem Blicke betrachten, so werden Sie sehen, daß alles das auf eines hinausläuft, darauf hinausläuft, den Zeitenverlauf erleben zu können. Der Mensch lebt sonst in seinem Leben nacheinander im kindlichen Erfassen der Welt, im reifen Erfassen der Welt, im greisenhaften Erfassen der Welt, oder er erlebt abnorm das Hereindringen des einen oder des anderen. Nicht die Imagination selbst, aber dasjenige, was in regelrechter Weise dazu vorbereitet, das muß darauf hinarbeiten, daß alles Leben aus dem vollen Menschen herauskommt; daß der Mensch aus dem ganzen Lebenslauf heraus sich der Welt hingibt; daß also dasjenige harmonisiert wird, was an dem Kinde besonders für die Welt geeignet ist, was im Reifealter besonders für die Welt geeignet ist, und dasjenige, was im Greisenalter besonders für die Welt geeignet ist; das muß in der Weltanschauung, die zum Übersinnlichen kommt, zusammenfließen und muß harmonisiert werden. Der ganze Mensch auch als Zeitorganismus muß gegenüber der Welt wirken. Der Mensch muß gewissermaßen die Frische und Munterkeit des Kindesalters für die übersinnliche Anschauung mitbringen; er muß die Klarheit der Gedanken des reifen Alters mitbringen, und er muß die ja in einem richtigen Menschenleben im Greisenalter erlangte Hingabe an das Leben, die liebevolle Hingabe an das Leben mitbringen. Und das alles: Frische und Munterkeit in der Auffassung, Klarheit in der Beurteilung und liebevolle Hingabe an die Erscheinungen, das muß der Mensch als Vorbereitung mitbringen, damit sich Imagination, Inspiration und Intuition in entsprechender Weise entwickeln können.

Spirituelle Anthropologie im Sinne Rudolf Steiners beinhaltet ein Menschenbild, in dem der Mensch sowohl zur Freiheit bestimmt wie auch seinem persönlichen Schicksal im Zusammenhang mit seiner Wiederverkörperung zugeordnet ist. Den sich daraus ergebenden scheinbaren Widerspruch, vor allem im Zusammenwirken von Lehrer und Schüler, hat Rudolf Steiner oft dargestellt und – wie in folgendem Abschnitt – so aufgelöst, daß *sowohl Freiheit wie Schicksal* in der individuell erkannten und verantworteten Handlung erhalten bleiben. Dabei gilt es wiederum, die Entwicklungsgesetzmäßigkeiten zu erkennen und einzubeziehen. Frei ist und läßt, wer die Wirkungen seiner Handlungen kennt.

Sie wissen vielleicht, daß ich längere Zeit, bevor ich im engeren Sinne daran gegangen bin, anthroposophische Literatur zu veröffentlichen, meine «Philosophie der Freiheit» im Beginne der neunziger Jahre des vorigen Jahrhunderts veröffentlicht habe. Diese «Philosophie der Freiheit» will sein eine wirkliche Betrachtung gerade desjenigen im Menschenleben, auch in sozialer Beziehung, was sich im Menschen zum Impuls der Freiheit, zum Impuls der ganzen, der vollen menschlichen Persönlichkeit entwickelt.

Gerade wenn man von solchen Voraussetzungen ausgeht, wird einem der Blick so recht darauf hingelenkt, wie man dem ganz kleinen Kinde eigentlich so gegenübersteht, daß man schon die Freiheitsfrage aufwerfen muß und auf der anderen Seite die Schicksalsfrage. Man kann schon sagen, wenn man so recht ins menschliche Herz hineinsieht, so kündigt sich einem schon an, wie von dem Bewußtsein, das der Mensch von Freiheit in seiner eigenen Brust haben kann, der größte Teil seines irdischen Lebensglückes, seines Gefühles für seinen Menschenwert und für seine Menschenwürde abhängt. Und anthroposophische Erkenntnis zeigt uns ja, daß der Zweck des irdischen Lebens gerade darinnen besteht, zu den mancherlei Eigenschaften, die der Mensch auch entwickelt, wenn er sich vor der Geburt oder vor der Konzeption in der geistig-seelischen Welt aufbaut, und die er wiederum nach dem Tode durchlebt, daß der Mensch zu all diesen Eigenschaften gerade während seines Erdenlebens, und nur während dieses, durch den Gebrauch seiner Leiblichkeit, durch das Untertauchen in seine Leiblichkeit den Freiheitsimpuls auslebt. Ein freies Wesen kann der Mensch nur auf der Erde werden, und nach anderen Welten kann der Mensch nur so viel Freiheit mitbringen, als er auf der Erde sich aneignet. Wenn man mit diesem Gefühl – und Gefühle sind ja die wichtigsten Kräfte für den Erziehungs- und Unterrichtskünstler –, wenn man mit diesem Gefühl an das ganz kleine Kind herantritt, dann frägt man schon: Wie hat man sich zu verhalten, daß das ganz kleine Kind später einmal in den vollen Besitz seines Freiheitsbewußtseins gelangen kann? – Und auf der anderen Seite werden wir leicht, schon durch das äußere Leben, wenn man nur unbefangen genug ist, dasjenige einsehen, was dann anthroposophische Einsicht zur vollen Gewißheit erhebt, daß der Mensch trotz seiner Freiheit ein Schicksal hat, dasjenige hat, was man mit einem orientalischen Namen «Karma» nennt.

Nehmen wir einmal für das spätere Leben an, wie der Mensch einer Persönlichkeit entgegentritt, die er vorher gar nicht gekannt hat, die dann in sein Schicksal tief eingreift, mit der er sich im besonderen zu einer Lebensgemeinschaft vielleicht verbindet. Es sieht das zunächst aus, als ob einen die Zufälle des Lebens zu dieser Persönlichkeit hingeführt hätten. Wenn man aber dann, selbst ganz ohne anthroposophische Geisteswissenschaft das Leben rückwärts betrachtet, wird man merkwürdigerweise finden, wie man vorher alle möglichen Schritte angestellt hat, die sich in Harmonie stellen zu dem, was einem da scheinbar ganz zufällig geworden ist. Es nimmt sich tatsächlich hinterher aus, als ob man den Weg zu dieser Persönlichkeit planvoll gesucht hätte. Und Goethes alter Freund Knebel hat rückschauend auf sein Leben aus späterem Alter aus tiefster Seele heraus die Bemerkung gemacht: Wenn man im späteren Alter auf sein Leben zurückschaut, dann nimmt sich eigentlich alles wie von einem Plan getragen aus. Es paßt alles zusammen. – Und da unser Wille in unsere einzelnen Handlungen hineinverwoben ist, so kann man eigentlich überall sehen, wie das Leben schicksalsgemäß an uns herantritt. Man könnte noch viele andere Persönlichkeiten anführen außer Knebel, die durch rein äußerliche Betrachtungen des Lebens zu einer solchen Überzeugung kommen. Man wird dann sehen, daß sich die äußerlichen Lebensbetrachtungen auch in bezug auf solche abliegenden Wahrheiten, wie die Karmawahrheit ist, durchaus bestätigend ausnehmen. Aber gerade wenn man von diesem Gesichtspunkte ausgeht, dann muß man sich ja als der erziehende Führer des ganz kleinen Kindes doch die Frage vorlegen: Bist du es gerade – und insbesondere, wenn man ein Kinderheim hat, so wird einem diese Frage vor die Seele treten, denn man müßte es dann für alle möglichen Kinder sein, die einem da gebracht werden –, bist du es gerade, der vom Schicksal zu einem so wichtigen Verhältnis, zu einer so wichtigen Beziehung ausersehen worden ist, wie diejenige des erziehenden Führers es ist? – Und man wird hineingestellt in die Alternative: Was kann man tun, um sich so stark als möglich auszulöschen, damit unser Persönliches möglichst wenig auf das Kind einfließt, damit wir dem Kind sein Schicksal nicht verderben, sondern es heranziehen zu einem freien Menschen im Leben?

Wie tief aber der Mensch gerade beim ganz kleinen Kinde in das Menschenwesen eingreifen kann, das zeigt sich, wenn man zunächst die ganze Eigentümlichkeit des ersten größeren Lebensabschnittes des Menschen ins Auge faßt, der geht von der Geburt – wenn wir jetzt absehen vom Embryonalleben, worauf wir später noch zu sprechen kommen – bis zum Zahnwechsel, annähernd um das siebente Jahr herum. Der Zahnwechsel macht einen tiefen Einschnitt in das ganze menschliche Leben. Und derjenige, der voll zu beobachten vermag, wird sehen, daß eine gewisse Konfiguration von Denken, von Fühlen und Wollen nach dem siebenten Jahre beim Kinde so auftritt, wie sie eben vorher nicht vorhanden war. Wir sind gewohnt worden im äußeren Betrachten des Materiellen, gewisse Vorstellungen, die wir noch in einer geistgemäßen Weise entwickelt haben, auch in der Lebenspraxis auf das menschliche Leben anzuwenden. Wenn wir gewisse materielle Vorgänge sehen, die an einem bestimmten Punkte äußerlich wahrnehmbare Wärme entwickeln, die vorher nicht wahrnehmbar war, die auch nicht von außen zugeführt ist, dann sagen wir: diese Wärme war vorher latent in dem Materiellen und ist dann freie Wärme geworden. Wir sind ja ganz gewohnt worden, von solchen Dingen in der Betrachtung von äußeren materiellen Vorgängen zu sprechen. – Nun, gerade wie durch einen materiellen Vorgang Wärme frei werden kann, die vorher latent war, so werden um das siebente Jahr herum im Denken, Fühlen und Wollen des Kindes Kräfte frei, die vorher in dem kindlichen Organismus drinnengesteckt haben, die vorher nicht abgesondert seelisch tätig waren. Sie sind jetzt nach dem siebenten Jahre abgesondert seelisch tätig. Vorher waren sie organisch tätig, sie waren verbunden mit den Wachstums-, mit den Ernährungsvorgängen. Aus denen heraus sind sie frei geworden; sie sind Seelisches geworden.

Heute betrachtet eine abstrakte Wissenschaft immer das Verhältnis von Leib und Seele, macht sich einen abstrakten Begriff von Seele, von Leib, und dann wird von Einwirkung des Leibes auf die Seele, von Einwirkung der Seele auf den Leib, von psychophysischem Parallelismus und wie die schönen Dinge alle heißen, gesprochen, dann wird spintisiert darüber, wie die Seele auf den Leib wirke. Man beobachtet nicht auf diesem Gebiete, man spintisiert, man philosophiert. Aber man kann lange in einer solchen Richtung philosophieren, dabei kommt gar nichts zustande; denn wenn man in das Gebiet des Menschenwesens eindringen will, muß man gerade so beobachten, wie man in der äußeren Natur beobachten will. Und für das Leben von der Geburt bis ungefähr um das siebente Jahr herum erweist sich für ein Zusammenschauen des Geistig-Seelischen und des Physisch-Leiblichen die Sache so, daß die Kräfte unbemerkbar im Organismus drinnen sind, die später als seelische Kräfte, vom siebenten Jahre an im Verhältnis, im Verkehr mit der Außenwelt zutage treten.

Will man also die Frage beantworten: Wie schaut die Seele in dem kindlichen Alter bis zum siebenten Jahre aus? – so schaue man die seelische Entwicklung vom siebenten Jahre bis später an. Da ist das als Seelisches zu beobachten, was vorher im Organismus drinnengesteckt hat und organisch tätig war. Wenn man dies aber ins Auge faßt, wird man einsehen, daß diese besondere innere, organische Tätigkeit des Kindes in der plastischen Ausgestaltung des Gehirnes, in der Heranbildung der übrigen Organisation etwas ganz Besonderes bedeutet. Das Kind trägt dasjenige, was es durch die Geburt oder Konzeption von geistig-seelischen Welten heruntergetragen hat, in die körperlich-physische Organisation hinein. Es ist in dieser Organisation beschäftigt. Es tut, was es will aus diesem Organisieren heraus, schließt noch die Tore vor der Außenwelt. Und wir dürfen nicht unpraktisch hineintapsen in das, was da das Kind so vollzieht, daß es eben tut, was es will, daß es namentlich dem Willen der Außenwelt nicht zugänglich ist.

Und wenn wir wiederum bedenken, daß alles, was wir in der Nähe des Kindes tun, auf das Kind einen Eindruck macht, trotzdem einen Eindruck macht, wir werden das noch genauer schildern, und uns überlegen, daß ja dasjenige, was später seelisch ist, beim Kinde noch organisch wirkt, daß also, wenn das Kind irgendeine Vorstellung aufnimmt, diese Vorstellung in ihrer besonderen Eigenart auf Lunge, Magen, Leber, auf alles mögliche wirkt, dann werden wir sehen, daß nach den Eindrücken, die das Kind von uns bekommt, weil sein Seelisches noch nicht frei geworden ist vom Organismus, sondern an dessen Organisation mitarbeitet, daß wir daher die ganze Gesundheits- oder Krankheitsanlage eines Kindes durch unser eigenes Verhalten in diesem Lebensalter bestimmen.

Sie können sagen, hier wird im allgemeinen über Erziehungsgrundsätze gesprochen. Aber diese Erziehungsgrundsätze sind ja gerade, wenn sie richtig praktisch gehandhabt sind, das wesentlich Praktische. Denn dasjenige, was am meisten in der Erziehung in Betracht kommt, sind die Gefühle über das Wesen des Menschen, mit denen wir neben dem Menschen stehen. Und wenn wir uns durch eine Einsicht in die menschliche Natur in der richtigen Weise neben den werdenden Menschen hinstellen, dann sind wir gute Erziehungskünstler. Ja, es darf sogar das Paradoxe behauptet werden: es mag der einzelne im einzelnen machen, was er will – das wird jeder einrichten nach dem, was er gerade selber als Erzieher im Leben gelernt hat –, mag der einzelne die Dinge einrichten, wie er will, wenn er nur dasjenige mitbringt, was sich in sein Herz ablagert durch eine richtige Einsicht in die menschliche Natur, wird er auf die eine Art und auf die andere Art das Richtige machen können. – Wenn ich als der geistige Leiter der Waldorfschule in unsere Parallelklassen komme – wir haben wegen der Überfülle von Schülern in der Waldorfschule schon Parallelklassen –, wenn ich dann in die einzelnen Klassen komme, und sehe, wie der eine ganz denselben Lehrstoff auf die eine Art behandelt, und ganz verschieden denselben Lehrstoff der andere, so wird mir nie einfallen zu sagen: da müssen bestimmte Verrichtungen nur getrieben werden. Sondern dasjenige, was ganz entgegengesetzt ausschaut, kann durchaus jedes in seiner Art absolut richtig sein. Ja, wenn es der eine Lehrer dem anderen nachmachen würde, so könnte das gerade das Falsche werden. Daher ist es eben so, daß die Waldorfschule ihren Namen «Freie Schule» nicht etwa bloß aus einer Äußerlichkeit trägt, sondern aus der innersten, freiesten Konstitution ihres ganzen Wesens.

So wie Denken, Fühlen und Wollen im Menschen zusammenwirken und im richtigen Maße und Zeitpunkt pädagogisch angesprochen werden wollen, so wie daraus Herzwissen, Kopfwissen und Handlungswissen entstehen kann, so gehören gemäß Rudolf Steiner *Kunst, Wissenschaft und Religion* wieder in den inneren Zusammenhang gebracht, den sie in frühen Zeiten hatten. Die angestrebte Synthese von Kunst, Wissenschaft und Religion bildet so gleichsam die Grundmatrix, auf der Waldorfpädagogik sich entwickelt.

Heute, sage ich also, redet man abgesondert von Religion, Kunst und Wissenschaft. Das gab es in den Urzeiten der Menschheit nicht. Da war alles eine Einheit. Damals gab es Mysterienstätten, die zugleich Hochschulen waren, die Religionsstätten, Kunststätten und zugleich Wissenschaftsstätten waren. Denn man empfing eben als Erkenntnis die vorstellungsgemäßen Bilder, die ideengemäßen Bilder der geistigen Welt. Aber man empfing sie so anschaulich, daß man sie auch in äußerlichen Bildern verwirklichen und den Kultus daran entwickeln konnte. Wissenschaft wurde zum Kultus, aber sie wurde auch zur Kunst. Denn das, was man aus der Erkenntnis äußerlich gestaltete, wollte man schön haben. So hatte man in jenen Zeiten ein Göttlich-Wahres, ein Sittlich-Gutes und ein Sinnlich-Schönes in den Mysterienstätten als Einheit aus der Religion, der Kunst und der Wissenschaft. Und erst später spaltete sich dieses Einheitliche, und da gab es dann die Wissenschaft für sich, die Religion für sich und die Kunst für sich. Und in unserer Zeit ist es damit bis zum Kulminationspunkt gekommen. Die Dinge, die eigentlich nur eins sein können, sind in der Kulturentwicklung getrennt. Der Mensch aber ist dazu veranlagt, sie in sich in einer Einheit zu erleben, und nicht getrennt. Er kann in sich nur in Einheit religiöse Wissenschaft, wissenschaftliche Religion, künstlerische Idealität erleben; sonst wird er innerlich auseinandergezerrt. Daher ist es dort, wo diese Trennung, diese Differenzierung aufs höchste gestiegen ist, auch wieder das Notwendigste geworden, die Verbindung zwischen diesen drei Gebieten wiederzufinden. Und wir werden sehen, wie wir im Unterricht wieder Kunst, Religion und Wissenschaft für das Kind als eine Einheit gestalten können. Wir werden sehen, wie das Kind lebendig veranlagt ist auf ein solches Zusammenbringen von Religion, Kunst und Wissenschaft hin, wie es seiner inneren Natur entspricht. Daher diese strenge Forderung, die ich immer wieder und wieder geltend gemacht habe: Man erziehe das Kind, indem man weiß, es ist eigentlich ein ästhetisch veranlagtes Wesen; und man versuche darauf hinzuweisen, wie es in den allerersten Lebensjahren naturhaft-religiös sich darlebt.

Alle diese Dinge, die zusammenharmonisierte Religion, Kunst und Wissenschaft, müssen wir nun in der entsprechenden Weise richtig erfassen und verwerten in denjenigen Unterrichtsveranstaltungen, die wir noch zu besprechen haben werden.

Zum Abschluß dieses Kapitels wird nochmals darauf hingewiesen, daß die Waldorfschule nicht als abstraktes Programm aufgefaßt werden kann, sondern konkret-situatives Handeln auf dem Hintergrund der Erkenntnis des «ganzen werdenden Menschen» ist.

Die Waldorfschul-Pädagogik ist nie von einem solchen Programm ausgegangen, denn – ich will gar nicht renommieren, aber so gescheit wie mancher Erziehungsreformverein hätten wir natürlich auch sein können, wenn es sich um das Zustandekommen irgendeines Programmes gehandelt hätte – es hätte uns das vielleicht gehindert, daß wir die Wirklichkeit berücksichtigen müssen, und dann wäre etwas Dümmeres herausgekommen. Aber es hat sich bei uns nie um ein Programm gehandelt. Grundsätze, wie man erziehen soll, Grundlagen, die dann irgendwie in die

Gesetzgebung übergehen könnten, haben uns von Anfang an nicht interessiert. Was uns interessiert hat, war die Wirklichkeit, die ganz wahre Wirklichkeit. Was war diese? Kinder sind es zunächst gewesen, eine Anzahl von Kinderindividualitäten mit diesem oder jenem Wesenhaften. Man muß das kennengelernt haben, um zu wissen, was in diesen Kindern steckt durch das, was in sie heruntergestiegen ist und was sie durch ihre Körperlichkeit zum Ausdruck bringen. Kinder also waren das erste. Und dann Lehrer. Sie können noch so schön den Grundsatz verfechten, das Kind müsse nach seiner Individualität erzogen werden – das steht ja auch heute in allen Reformprogrammen –, aber es wird so nie etwas dabei herauskommen; sondern man hat neben den Kindern eine bestimmte Anzahl von Lehrern, und man muß wissen, was diese leisten können im Verhältnis zu diesen Kindern. Man muß die Schule so einrichten, daß man nicht ein abstraktes Ideal hinstellt, sondern daß man die Schule herausarbeitet aus der Lehrerschaft und aus der Schülerschaft, und die sind nicht vorhanden in abstrakter Weise, sondern in ganz konkreten einzelnen Wesenheiten. Darum also handelt es sich. Und dann wird man durchaus auf die Notwendigkeit geführt: wahre Pädagogik, wirklichkeitsgemäße Pädagogik auf Menschenerkenntnis zu bauen; in jeder Einzelheit nicht theoretisch zu sein, sondern in jeder Einzelheit praktisch zu sein.

Kapitel II: «... in den großen Gärten» – Werden im Ganzen

Die Methodik der sich immer weitere Gebiete erobernden Naturwissenschaften enthält neben dem empirischen, auf Erfahrung basierenden Vorgehen das analytische, zergliedernde. Um die Welt auf diese Weise erkennen zu können, muß sie in immer kleinere Stücke aufgebrochen werden, ein Ende ist nicht abzusehen. In den Wissenschaften – und zunehmend werden auch die Lebenszusammenhänge davon erfaßt – zeigt sich das als fortschreitende *Spezialisierung und Fragmentierung*. Im Blick auf das Einzelne droht das übergreifende Ganze verloren zu gehen, das in neu entstandenen wissenschaftlichen Methoden wieder zurückerobert werden soll: Systemwissenschaften, Komplexitätsforschung und holistische Ansätze versuchen, den großen Zusammenhang wieder herzustellen. Man beginnt zu ahnen oder zu erkennen, daß die beschriebene Einengung des Blicks mit der sichtbar gewordenen Zerstörungen unserer gesellschaftlichen und natürlichen Lebenswelt ursächlich zusammenhängt. Während man im Umgang mit der Umweltproblematik beginnt, das Ganze wieder einzubeziehen, scheint man im Bereich der Bildung erst die Spezialisierung zu entdecken. Eine Modularisierung der Ausbildungsgänge für Lehrkräfte und des Volksschulunterrichts reißt die inneren Zusammenhänge auf, die durch die Standardisierung von Abschlüssen und Ausbildungsgängen nur zum Schein wiederhergestellt werden.

Die von Rudolf Steiner begründete Waldorfschule nannte sich im Jahre 1924 «Einheitliche Volks- und Höhere Schule» und umfaßte in zwölf aufsteigenden Klassen, zweizügig, 784 Schüler und Schülerinnen. Der heute *so* nicht mehr übliche Begriff der «Einheitlichkeit» weist auf das Element der Ganzheit hin, das diese Schulgründung in allen Aspekten durchzieht: durchgehende Koedukation, Betonung der Klassengemeinschaft, von Schichten-, Religions- und Nationalitätszugehörigkeit unabhängige Schüleraufnahme, kein Sitzenbleiben, auf den ganzen Menschen abgestimmte Unterrichtsgestaltung und Zeugnisgebung, ganzheitliche Stundenplan- und Lehrplangestaltung, konstante Bezugspersonen, parallele Ausbildung und Pflege von kognitiven, emotionalen und handlungsorientierten Fähigkeiten und Tätigkeiten. Hierzu gehört auch, daß im Hinblick auf den ganzen Lebenslauf unterrichtet wird, indem das heute so genannte *lebenslange Lernen* durch Fähigkeitsbildung und nicht abgeschlossenes, sondern lebendig mitwachsendes Wissen ermöglicht werden soll. Zudem versteht sich eine Waldorfschule als Schulgemeinschaft, als Lebensgemeinschaft, wo über Stoffvermittlung hinaus Beziehungen aufgebaut und gepflegt werden. Die heutige Entwicklung zur Tagesschule kommt zwar aus anderen Notwendigkeiten heraus zu dieser Art Lebenszusammenhang, Waldorfschulen tragen in gewissem Sinne dieses Konzept schon in sich.

Zunächst zwei Texte, die den Blick auf den sich entwickelnden jungen Menschen richten, insofern er als physisch-seelisch-geistige Ganzheit vor uns steht und insofern er einen *ganzen Lebenslauf* vor sich hat, in den sich unsere pädagogischen Handlungen und Seinsweisen tief einprägen.

Die bisherigen Auseinandersetzungen sind ja, wie Sie wohl gesehen haben werden, nicht nur dem Inhalte nach verschieden von demjenigen, was man sonst heute als Anthropologie oder dergleichen hat, sondern sie sind der Art der ganzen Betrachtungsweise nach verschieden.

Wer nicht jenes Gefühl entwickeln will, von dem ich am Schlusse des letzten Vortrages gesprochen habe, der wird nicht gleich einsehen, wie ein solches Erkennen vom Menschen, wie ich es ja allerdings nur nach verschiedenen Richtungen hin hier skizzieren konnte, anders zustande kommt, als das heute Geltende. Es kommt dadurch zustande, daß man gewissermaßen den ganzen werdenden Menschen, und zwar den leiblichen und den geistig-seelischen Menschen, in lebendiger Bewegung erfaßt. Durch ein solches Erfassen des lebendigen Menschen in Bewegung, durch ein solches Sichhineinversetzen in die menschliche Wesenheit erzeugt man in sich eine Erkenntnis, die nicht tot, die selber lebendig ist, und die vor allen Dingen geeignet ist, auf der einen Seite nicht haften zu bleiben am äußerlich Materiell-Physischen, und auf der anderen Seite doch nicht in Illusionen und Phantastereien zu verfallen. Und so kommt es, daß eigentlich so recht fruchtbar werden kann, was hier angeschlagen wird, erst in der unmittelbaren Anwendung, weil es seine besondere Eigenart in der unmittelbaren Anwendung zeigt.

Ich möchte da gewissermaßen episodisch eben erwähnen, worauf ich ja schon hingewiesen habe, daß der Versuch gemacht worden ist, die Denkweise, von der hier gesprochen wird, in der Stuttgarter Waldorfschule wirklich pädagogisch fruchtbar zu machen. Diese Stuttgarter Waldorfschule ist dadurch zustande gekommen, daß Emil Molt, der in Stuttgart eine Fabrik zu leiten hat, zunächst eine Schule, die wirklich rein auf geisteswissenschaftlich pädagogisch-didaktischen Prinzipien gebaut sein soll, für die Kinder seiner Arbeiter einrichten wollte. Diese Schule ist längst über diesen Rahmen hinausgewachsen, und man kann sagen, es ist dies der erste Versuch – allerdings wir stehen im ersten Schuljahr mit der Stuttgarter Waldorfschule, und wir haben die Kinder aller möglichen Klassen der äußeren Schule hereinbekommen; daher ist für den Anfang ein Kompromiß notwendig –, auf Grundlage geisteswissenschaftlicher Erfassung des Menschen eine solche Schule ihrem Lehrziele und ihrem Lehrplane nach zu gestalten. Daraus werden Sie auch sehen, daß es sich bei dem, was ich eigentlich hier meine, nicht darum handelt, etwa nur pädagogisch zurechtkommen zu wollen, wenn man an den Einzelnen, an das einzelne Kind herankommt, wenn man etwa auch kleine Klassen hat, wo man sich mit dem Einzelnen, wie man meint, genügend beschäftigen kann. Was hier vertreten wird, soll eine solche Durchdringung der Lehrerindividualität möglich machen, daß man durchaus auch vor großen Klassen bestehen kann, wenn man durch die sozialen Verhältnisse vor solche gestellt wird; und zwar, weil ein Erfassen des Menschen in lebendiger Bewegung zur Einsicht führt, daß das Herz nicht eine Pumpe ist, die das Blut durch den Organismus pumpt, sondern wie der Mensch innerlich lebendig ist und wie auch die Säftebewegung und die Herzbewegung ein Ergebnis dieser Lebendigkeit sind. Wenn man seinem Geiste die Konfiguration gibt, in dieser Weise zu denken, werden bestimmte Kräfte in der Lehrerindividualität in bezug auf die Entwicklung des Kindes sehend. Und dieses Sehend-Werden kann wirklich dahin führen, daß einem, selbst an einem Kinde aus einer sehr großen Klasse, mit der man sich nur wenige Monate beschäftigt hat, Bedeutendes aufgeht. Wenn man seinen Geist in diesem Sinne trainiert und dadurch einen starken Kontakt erzeugt, kommt dieser Geist dazu, gewissermaßen hellsichtig hineinzuschauen in die Individualität des Kindes. Also auf das kommt es an. Nicht so sehr ist Wert darauf zu legen, daß wir nun wissen, das Herz ist nicht die Ursache der Blutzirkulation, sondern das Ergebnis der Blutzirkulation; nein, sondern darauf kommt es an, daß, wer überhaupt in sich die Möglichkeit entwickelt, umgekehrt gegenüber unserem heutigen materialistischen Denken sich die Sache vorzustellen, wer diese Möglichkeit in sich entwickelt, so seinen Geist zu konfigurieren, der macht sich in einer andern Weise lebendig gegenüber dem werdenden Kinde und auch gegenüber einer ganzen Summe, einer ganzen Zahl von werdenden Kindern, und gerade dadurch auch gelangt man dazu, den Lehrplan aus der Natur des sich entwickelnden Kindes abzulesen.

Sehen Sie, da handelt es sich darum, daß man erst sich einen deutlichen Begriff von dem verschafft, was eigentlich der ganze Mensch ist. Heute haben die Leute die Meinung, daß man denken lernt, indem man den werdenden Menschen logisch anleitet zum Denken, weil man nicht beobachten kann, wie das Denken in der menschlichen Natur drinnen figuriert. Ich muß gestehen und darf es gestehen, ich habe die sechs Jahrzehnte meines bisherigen Lebens immer dazu verwendet, Menschenbeobachtung nach dieser Richtung hin zu treiben: Wer den werdenden Menschen beobachten kann, wer vergleichen kann den werdenden Menschen mit dem, was Mensch geworden ist, der sieht gewisse Zusammenhänge, die über die Lebensepochen des Menschen verbreitet sind, die sich, wenn man nicht den Blick dafür geschult hat, der Beobachtung eben entziehen. Ich möchte etwas anführen, auf das ich gern hinweise, weil es in einer gewissen fast sprichwörtlichen Weise hindeutet auf gewisse Zusammenhänge in der menschlichen Natur. Beobachtet man Kinder und sieht man, wie sie dadurch, daß die Umgebung in der richtigen Weise sich zu ihnen verhält, in einer berechtigten Weise den Erziehern oder überhaupt denjenigen Personen, denen gegenüber das berechtigt ist, ein Ergebenheitsgefühl entwickeln können, und verfolgt dann weiter, was aus diesen Kindern im späteren Leben wird, dann findet man, daß sich dieses Ergebenheitsgefühl immer mehr und mehr so verwandelt, daß aus diesen Kindern solche Menschen werden, die für ihre Mitmenschen einfach dadurch, daß sie da sind, daß sie zu ihnen sprechen, manchmal schon dadurch, daß sie überhaupt ihnen nur in irgendeiner Lebenslage einen Blick zuwerfen, zur Wohltat werden. Sie werden zur Wohltat aus dem Grunde, weil man dadurch, daß man verehren, oder, wenn ich sagen darf, daß man beten lernt, für spätere Zeit das Segnen lernt, daß man die segnende Kraft wirklich bekommt. Keine Hand kann segnen im späteren Alter, die nicht in der Kindheit verehren, beten, bitten gelernt hat. Es verwandeln sich eben metamorphosisch die Eigenschaften des Kindesalters im späteren Lebensalter in einer ganz gesetzmäßigen Weise.

WOLLEN WIR DAHER an einzelnen Beispielen heute einleitungsweise sehen, wie sich in bestimmten Fällen diese Strömungen gestalten. Dabei muß allerdings eines berücksichtigt werden: Menschenerkenntnis, insbesondere dem werdenden Menschen, dem Kinde gegenüber, nur allzuoft wird sie so geübt, daß wir das Kind in einem bestimmten Zeitpunkte seines Lebens haben, uns mit ihm beschäftigen, fragen nach seinen Entwicklungskräften, fragen, wie gerade in einem bestimmten Lebensalter die Kräfte wirken und so weiter, und was wir tun sollen, um diesen Entwicklungskräften in einem bestimmten Lebensalter in der richtigen Weise entgegenzukommen. Aber Menschenerkenntnis, wie sie hier gemeint ist, geht nicht nur auf diese einzelnen Erlebnisaugenblicke; solche Menschenerkenntnis geht auf das ganze Erdenleben des Menschen. Das ist nicht so bequem, als einen engbegrenzten Zeitraum im Menschenleben zu beobachten. Aber für den Erziehenden und Unterrichtenden ist es notwendig, das ganze menschliche Erdenleben ins Auge zu fassen; denn was wir im achten oder neunten Lebensjahre im Kinde veranlagen, hat seine Wirkungen im fünfundvierzigsten, fünfzigsten Lebensjahre des erwachsenen Menschen, wie wir es noch besprechen werden. Und was ich als Lehrer in dem volksschulpflichtigen Alter an dem Kinde tue, das zieht sich tief hinein in die physische, in die psychische, in die spirituelle Menschennatur. Das west und webt gewissermaßen oft jahrzehntelang unter der Oberfläche, tritt in merkwürdiger Weise nach Jahrzehnten, manchmal am Lebensende des Menschen, zutage, während es als Keim am Lebensanfange in ihn versetzt worden ist. In der richtigen Weise kann man auf das kindliche Alter nur wirken, wenn man nicht nur dieses kindliche Alter, sondern wenn man das ganze menschliche Leben in wahrer Menschenerkenntnis vor Augen hat.

Die folgenden drei Auszüge aus Vorträgen in Dornach, Holland und Basel widmen sich einer Art des Unterrichtens, die nicht zersplittert, die dem Kind jederzeit die innere, seelische Überschau ermöglicht. Dies wird geleistet durch das, was Rudolf Steiner *«seelisch-ökonomisches» Unterrichten* nennt. Es wird aber auch durch die Art der Stunden- und Lehrplangestaltung veranlagt, indem der sogenannte *Epochen- oder Hauptunterricht* eingeführt wurde: ein Fachgebiet wird ca. vier Wochen hindurch in den beiden ersten Morgenstunden unterrichtet. Zum anderen hat jedes Kind in der *Klassenlehrerin* oder dem *Klassenlehrer* eine über lange Schuljahre bestehende Bezugsperson – meist bis zur achten Klasse –, die diesen Epochenunterricht erteilt; das Fachlehrerprinzip ist weitgehend durchbrochen. Wie sich dies an den einzelnen Schulen und Schulstufen ausgestaltet, hängt, wie schon damals in Stuttgart, von den Situationen und Möglichkeiten der Lehrkräfte vor Ort ab. Besonders zu beachten ist hierbei die große, für eine genuin pädagogische Handlung notwendige Bedeutung der individuellen Herangehensweise der einzelnen Lehrkraft.

Ich möchte bemerken, daß ich durch den ganzen Gang unserer Betrachtungen mich genötigt sehe, heute etwas von dem fortlaufenden Programm abzugehen und Ihnen zunächst von der mehr äußerlichen Einrichtung der Waldorfschule zu sprechen. Sie werden ja aus den Betrachtungen, die wir bisher gepflogen haben, entnommen haben, daß der Waldorfschul-Gedanke so ist, daß im strengsten Sinne des Wortes Lehrplan, Lehrziel, überhaupt die ganze Einrichtung der Schule gewissermaßen von dem abgelesen wird, was im menschlichen Lebenslauf an leiblichen, seelischen und geistigen Kräften des Menschenwesens in Erscheinung tritt. Das erforderte eine ganz besondere Einrichtung der Waldorfschule, und diese Einrichtung weicht in mancher Beziehung von dem, was man heute gewöhnt ist, ab.

Zunächst kommt es ja darauf an, in dem Sinne zu unterrichten und zu erziehen, den ich den seelisch-ökonomischen nennen möchte. Heute, im gewöhnlichen Erziehungs- und Unterrichtswesen, zersplittert man den Unterricht sehr stark, und dadurch wirkt er nicht konzentriert genug auf das heranwachsende Kind ein. Es handelt sich um folgendes. Nehmen Sie einmal an, man will irgend etwas in der Schule mit dem Kinde durchnehmen, das für das Kind dann einen bleibenden Besitz des Lebens bedeuten soll. Nun, ich will jetzt etwas herausgreifen, was auch im gewöhnlichen Unterrichtsplan liegt, und zwar etwas aus dem Geschichtlichen. Man nehme einmal an, man wollte mit den Kindern das Zeitalter der Königin Elisabeth durchnehmen mit allem, was dazugehört und was gewöhnlich im Zusammenhang mit diesem Zeitalter an die Kinder herangebracht wird. Sie werden zugeben, daß man das so tun kann, daß man in den historischen Stunden durch ein halbes Jahr hindurch die Einzelheiten dieses Zeitalters der Elisabeth bespricht. Man kann es aber auch noch anders machen. Man kann es so machen, daß man zunächst als Lehrer in einer wohlgeordneten Vorbereitung sich ein feines Gefühl von den Tatsachen aneignet, die für dieses Zeitalter in Betracht kommen. Da haben die einen ein gewisses Schwergewicht; kennt man sie, läßt man sie auf die Seele wirken, dann prägen sie sich in leichter Weise der Seele ein, und die anderen Tatsachen kommen dann wie von selber dazu. Und man kann unter Umständen, wenn man wirklich mit einer freien Beherrschung als Lehrer diesen Stoff in die Schule hineinträgt, es ist nicht einmal übertrieben, in drei, vier Stunden nicht nur dasjenige an die Kinder heranbringen, was man sonst in einem halben Jahr an die Kinder heranbringt, sondern man kann es sogar besser heranbringen, so daß die Kinder dann davon für das ganze Leben einen bleibenden Eindruck haben.

Wer sich jemals einen Überblick darüber verschafft hat, was alles unsere Kinder lernen sollen, der wird ohne weiteres zugeben, was ich eben angedeutet habe. Denn das, was unter unseren heutigen Zivilisationsverhältnissen unsere Kinder in dem vierzehnten Jahre schon gelernt haben sollten, das ist, so wie man es gewöhnlich in der Form des angehäuften Stoffes hat, etwas, was ja ohnedies nicht bewältigt wird. Es wird ja nirgends bewältigt, aber es wird so getan, als ob, und es werden vor allen Dingen die Lehrpläne und Lehrziele so aufgestellt, als ob man es bewältigen könnte und sollte.

Es handelt sich darum, daß im Sinne des Waldorfschul-Gedankens der ganze Unterricht so veranlagt werde, daß in der möglichst kürzesten Zeit möglichst viel mit den allereinfachsten Mitteln an die Kinder herangebracht werde, so daß dem Kinde nirgends die innere seelische, nicht einmal die verstandesmäßige, meine ich hier, sondern die innere seelische, empfindungsgemäße Überschau verlorengeht.

Wenn man erziehen will, muß man auch eine gewisse Ellenbogenfreiheit haben. Die hat man aber nicht, wenn in der gewöhnlichen Weise der schauderhafte Stundenplan in der Schule wirkt: von 8 bis 9 Religion, von 9 bis 10 Turnen, von 10 bis 11 Geschichte, von 11 bis 12 Rechnen. Da löscht alles Spätere wiederum das Frühere aus; man kann nichts machen, man verzweifelt als Lehrer, wenn man dann noch zurechtkommen soll. Deshalb haben wir in der Waldorfschule das, was man den Epochenunterricht nennen kann. Das Kind kommt in eine Klasse. Im Hauptunterricht ist es so, daß das Kind jeden Tag in den hauptsächlichsten Vormittagsstunden, von 8 bis 10 oder von 8 bis 11, mit entsprechenden kurzen Erholungspausen, einheitlichen Unterricht erhält. Da ist *ein* Lehrer in der Klasse, auch in den höheren Klassen. Da wechselt nicht stundenmäßig der Gegenstand des Unterrichtes, sondern man braucht für irgend etwas, was man durchnehmen will, zum Beispiel im Rechnen, sagen wir 4 Wochen. Dann wird jeden Tag von 8 bis 10 Uhr das betreffende Kapitel durchgenommen, und immer wieder wird am nächsten Tage an das angeknüpft, was am vorhergehenden Tage war. Kein Späteres löscht da das Vorangegangene aus; Konzentration ist möglich. Wenn dann 4 Wochen verflossen sind und man ein Rechenkapitel genügend behandelt und abgeschlossen hat, beginnt man mit einem Kapitel Geschichte, das nun wiederum, je nachdem man es braucht, durch 4 bis 5 Wochen durchgeführt wird, und so weiter. Da wird eben auf das Gegenteil von dem gesehen, was man Fachlehrersystem nennt. Sie können zum Beispiel, wenn Sie die Waldorfschule besuchen, unsern Dr. Baravalle einmal in einer Klasse finden, wo er gerade Darstellende Geometrie durchnimmt. Die Schüler sitzen vor ihm auf den Bänken, wo sie ihr Reißbrett ausgebreitet haben, er läßt sie zeichnen, er benimmt sich wie der musterhafteste Fachlehrer in der Geometrie. – Wenn man in eine andere Schule kommt, dann schaut man etwa den Professor- oder Lehrerschematismus nach und findet zum Beispiel bei einem die Bemerkung: Prüft in Geometrie oder Mathematik oder dergleichen. Ich habe sehr viele Lehrer gekannt, die damit renommierten, daß sie, wenn sie Mathematiklehrer waren, bei einem Schulausfluge den Kindern nicht einmal die Namen der Pflanzen sagen konnten. – Aber der Vormittag ist noch nicht vergangen, da finden Sie denselben Dr. Baravalle, in seiner Klasse hin- und herwandernd zwischen den Bänken, englischen Unterricht treiben. Und aus der Art und Weise, wie er hier in seinen Vorträgen Methodik treibt, ersehen Sie ja, da hat er von allem Möglichen geredet und man konnte nicht herausbekommen, in welchem Fache er eigentlich Lehrer ist. Einige von Ihnen werden geglaubt haben, er habe die Geographie als Lehrfach oder auch die Geometrie und dergleichen. Das Eigentliche, das Substantielle und Inhaltliche des Unterrichtens kann ja so schnell erworben werden, wenn man überhaupt die Anlage dafür hat, irgendwo ins Erkennen hineinzukommen, etwas in der Seele erkennend erleben zu können. So also haben wir nicht Stundenplan-, sondern Epochenunterricht. Natürlich nichts pedantisch. Es ist in unserer Waldorfschule der Hauptunterricht epochal gegliedert; manches muß natürlich auch stundenplanmäßig gemacht werden, es schließt sich dann an den Hauptunterricht an.

Da müssen wir dann die Gabe haben, wenn wir einer ganzen Klasse gegenüberstehen, wirklich beobachten zu können. Mir erscheint es gar nicht einmal so schlimm, wenn die Klassen, wenn sie gut gelüftet sind, wenn sie gesundheitlich richtig sind, viele Schüler haben; denn dasjenige, was man Individualisieren nennt, das geschieht von selbst, wenn der Lehrer so wirkt, daß das, was er tut, aus der lebendigen Erfassung der Menschenwesenheit und der Weltwesenheit hervorgeht. Dann wird er so interessant für seine Schüler, daß die sich selber individualisieren. Die individualisieren sich schon; sie individualisieren sich aktiv. Man braucht sich nicht mit jedem Einzelnen zu beschäftigen, daß passiv individualisiert wird. Aber dasjenige, um was es sich handelt, ist eben, daß man durchaus versucht, die ganze Klasse so zu behandeln, daß dieser lebendige Kontakt mit dem Lehrer vorhanden ist, der sich ganz von selbst ergibt. Wenn man sich selber in seinem eigenen Seelenleben daraufhin konfiguriert hat, Lebendiges zu erfassen, dann spricht Lebendiges zu lebendig Empfangenwollendem.

Hat man sich dann angeeignet eine wirkliche Beobachtungsgabe, dann kann man auch einer großen Klasse gegenüber etwas wahrnehmen. Man kann sehen, wenn man das Künstlerische, das erst später verabstrahiert, verintellektualisiert wird, an die Kinder so heranbringt, wie ich es jetzt skizzenweise dargestellt habe, daß dann sich die Physiognomien, die wirklichen Physiognomien der Kinder ändern, wie wirklich kleine Varianten in der körperlichen Physiognomie auftreten, und daß zwischen dem 7. und 9. Lebensjahre das Kind sich innerlich so erfaßt, daß man sieht, es kommt in seine Gesichtsphysiognomie etwas Gesund-Aktives, nicht Nervös-Aktives hinein. Es ist von einer eminenten Wichtigkeit für das ganze Leben, daß das eintritt; denn durch dieses Eintreten eines gesund-aktiven Momentes in die Physiognomie, dadurch gelangt man dazu, im späteren Leben auch Weltenliebe, Weltengefühl, innerliche Heilkräfte gegen jede Art von Hypochondrie, überflüssige Kritikasterei und dergleichen zu entwickeln. Eigentlich ist es schrecklich, wenn man als Erzieher und Lehrer es nicht erreicht, daß die Kinder auch äußerlich rein der Physiognomie nach mit dem 9. Lebensjahre etwas anderes sind als vorher. Vor großen Schulklassen, meine ich, braucht man nicht zurückzuschrecken;

dagegen müßte man schon anstreben – die Einwände hiergegen kenne ich wohl und sage sie erst, nachdem ich die Einwände berücksichtigt habe –, daß man den Lehrer am besten die ganze Volksschule hindurch nicht wechselt; die erste Volksschulklasse einem Lehrer übergibt und diesen Lehrer aufrücken läßt in seiner Klasse, soweit es nur überhaupt geht, am besten bis zum Schluß der Volksschule. Wie gesagt, ich kenne alle Einwände; aber dasjenige, was geleistet wird dadurch an intimem Zusammenwachsen mit der Schülerschaft, das wiegt alle Nachteile auf; denn dadurch gleichen sich auch diejenigen Dinge aus, die anfangs noch als Nachteile auftreten durch die ja notwendige Unbekanntschaft mit der ganzen Individualität etwa einer Klasse, die viele Schüler hat; die gleichen sich im Laufe der Zeit aus, man wächst immer mehr und mehr zusammen mit seiner Klasse und lernt wirklich solche Dinge kennen, die sich beziehen auf so etwas, wie ich es eben gesagt habe. Denn leicht ist es nicht, darauf zu kommen, diesen feinen Umschwung in der Physiognomie des betreffenden Kindes zu bemerken.

Es handelt sich mir nicht darum, daß ich Ihnen theoretisch aus irgendeinem Grunde habe mitteilen wollen, man könne jede seelisch-geistige Kraft des Menschen so verfolgen, daß man sie in ihrem Zusammenhange mit dem Leiblichen sieht, sondern darauf kommt es an, daß es einem gar keine Ruhe läßt, wenn man einmal begriffen hat, daß der Mensch in dieser Weise eine Einheit ist, bis man es in jedem einzelnen Falle wirklich erschaut. Man schult sich durch diese Beobachtungsweise erst, zu beobachten, wie die Menschen anders werden, dadurch, daß man sie in entsprechender Weise entwickelt. Es darf ja vielleicht verraten werden, daß man sich sogar eine gewisse Beobachtungsgabe dafür aneignen kann, wie ein Mensch noch zuhört, wenn er alt geworden ist. Man kann ganz gut einfach an der Physiognomie ablesen, ob der ganze Mensch zuhört, das heißt, dasjenige aufnimmt, was er hört, mit Vorstellen, Fühlen und Wollen, oder ob er bloß mit dem Vorstellen oder bloß mit dem Vorstellen und Fühlen durchdrungen zuhört, oder ob er als Choleriker es vielleicht auf seinen Willen wirken läßt. Es ist für den Pädagogen unter allen Umständen ganz besonders gut, wenn er auch für das Leben überhaupt sich solche Beobachtungsgabe anerzieht; denn alles das, was wir überhaupt im Leben uns aneignen, hilft uns, wenn es sich darum handelt, Kinder weiter zu bringen.

Wenn man, wie ich bei der Waldorfschule, sehen kann, wie der Lehrer seiner Individualität entsprechend wirkt, so bemerkt man, wie jede Klasse zusammen mit dem Lehrer ein Ganzes wird, was etwas anderes ist als die Summe der Kinder oder Lehrer und Kinder, und aus diesem Ganzen geht dann dasjenige hervor, was Entwicklung der Kinder ist. Das kann bei dem einzelnen Lehrer wieder in der allerverschiedensten Weise sein und gleich gut sein. Man braucht durchaus nicht zu glauben, daß diese Dinge eindeutig sind, die ich hier vorbringe. Sie sind nicht eindeutig. Sie sind so, daß sie sich durchaus individualisieren lassen, und man kann sagen: Einer, der neunjährige Knaben und Mädchen unterrichtet, kann sie in einer gewissen Weise gut unterrichten. Ein anderer, der ganz anders unterrichtet, unterrichtet sie auch gut; denn da tritt auch eine vollständige Individualisierung ein.

Die nächsten drei Ausschnitte vertiefen das Thema des *Epochenunterrichts* in verschiedensten Aspekten, so zum Beispiel in Bezug auf eine Rückschau auf die verschiedenen Epochen Ende Jahr und das Problem des scheinbaren Vergessens.

DER LEHRER ALSO betritt, in der gekennzeichneten Weise vorbereitet, am Morgen das Schulgebäude. Die Kinder erscheinen etwas früher in der Sommerszeit, um acht Uhr, etwas später im Winter, und nachdem sie sich in den Klassen versammelt haben, werden sie zunächst dadurch gesammelt, daß jeder Lehrer, jede Lehrerin in ihrer Klasse mit einem möglichst an das allgemein Menschliche und auch Religiöse herangehenden Spruch beginnt, der entweder in Sprach- oder Gesangsform, aber zugleich mit einer Art Gebetscharakter von der ganzen Klasse im Chore vorgebracht wird. Ein wirkliches Gebet kann sich dann daranschließen. Die Einzelheiten sind ja in unserer Freien Waldorfschule immer ganz der Individualität des betreffenden Lehrers überlassen.

Dann beginnt der sogenannte Hauptunterricht, jener Hauptunterricht, der ja nach den gewöhnlichen Lehrplänen vielfach zerschnitten ist. Gerade das seelisch-ökonomische Prinzip, auf das ich aufmerksam machte, macht nötig, wenn man es zu Ende denkt, daß man sich von dem, was man gewöhnlich Stundenplan nennt, gründlich abwendet. Im gewöhnlichen Sinne haben wir für den Hauptunterricht keinen Stundenplan, sondern das Kind wird, je nachdem ein Gebiet so oder so abgeschlossen werden kann, durch vier bis sechs Wochen in den ersten zwei Stunden, zwischen denen eine Pause liegen kann, für die kleineren Kinder auch liegen muß, in seiner Klasse unterrichtet. Also vier bis sechs Wochen lang nimmt man ein geographisches Gebiet oder ein Rechengebiet durch. Sind diese vier bis sechs Wochen vorüber, dann wird ein anderes Gebiet begonnen, das wiederum seine entsprechende Zeit hat, das aber nicht fortwährend stundenplanmäßig von irgend etwas anderem durchbrochen wird.

So wird zeitraummäßig das Jahr hindurch dasjenige, was der Lehrplan nach den entsprechenden Grundsätzen enthalten soll, an das Kind in seelisch-ökonomischer Weise herangebracht, so daß nicht große Anforderungen nach der Richtung hin gestellt werden, daß das Kind in irgendeinem Augenblick das Gefühl hat, es habe Mühe, mitzukommen. Dieses Gefühl soll es nie bekommen. Es soll das Innere des Unterrichtens so eingerichtet werden, daß das Kind nie das Gefühl hat, es bereite ihm Schwierigkeiten, vorwärtszukommen, sondern es soll immer die Sehnsucht haben, wirklich von dem einen zu dem anderen zu kommen. Und niemals ist das Kind dadurch eigentlich versucht, etwas als abgebrochen zu betrachten, sondern überall ist Anschluß zu erreichen.

Es ist ja wiederum selbstverständlich, daß dann, wenn der Jahresschluß vor den Ferien herannaht, in einer Art Rekapitulation alles das wiederum an die Seele des Kindes herangebracht wird – man kann das in einem hübschen Zusammenhang tun –, was in den verschiedenen Zeiträumen während des Jahres dem Kinde, wie man sagt, beigebracht worden ist.

Alles das also, was eigentlicher Hauptunterricht ist, fällt in diese Kategorie hinein. Und es wird immer darauf gesehen, daß in solchen vier bis sechs Wochen dem Kinde etwas Ganzes überliefert werden kann, was gerade deshalb, weil es ein Ganzes ist, ihm dann etwas gibt, was es ins Leben mitnimmt, wie es die Dinge ins Leben mitnehmen soll.

Denken Sie doch nur einmal, wenn wir die Gliedmaßen der Kinder ordentlich pflegen wollen, so werden wir es vermeiden, sie in solche Bekleidungen zu stecken, durch die sie in ihrem Wachstum behindert werden. Wir wollen die äußere Leiblichkeit des Kindes so pflegen, daß der Mensch sich nach den in ihm liegenden Wachstumsprinzipien bis ins späteste Alter hinein frei entwickeln kann. Dasselbe muß auch mit allem Seelischen und Geistigen gemacht werden. Geben wir dem Kinde fertige, scharf umrissene Vorstellungen, so können die ja nicht mitwachsen mit dem zunehmenden menschlichen Leben. Die Vorstellungen, die Empfindungen, die Willensimpulse, die wir ihm mitgeben, die müssen so behandelt werden wie menschliche Glieder. Sie müssen nicht in steif-abstrakte Definitionen gekleidet werden, die dann behalten werden, so daß man im fünfundvierzigsten Jahre noch denselben Begriff hat von einer Sache, die man im achten Jahre vermittelt erhalten hat, geradesowenig wie man seinen kleinen Finger im fünfundvierzigsten Jahr noch in der Konstitution hätte, wie man ihn im achten Jahre hatte! Es handelt sich darum, daß wir den kindlichen Organismus auch seelisch so aufbauen, daß seine einzelnen Glieder wirklich wachsen können, daß wir ihm also nicht etwas so Steifes, Festes beibringen, daß wir im fünfundvierzigsten Jahre noch so über die Sache denken und empfinden, wie man im achten, neunten Jahre gedacht und empfunden hat. Das ist aber nur möglich, wenn wir in der angedeuteten seelisch-ökonomischen Weise die Dinge an die Kinder heranbringen.

Der weitere Vormittag ist dann den freieren Gegenständen gewidmet.

Wir haben die Waldorfschule so eingerichtet, daß zunächst der Hauptunterricht am Morgen erteilt wird. Im Sommer etwas früher, im Winter etwa um 8 oder 8¼ Uhr beginnt der Hauptunterricht. Dieser Hauptunterricht hat die Eigentümlichkeit, daß für ihn das, was man gewöhnlich den Stundenplan nennt, abgeschafft ist. Stundenplan im gewöhnlichen Sinne haben wir nicht, sondern es wird eine Materie zunächst für diesen zweistündigen Vormittagsunterricht, der für die kleineren Kinder noch einmal durch eine Pause unterbrochen wird, es wird eine Materie für diesen zweistündigen Vormittagsunterricht genommen, und die wird in vier oder sechs Wochen vollendet. Dann wird eine andere Materie vorgenommen. Das stellt sich dann so heraus, daß die Kinder nicht haben von 8 bis

9 Religion, von 9 bis 10 Naturgeschichte, von 10 bis 11 Rechnen – also immer in etwas anderes hineingeworfen werden, sondern sie haben zum Beispiel im Oktober vier Wochen Rechnen, dann drei Wochen Naturgeschichte und so weiter.

Dasjenige, was da etwa getadelt werden könnte, weil die Kinder vielleicht etwas vergessen würden, weil das aus dem Gedächtnis wiederum entschwindet, was als eine zusammenhängende Materie durchgenommen worden ist, das muß ersetzt werden durch die Ökonomie des Unterrichts und die Tüchtigkeit der Lehrerschaft. Nur in den letzten Wochen eines Schuljahres werden die Materien wiederholt, so daß eine Art Zusammenfassung für das Schuljahr da ist. Dadurch wächst das Kind ganz mit irgendeiner Materie zusammen.

Es ist in diesen Tagen einmal gefragt worden, ob es denn gut sei, den Unterricht epochenweise zu erteilen, so wie er in der Waldorfschule erteilt wird. Wenn er richtig erteilt wird, dann ist gerade das epochenweise Erteilen dasjenige, was am allerfruchtbarsten sich erweist. Epochenartiger Unterricht heißt: ich nehme nicht so, daß fortwährend eines das andere beeinträchtigt, etwa von acht bis neun Uhr Rechnen, von neun bis zehn Uhr Geschichte oder Religion oder irgend etwas, was gerade paßt, oder je nachdem der Lehrer in den Stundenplan hineinkommt; sondern ich setze mir drei, vier, fünf Wochen vor, in denen morgens durch zwei Stunden der Hauptunterricht in einem Fach erteilt wird. Es wird immer dasselbe getrieben. Dann wiederum durch fünf bis sechs Wochen im Hauptunterricht irgend etwas, das sich meinetwillen aus dem anderen entwickelt, aber wiederum in diesen zwei Stunden das gleiche. So daß durch Wochen hindurch das Kind auf etwas Bestimmtes konzentriert ist.

Nun entstand die Frage, ob denn dadurch nicht zu viel vergessen werde, ob dadurch nicht die Kinder wiederum das alles aus der Seele herausbekommen, was man in sie hineingebracht hat? Wird aber der Unterricht in der richtigen Weise getrieben, dann arbeitet ja während der Zeit, in welcher ein anderer Gegenstand gegeben wird, der frühere Gegenstand in den unterbewußten Regionen fort. Man muß in einem solchen Epochenunterricht gerade mit dem rechnen, was unbewußt arbeitet; und es gibt nichts Fruchtbareres, als wenn man einen Unterricht, den man durch drei, vier Wochen erteilt hat, in seinen Konsequenzen ruhen läßt, damit er nun ohne Zutun des Menschen weiter im Menschen arbeitet. Dann wird man schon sehen: hat man richtig unterrichtet, und frischt gedächtnismäßig die Sache wieder auf, dann kommt es bei der nächsten Epoche, wo dasselbe Fach getrieben wird, in ganz anderer Weise wieder herauf, als wenn man es eben nicht richtig getrieben hat. Aber mit solchen Dingen rechnet man gar nicht, wenn man den Einwand macht: ob auch die Dinge so richtig getrieben werden, da die Dinge vergessen werden könnten! Der Mensch muß ja so viel mit dem Vergessen rechnen. Denken Sie nur, was wir nicht alles im Kopfe haben müßten, wenn wir nicht richtig vergessen könnten und das Vergessene wiederum heraufbringen könnten! Deshalb muß ein richtiger Unterricht nicht nur mit dem Unterricht, sondern auch mit dem Vergessen richtig rechnen.

Das bedeutet nicht, daß man entzückt darüber zu sein braucht, daß die Kinder vergessen, das besorgen sie schon von selbst; sondern darauf kommt es an, was in die unterbewußten Regionen so hinuntergegangen ist, daß es dann in entsprechender Weise wieder heraufgeholt werden kann. Zu dem ganzen Menschen gehört eben nicht bloß das Bewußte, sondern auch das jeweilig Unbewußte. Und in bezug auf alle diese Dinge muß eben gesagt werden: Der Unterricht und die Erziehung haben nicht nur an den ganzen Menschen zu appellieren, sondern auch an die Teile, an die Glieder des Menschen. – Aber dann ist es auch notwendig, vom Ganzen auszugehen, das Ganze zunächst zu ergreifen und dann die Teile, während man sich sonst um den ganzen Menschen gar nicht kümmert, wenn man im Zählen eins zum anderen legt, wenn man im Zählen Addend zu Addend gibt. An den ganzen Menschen richtet man sich, wenn man die Einheit ins Auge faßt und von da zu den Zahlen übergeht, wenn man die Summe, den Minuenden ins Auge faßt, den Quotienten, das Produkt, und von da zu den Gliedern übergeht.

In den folgenden sechs knappen Abschnitten wird das Thema der Ganzheitlichkeit gleichsam in Streiflichtern kurz angeleuchtet: Vom Ganzen ausgehen, ans Leben anknüpfen – es gibt kein Sitzenbleiben – das Waldorfprinzip ist international, allgemein-menschlich – der ganze Bogen: 12 Jahre – das ganzheitliche Zeugnis – von der Vorschule bis zur Abschlußklasse.

Aber das erste muß sein, daß man auch hier wiederum von dem Ganzen ausgeht und nicht von dem Teil. Das ist von einer außerordentlichen Wichtigkeit.

Und ebenso ist es wichtig auch für physikalische Erscheinungen, vom Leben auszugehen. Nicht einfach Physik, so wie man sie heute in den Lehrbüchern findet, zu lehren anfangen, sondern etwa davon ausgehen, daß man einfach ein Zündholz anzündet und nun zunächst das Kind anschauen läßt, wie da das Zündholz anfängt zu brennen. Man soll das Kind auf alle Einzelheiten aufmerksam machen, wie die Flamme aussieht, wie die Flamme mehr nach außen aussieht, wie sie im Innern aussieht; wenn man die Flamme auslöscht, daß da ein schwarzer Fleck zurückbleibt, eine schwarze Kuppe;

dann erst davon anfangen, wie das Feuer an dem Zündholz zustande gekommen ist. Das Feuer an dem Zündholz ist dadurch zustande gekommen, daß Wärme entwickelt worden ist und so weiter. Überall die Dinge an das Leben anknüpfen!

Das Wichtige solcher Prinzipien zeigt sich gerade dann, wenn man auf die durchaus differenzierten Kinderindividualitäten hinschaut. In gewissen Zeiten hat sich ja in der Erziehung durch die Schule das Prinzip herausgebildet, Kinder, die nicht recht mitkamen in der einen oder anderen Klasse, sitzenzulassen, nicht hinaufrücken zu lassen in die nächste Klasse. Für eine Erziehung, die, wie ich auseinandergesetzt habe, so vorgeht, daß für jedes Lebensalter gerade das an das Kind herangebracht werden soll, was diesem Lebensalter entsprechend ist, für eine solche Erziehungskunst muß es eigentlich nach und nach etwas ganz Unmögliches werden, ein Kind in irgendeiner Klasse zurückzulassen; denn dadurch kommt es ja gerade aus dem Gange des Unterrichts und der Erziehung heraus, der dem Alter angemessen ist. In der Waldorfschule hat eben jede Klasse ihr besonderes Kindesalter. Lasse ich also einen Schüler oder eine Schülerin, die eigentlich aufrücken sollten von der dritten in die vierte Klasse, zurück in der dritten Klasse, dann kommt das Kind in seinem inneren Entwicklungsgang aus seinem Lebensalter heraus. Das ist daher etwas, was wir in der Waldorfschule, soviel es möglich ist, vermeiden. Nur in ganz ausnahmsweisen Fällen kann es bei uns vorkommen, daß irgendein Kind in einer Klasse zurückbleibt. Wir versuchen eben alles zu tun, um jede Kinderindividualität so zu behandeln, daß wir ein solches Zurückbleiben nicht nötig haben.

Wie kapselt sich heute jeder ein! Wie ist das Fachmannsystem ausgebildet! Man schämt sich, irgend etwas zu wissen, was nicht gerade in der Einkapselung des Faches ist. Da muß man zu dem Sachverständigen gehen.

Die Sache, um die es sich handelt, ist diese, daß die Menschen weitherzig werden, daß sie mit ihrem Herzen Anteil nehmen können an der Gesamtzivilisation. Das ist etwas, was durch die Prinzipien derjenigen Pädagogik, die hier vertreten wird, hineinzubringen versucht wird zuerst in die Lehrerschaft – denn zuerst hat es sich bei der Waldorfschule um die Erziehung der Lehrerschaft gehandelt – und auf dem Umwege durch die Lehrerschaft in die Schülerschaft. Und die Schülerschaft, das ist unsere große Hoffnung, unser Ziel, an das wir bei jeder einzelnen Maßnahme denken, die Schülerschaft soll es in rechtmäßiger Weise in das Leben hinaustragen.

Das, meine sehr verehrten Anwesenden, ist, ich möchte sagen, die Gesinnung, die derjenigen Pädagogik zugrunde liegt, von der ich vor Ihnen nun auch hier sprechen durfte. Diese Erziehung ist einzig und allein darauf gerichtet, dasjenige, was als Maßnahme da sein soll in Erziehung und Unterricht, aus dem Menschen selber herauszuholen, so daß der ganze Mensch nach Leib, Seele und Geist voll zur Entwicklung komme; auf der anderen Seite aber den Menschen so in das Leben hineinzustellen, daß er als Kind wiederum nach Leib, Seele und Geist, nach dem Religiösen, nach dem Ethischen, nach dem Künstlerischen, nach dem Erkenntnisleben hin gewachsen ist und sich diejenigen Tugenden entwickeln kann, durch die der Mensch seinem Mitmenschen am meisten nützlich und fruchtbar werden kann. Dadurch allein ist der Mensch ja ein wirklich richtig Erzogener, daß er seinen Mitmenschen am besten nach seinen Kräften dienen kann. Darauf muß im Grunde genommen jedes Erziehungsideal gerichtet sein. Daß ich über ein solches Erziehungsideal sprechen durfte, dafür bin ich den Veranstaltern hier außerordentlich dankbar.

Sie werden gesehen haben, daß es sich wahrhaftig, wenn auch das Waldorfschul-Prinzip einem ganz bestimmten Sprachgebiete entstammt, dabei durchaus nicht um etwas Nationales handelt, sondern um etwas im besten Sinne Internationales, weil Allgemein-Menschliches. Nicht den Angehörigen irgendeiner Klasse, nicht den Angehörigen irgendeiner Nation, nicht den Angehörigen überhaupt irgendeiner Einkapselung, sondern den Menschen mit den breitesten, herzhaftesten menschlichen Interessen wollen wir erziehen. Deshalb durfte das Gefühl, die Empfindung da sein, daß man, wenn auch diese Erziehung zunächst in einem bestimmten Sprachgebiete ausgebildet ist, auch in einem anderen Sprachgebiete über diese Erziehung, die ja durchaus in diesem Sinne international ist, sprechen darf.

Eigentlich kann man ohne dieses innerliche Dabeisein gar nicht erziehen und unterrichten. Überall wird es sich aber darum handeln, daß bedacht wird, wie der Mensch so erzogen werden muß, daß man sich bewußt wird, wie man ihn mit der Geschlechtsreife eigentlich ins Leben entläßt. Denn auch bei denjenigen Kindern, die dann junge Damen und junge Herren werden und auf höhere Schulen übergeführt werden – auf der Waldorfschule haben wir die Einrichtung, daß wir über die Volksschulklassen hinaus die Kinder bis zu der Hochschulreife führen, wir unterrichten in 12 Klassen bis zum 18., 19. Lebensjahr und darüber –, muß man sich durchaus bewußt sein, daß man nach der Geschlechtsreife Menschen vor sich hat, die eben ins Leben entlassen sind, denen man gegenübersteht in ganz anderer Weise als in der vorhergehenden Lebensepoche. Denn der Mensch muß möglichst so erzogen werden, daß das Intellektuelle, das mit der Geschlechtsreife erwacht, in der eigenen Menschenwesenheit seine Nahrung finden kann. Hat der Mensch vorher durch Nachahmung, auf Autorität hin, in der Bildhaftigkeit einen innerlichen Reichtum aufgenommen, dann wird das, was er so aufgenommen hat, sich intellektualistisch umwandeln lassen, wenn er die Geschlechtsreife erlangt hat. Er wird immer davor stehen, dasjenige jetzt zu denken, was er vorher gewollt und gefühlt hat. Und daß dieses intellektualistische Denken ja nicht zu früh eintritt, dafür ist eigentlich im Unterricht und in der Erziehung auf das gründlichste zu sorgen. Denn der Mensch kommt nicht zu einem Freiheitserlebnis, wenn man es ihm eintrichtern will, sondern nur dadurch, daß es in ihm selber erwacht.

Nun, Zeugnisse muß man ihnen schon geben, damit sie irgend etwas in die Ferien nach Hause tragen können. Aber gegenüber diesen Zeugnissen waren wir doch auch genötigt, eine ganz besondere Stellung einzunehmen. Ich muß gestehen, daß es mir außerordentlich schwer werden würde, zurechtzukommen in der Waldorfschule, wenn ich die in Deutschland übliche Zeugnismode mitmachen müßte. Ich könnte es nicht gut, aus dem einfachen Grunde: ich konnte mir nie einen Unterschied aneignen zwischen dem, was eine «befriedigende», «fast befriedigende», «genügende», «fast genügende», «kaum genügende» und so weiter Leistung in der Schule ist, was dann noch in Ziffern gebracht wird, so daß dann in Deutschland manche Schulzeugnisse so ausschauen, da stehen einerseits die Gegenstände, dann folgt daneben: 4½, 3, 3–4 und so weiter. Für diese okkulten Zusammenhänge hatte ich nie im Leben ein Verständnis entwickeln können! Und so mußten wir die Schulzeugnisse eben anders einrichten.

Das Kind bekommt, wenn es am Schluß des Jahres in die Ferien geht, allerdings ein Zeugnis. Da steht aber eine

Art vom Lehrer ganz individuell für das Kind verfaßtes Spiegelbild drinnen, etwas Biographisches über das Jahr, und es hat sich überall gezeigt, die Kinder nehmen das mit einer großen Befriedigung auf. Sie lesen da ihr Bild, das man entwirft mit einem entsprechenden Wohlwollen, aber durchaus nicht gefärbt, nicht etwa, daß man etwa irgendwelche Schönfärberei dabei übt. Sie nehmen das mit einer großen Befriedigung hin. Und dann lassen wir einen Spruch folgen, ganz individualisiert für jedes Kind, den jedes Kind in sein Zeugnis hineingeschrieben bekommt. Und dieser Spruch bildet dann für das nächste Jahr eine Art Lebensgeleitspruch. Das ist etwas, was sich, wie ich glaube, schon bewährt hat und auch später noch bewähren wird, mag man es auch sonst nach einem in den letzten Jahren in Deutschland beliebt gewordenen Ausdrucke einen «Zeugnisersatz» nennen.

Nun möchte ich heute nur auf ein paar Richtlinien hinweisen, die sich mir ergeben haben vor mehr als 30 Jahren, und die zur Grundlage gemacht worden sind für das eigene Studium der Waldorf-Lehrerschaft. Da handelt es sich doch darum, daß wir gerade in dem Lebensalter, in dem wir die Kinder in die Volksschule hereinbekommen, das seelische Leben der Kinder vor uns haben. Ich werde in den nächsten Tagen auch über die Erziehung ganz kleiner Kinder zu sprechen haben. Aber so viel Schmerz es mir verursacht, daß wir noch keine Kleinkinderschule haben können, die der Waldorfschule vorausgeht, daß wir die Kinder nehmen müssen im 6., 7. Jahre – wir können es eben nicht, weil wir dazu kein Geld haben. Aber das Ideal ist natürlich, die Kinder so früh als möglich in die Erziehung hereinzubekommen.

Wenn wir die Kinder in die Volksschule, in die Elementarschule hinein bekommen, haben wir sie als Seelen vor uns, das heißt, das Wesentlichste ihrer physischen Erziehung ist bis zum Zahnwechsel geleistet oder auch nicht geleistet, je nachdem die Instinkte der Eltern und Erzieher das verstanden haben. So daß wir also sagen können: das Wesentlichste der physischen Erziehung, die ja später fortgesetzt werden wird – wir werden es schon sehen, indem ich die einzelnen Phasen der Erziehung schildern werde –, das Wesentlichste aber, die Grundlage, ist bis zum Zahnwechsel gegeben. Dann haben wir es mit dem Kinde als Seele zu tun, und wir haben seine Seelenentwicklung so zu leiten, daß die physische Entwicklung daran stark, kräftig wird.

Und wenn das Kind über die Geschlechtsreife schreitet, dann schreitet es in das Zeitalter hinein, wo man nicht mehr sagen darf, «Kind», wo also die jungen Herren und die jungen Damen nun zur freien Handhabe ihres Geistes kommen. So schreitet der Mensch vom Leiblichen durch das Seelische in das Geistige hinein.

Aber das Geistige, wir werden sehen, kann man eigentlich nicht erziehen. Das muß man in Freiheit in die Welt hinaus entlassen. Geistiges kann der Mensch nur vom Leben lernen. Bei dem Kinde der Elementarschule haben wir es zu tun mit der Seele des Kindes. Aber Seele, seelischer Inhalt äußert sich, ich möchte sagen, in groben Linien im Denken, im Fühlen, im Wollen. Und versteht man aus dem Fundamente heraus, wie in dem ganzen Menschen Denken, Fühlen und Wollen als Seelenleben drinnen ist, so bildet das die Grundlage für die ganze Menschenerziehung.

Die letzten drei Abschnitte dieses Kapitels verdeutlichen einen Aspekt der Waldorfschule, der zu ihren wesentlichen Charakteristika seit der Gründungszeit gehört. Sie versteht sich nicht nur als eine mehr oder wenig disparate Versammlung von Lerngruppen, sondern als *lernende Lebensgemeinschaft*, innerhalb der Schüler, Eltern und Lehrer, ja Ehemalige, Lebensschule gestalten. Es geht darum, daß sich ein «inneres Zusammenleben» vollzieht, das im Unterricht, in gemeinsamen Schulanlässen, Projekten und den entstehenden Tagesschulen auch ein äußeres bildet.

Das würde das Ideal darstellen, daß wir kein Kind länger als dreieinhalb Stunden beschäftigen. Wir werden dabei immer frische Kinder haben und werden uns nur der Aufgabe unterziehen müssen, auszudenken, was wir mit den Kindern anfangen in den großen Gärten während der Zeit, wo kein Unterricht ist. Sie dürfen auf den freien Plätzen spielen im Sommer; aber im Winter, im Turnsaal, wird es schwer sein, sie beschäftigen zu können. Eine Stunde in der Woche für Turnen und eine Stunde für Eurythmie soll eingerichtet werden. Es wird gut sein, daß die Kinder auch da sein können, wenn kein Unterricht ist, daß sie spielen können und dergleichen. Ich glaube, daß es keinen großen Unterschied macht, ob mit dem Unterricht begonnen wird gleich morgens oder später, so daß wir gut in zwei Gruppen einteilen können.

Ja, sehen Sie, solche Fragen treten auf, wenn man nur noch in der Lage ist, den Menschen von außen zu beachten, wenn man gar nicht mehr darauf kommt, in das menschliche Innere hineinzuschauen. Freilich, wenn man mit einem Verstande, der entweder schon an experimenteller Psychologie herangebildet ist, oder schon nur die Gesinnung hat, die dann zu experimenteller Psychologie kommt, wenn man mit einem solchen Verstande erzieht, ja, dann kommt man eben nicht an das Kind heran. Denn das Kind trägt noch nicht sein seelisches Sein an der äußeren Oberfläche, daß man es nur zu verstehen hat. Beim

Erwachsenen genügt es, wenn wir ihn bloß verstehen. Beim Kinde genügt es nicht, wenn wir es bloß verstehen. Mit dem Kinde müssen wir innerlich zusammenleben können. Wir müssen so das Menschliche lebendig in uns aufgenommen haben, daß wir mit dem Kinde lebendig zusammenleben können. Bloßes Verstehen des Kindes nützt gar nichts.

Aber wenn wir das können, wenn wir innerlich lebendig mit dem Kinde leben können, dann besteht für uns der Widerspruch nicht mehr, das Kind als Kind zu erziehen, oder den Erwachsenen im Kinde zu erziehen; dann wissen wir lebendig, daß wir dasjenige, was wir an das Kind heranbringen wollen, so heranbringen müssen, wie es das Kind selbst will, und dennoch den Erwachsenen im Kinde erziehen.

Wirklich, die eigentlichen Erfolge, die für das Leben die große Bedeutung haben, liegen nicht darinnen, daß für den einen oder anderen begabten Schüler etwas Staunenswertes erreicht wird. Die eigentlichen Erfolge liegen in der Lebenskraft. Und da ist es für mich immer tief befriedigend, wenn so etwas vorkommt, daß man sagt, irgendein Kind soll, weil da dies oder jenes erreicht werden soll, aus der einen Klasse in eine andere versetzt werden. Da kämpft der Lehrer um jedes einzelne Kind zuweilen. Das sind wirkliche Erfolge im liebevollen Zusammenleben der Lehrerschaft mit der Kinderschaft. Aus dem wird etwas; daneben verschwinden diejenigen Dinge, auf die so ein Wert gelegt wird, ob die Kinder ein bißchen weiter oder ein bißchen weniger weit sind.

Kapitel III: Aus dem Leben für das Leben bilden – Didaktik

Für die Lehrer der Gründungsschule in Stuttgart hielt Rudolf Steiner einen dreiwöchigen, dreiteiligen Einführungskurs, der noch heute die Grundlage dieser Pädagogik bildet. Auf Ausführungen zur «Allgemeinen Menschenkunde als Grundlage der Pädagogik», beginnend jeweils um 9 Uhr morgens, folgten um 10.30 Uhr «speziell-methodische Anweisungen» und am Nachmittag von 15 bis 18 Uhr seminaristische Übungen.[7]

Die didaktischen Ausführungen standen naturgemäß in engem Zusammenhang mit den grundlegenden Gedankengängen desselben Morgens. So ergeben sich methodisch-didaktische Leitlinien und Beispiele aus den geschilderten Entwicklungsgesetzmäßigkeiten und Metamorphosen der leiblich-seelisch-geistigen Konfiguration, die neben der Gesetzmäßigkeit auch immer eine individuelle Komponente aufweisen. Bei dieser Vorgehensweise wird der Gefahr begegnet, aus einzelnen, in ihrem Teilaspekt durchaus richtigen Erkenntnissen (musischer Unterricht, Sinnesschulung, kognitive Entwicklungsschritte und anderes) eine pädagogische Methodik und einen entsprechenden Schultyp abzuleiten.

In diesem Kapitel kann – mehr noch als in den andern – nur exemplarisch auf einzelne Aspekte eingegangen werden. Aus ihnen möge das Prinzip ersichtlich werden, wie aus den Grundlagen sich Leitlinien für das Handeln ergeben können. Einen Teil nehmen die Ausführungen zu einzelnen Fächern am Schluß dieses Kapitels ein, zunächst jedoch wird auf die Art des

7 Siehe die entsprechende Veröffentlichung in den Bänden GA 293, 294, 295

Unterrichtens eingegangen. Was soll in welchem Alter wie unterrichtet werden, wie richte ich den Unterricht so ein, daß das Kind und der Jugendliche ein lebendiges Wissen erhalten, das mit ihnen mitwächst und das sich in den oberen Klassen verwandelnd aufgreifen läßt? Wie bewältige ich die Fülle des Lernstoffes und den Anspruch, die verschieden begabten Kinder, die ja nicht in getrennten und zum Teil in großen Klassen sitzen, angemessen anzusprechen und zu fördern ? Wie kann ich dem Gedanken der Integration und demjenigen der Individualisierung gleichzeitig gerecht werden?

Schon hier wird deutlich, daß wir zu einer *Erziehungskunst* finden müssen, die aus der Mitte heraus arbeitet und die sich mit solchen Leitbegriffen wie «seelisch-ökonomisches Unterrichten», «lebendige Begriffe», «beseelte Bilder», «rhythmischer Unterricht», «lebensgemäß unterrichten» vertraut machen muß. Es stellt sich die Frage nach der Unterrichtsvorbereitung der Lehrkraft, ihrer Beziehung zum Kind und nach einer angemessenen, personal begründeten Autorität. Wie muß eine Lehrerbildung aussehen, die zu dieser Kunst des Unterrichtens befähigt? Wie kann durch geeignete Beobachtung ein Kind in seiner Einmaligkeit, am Beginn seiner selbst zu gestaltenden Biographie stehend, erkannt werden? Wie der Blick für die Klassengemeinschaft, die sich auch als Schicksalsgemeinschaft verstehen läßt, gewonnen werden?

Die folgenden Texte mögen in diese reichhaltige Thematik einführen.

Der erste, längere Vortragsauszug kontrastiert gewissermaßen *Kairos* und *Chronos*, zwei Zeitgestalten, die in der Waldorfpädagogik eine permanent gegenwärtige pädagogische Konstellation bilden. Während sich in den Gesetzmäßigkeiten der zu beachtenden

Entwicklungsphasen – Rudolf Steiner weist hier auf die Schwelle im 9./10. Lebensjahr sowie auf den Bewußtseinswandel im 12. Lebensjahr hin – ein gleichsam chronometrisches Gleichmaß bemerkbar macht, ist der Pädagoge auch ständig aufgerufen, je individuell im Augenblick das Richtige zu tun, die gemäße Formulierung, das stimmige Bild zu bringen. Kenntnis der Entwicklungsphasen ist das eine, aus einer ganzheitlichen Menschenerkenntnis, aus genauem Beobachten und innerer Vorbereitung wächst das andere.

Derjenige, der das Menschenwesen versteht, wird als Erzieher oder Lehrer die Redensart nie im Munde führen: Das verstehst du noch nicht! – das darf es ja gar nicht geben, daß man jemals veranlaßt ist, zu dem Kinde in irgendeinem Lebensalter zu sagen: Das verstehst du noch nicht. Denn es wird immer eine Form geben, in die man dasjenige kleiden kann, was das Kind wissen will, wenn man nur das richtige Verhältnis zum Kinde hat. Man muß diese Form nur finden. Und diese Form findet man, wenn man eine solche Pädagogik, wie sie hier gemeint ist, zum instinktiven Leben macht. Man findet eben die entsprechende Form in dem Augenblick, wo man sie braucht. Und man findet vor allen Dingen dann die Möglichkeit, dem Kinde keine scharf umrissenen Vorstellungen zu geben. Das ist nämlich schrecklich, wenn man dem Kinde gegenüber alle Vorstellungen bis zur Unbeweglichkeit deutlich ausarbeitet. Tut man das, dann ist es nämlich so, wie wenn man das kleine Händchen des Kindes in einen eisernen Handschuh einspannte, daß es nicht mehr wachsen kann. Wir dürfen dem Kinde nie fertige Vorstellungen beibringen, sondern nur solche, die wachsen können, sich wandeln können, Vorstellungen, die selber leben.

Wenn wir also beim Bildhaften, Gestaltenhaften bleiben bis gegen das 12. Jahr hin, so werden wir auch nicht versucht sein, dem Kinde scharf umrissene, gewissermaßen starre Begriffsfiguren vorzuführen. Denn da ist es, wie wenn wir dem kleinen Kind ein Händchen in einen Eisenhandschuh zwängen, daß es nicht mehr wachsen kann. Und das, was ich als Unterricht skizziert habe, das gibt gar nicht Veranlassung dazu, in scharfe Begriffsformen die Dinge einzuspannen, sondern zu gestalten mit Worten, mit der Hand, auf die Tafel oder was es sonst ist, mit dem Pinsel in der Farbe anschaulich zu malen, zu zeichnen und so weiter. Aber immer ist das Bewußtsein da: das ist in sich beweglich, und es muß beweglich bleiben; denn man muß wissen, daß sich etwas erst gegen das 12. Jahr, und zwar sehr nahe am 12. Jahr, in dem Kinde entwickelt, und das ist der Sinn für den Kausalitätsbegriff.

Den Kausalitätsbegriff hat das Kind bis gegen das 12. Jahr hin überhaupt nicht. Es sieht dasjenige, was beweglich ist, was bewegliche Vorstellungen sind. Was als Bildhaftes, Musikalisches da ist, das schaut es, nimmt es wahr, aber es hat für den Kausalbegriff bis gegen das 12. Jahr hin keinen Sinn. Daher müssen wir dasjenige, was wir dem Kinde beibringen bis gegen das 12. Jahr hin, rein sein lassen vom Kausalitätsbegriff. Da erst können wir darauf rechnen, daß das Kind die gemeiniglichen Zusammenhänge zwischen Ursachen und Wirkungen ins Auge fassen kann. Von da an fängt das Kind eigentlich erst an, sich Gedanken zu machen; bis dahin hat es Bildvorstellungen. Da leuchtet nämlich schon voran dasjenige, was dann mit der Geschlechtsreife vollständig auftritt: das gedankliche, das urteilende Leben, das an das Denken im engeren Sinne geknüpft ist – während das Leben zwischen dem Zahnwechsel und der Geschlechtsreife an das Fühlen geknüpft ist und das Leben vor dem Zahnwechsel an den innerlich sich entfaltenden Willen, der für dieses Lebensalter nicht unter Gedanken steht, sondern unter Nachahmung des dem Kinde körperhaft Entgegentretenden. Aber mit dem körperhaft dem Kinde Entgegentretenden setzt sich auch das Moralische, das Geistige beim Kinde fest im Körperhaften. Daher ist es auch unmöglich, im 10. bis 11. Lebensjahr, meistens sogar noch im 11. bis 12. Lebensjahr, dem Kinde etwas beizubringen, wo man auf Kausalität sehen muß. Man sollte daher anfangen mit dem Beibringen der mineralischen Welt erst gegen das 12. Jahr. Und physikalische Begriffe sollten auch erst gegen dieses Lebensjahr hin auftreten, nachdem sie vorher im Grunde genommen nur vorbereitet sind. Da wird das Kind erst reif für das Aufnehmen solcher Begriffe. Alles, was sich auf das Unorganische bezieht, kann das Kind im Sinne eines Kausalbegriffes erst gegen das 12. Jahr hin begreifen. Es muß natürlich alles vorher vorbereitet sein, aber nicht durch Kausalbegriffe; sondern was später durch diese Kausalbegriffe erfaßt wird, das muß vorbereitet werden in Bildern ohne den Kausalitätsbegriff. Das Kind muß gewissermaßen einen Stoff haben, an dem es diese Kausalitätsbegriffe anwendet. Das auf der einen Seite.

Auf der anderen Seite können Sie den Kindern vor diesem Lebensalter gegen das 12. Jahr hin nicht Zusammenhänge in der Geschichte begreiflich machen. Da sollen Sie vor die Kinder hinstellen einzelne Menschenbilder, die entweder das Gefallen erwecken durch ihre Güte, ihre Wahrhaftigkeit oder dergleichen oder das Mißfallen erwekken durch das Gegenteil. Auf Gefallen und Mißfallen, auf das Gefühls- und Gemütsleben muß auch die Geschichte gestellt werden: geschlossene Bilder von Vorgängen und von Persönlichkeiten, aber Bilder, die in dem Sinne wieder beweglich gehalten werden, wie ich es angedeutet habe. Dagegen kausale Zusammenhänge zwischen dem Früheren und dem Späteren, die können Sie dem Kinde erst beibringen, wenn in ihm voranleuchtet dieses Rückläufige des Astralleibes, das dann stärker auftritt nach dem 14. Jahr. So gegen das 12. Jahr hin kommt das Kind in dieses Rückläufige hinein, und man kann dann anfangen, an den Kausalitätsbegriff zu appellieren auch in der Geschichte.

Vorher bereitet man dem Kinde im Grunde genommen etwas recht Schlimmes für das Leben zu, wenn man auf den Kausalitätsbegriff und das damit verknüpfte Verstandesurteil sieht. Denn sehen Sie: da ist ja erst der Ätherleib da. Gegen das 12. Jahr hin fängt langsam der Astralleib an, geboren zu werden; er wird dann voll geboren mit der Geschlechtsreife – aber vorher ist ja nur der Ätherleib da. Wenn Sie da dem Kinde Urteile von Ja und Nein einprägen oder es sich Begriffe einprägen lassen, so gehen ja die Dinge statt in den Astralleib in den Ätherleib hinein. Aber von was ist denn der Astralleib noch der Träger? Bedenken Sie, Sie werden aus dem Faktum der Geschlechtsreife es entnehmen können: Der Astralleib ist der Träger der menschlichen Liebe. Er arbeitet natürlich schon vorher im Kinde, aber er ist nicht selbständig geboren. Dadurch pflanzen Sie dann das Ja und Nein, das Kritikurteil, statt in den Astralleib in den Ätherleib hinein. Wenn Sie es in den Astralleib zur richtigen Zeit hineinpflanzen, dann fügen Sie dem Urteil, auch der Kritik, die Kraft der Liebe bei, die Kraft des Wohlwollens. Fügen Sie dem Kinde die Untat zu, es zu früh kritisieren zu machen, es zu früh auf Ja und Nein abzustimmen, dann stopfen Sie dieses Ja und Nein, diese Kritik, in den Ätherleib hinein. Der ist nicht wohlwollend: der ist aufsaugend, der ist übelwollend eigentlich, der wirkt zerstörend. Das tun Sie dem Kinde an, wenn Sie zu früh das Ja- oder Nein-Urteil – und ein Ja- und Nein-Urteil ist auch immer in der Kausalitätsvorstellung gelegen – dem Kinde beibringen. Den geschlossenen Vorgang schaut man an; die Persönlichkeit, die bildhaft geschildert wird, schaut man an. Wenn man in der Geschichte epochenweise das Spätere mit dem Früheren verbindet, da urteilt man, da weist man ab, da nimmt man an. Da ist immer das Ja und Nein drinnen, und man bekommt zuletzt eben dasjenige heraus, was eigentlich ein Sichsträuben ist gegen das, was einem als Urteil in der Welt entgegentritt. Man nimmt die Urteile der anderen nicht mit Liebe auf, sondern mit einer in einem liegenden zerstörerischen Kraft, wenn man die Urteilskraft zu früh entwickelt. Aus solchen Dingen kann man wirklich sehen, wie sehr es darauf ankommt, zur richtigen Zeit das Richtige im schulpflichtigen Alter zu tun.

Und dann bedenken Sie doch nur einmal den Übergang in dieser Beziehung vom Tier zum Menschen. Das Tier sehen Sie nach seiner Gestalt an. In der Gestalt liegt schon das, was das Tier tut; man schaut an, was das Tier tut. Beim Menschen muß man die Causa, die Ursache, suchen. Ja, sehen Sie, weil das Kind erst gegen das 12. Jahr reif wird, die Causa zu suchen, muß auch da der Punkt eintreten, wo es die Tierwelt synthetisch zusammenfaßt in der Gesamtheit des Menschen. Da handelt es sich darum, daß man das dem Kinde entgegenbringt als ein Erlebnis, was die innere Natur verlangt, daß es Erlebnis werde in einer bestimmten Zeit.

Nun werden Sie aber zugeben: Da liegt ein großartig gewaltiger Umschwung in der kindlichen Natur zwischen dem Zahnwechsel und der Geschlechtsreife. Das Kind geht gewissermaßen mit seiner Seele den Weg ganz von innen nach außen. Denken Sie nur, daß das Kind bis gegen das 12. Jahr hin gar nicht erträgt, daß man ihm den Menschen schildert. Da beginnt es dies zu ertragen, begriffsmäßig, vorstellungsmäßig sich in dem Spiegel der Welt zu schauen. Es kann sich selber aushalten, ausstehen, indem man schildert, was der Mensch ist. Es ist wirklich ein vollständiges Umwenden der menschlichen Natur vom Zahnwechsel bis zur Geschlechtsreife.

Nun liegt innerhalb dieses Zeitraumes ein sehr wichtiger Lebensübergang. Er liegt für die meisten Kinder so zwischen dem 9. und 10. Jahr; es ist das individuell, bei manchem Kind liegt es über das 10. Jahr hinaus. Da tritt für jedes Kind etwas ein, wo das Kind instinktiv, unbewußt vor einer Art Lebensrätsel steht. Dieses Umwenden von innen nach außen, dieses Gewahrwerden, daß man ein Ich ist und draußen die Welt ist – was man bisher miteinander verflochten hat –, das ist etwas, was das Kind nicht bewußt erlebt, aber was das Kind erlebt durch innere Zweifel und Unruhe, die auftreten. Im Leibe drückt sich das so aus, daß in diesem Lebenspunkt die Atmung sich eigentlich erst richtig einschaltet in die Blutzirkulation. Das gleicht sich da aus. Es wird das dem Menschen angemessene Verhältnis hergestellt zwischen Puls und Atemzügen. Das ist das leibliche Korrelat dafür; das seelisch-geistige ist, daß das Kind jetzt in diesem Lebenspunkte uns als Lehrer und Erzieher ganz besonders braucht. Es geschieht ein Appell, der nicht in einer Frage, sondern in einer Art von Verhalten liegt, an den Lehrer oder Erzieher gerade in diesem Lebenspunkt.

Man muß sich nun das pädagogische Geschick aneignen, aus der Art und Weise des Kindes die große Lebensfrage, die das Kind jetzt an uns stellen will, im individuellen Falle richtig zu wägen. Was ist denn eigentlich diese Lebensfrage? Nun, sehen Sie, bis zu diesem Lebenspunkte hat sich das selbstverständliche Autoritätsverhältnis eigentlich so herausgebildet, daß man als Lehrer und Erzieher dem Kinde die Welt ist. Für das Kind bewegen sich die Sterne, weil es weiß, daß sein Erzieher weiß, daß sich die Sterne bewegen. Alles ist eben gut und böse, schön und häßlich, wahr und falsch, weil es der Lehrer und Erzieher so in sich hat. Es muß alles, was von der Welt kommt, in einem gewissen Sinne durch Lehrer und Erzieher durchgehen; das ist das einzig gesunde Verhältnis. Zwischen dem 9. und 10. Lebensjahr, manchmal etwas später, stellt sich, nicht in Begriffen und Vorstellungen, aber in Gefühl und Empfindung, vor die Seele des Kindes die Frage: Ja, woher hat denn der Lehrer und Erzieher das alles? Da beginnt nämlich plötzlich, wenn ich mich bildlich ausdrücken darf, dieser Lehrer und Erzieher durchsichtig zu werden. Man will hinter ihm die Welt sehen, die hinter ihm lebt. Da muß er standhalten; da muß er gegenüber dem, was das Kind heranbringt, in dem Kinde die Überzeugung erhalten, daß er richtig in das Rückwärts, in die Welt, eingeschaltet ist; daß er Wahrheit, Schönheit und Güte wirklich in sich trägt. Da prüft die unbewußte Natur des Kindes den Lehrer in einer ganz unerhörten Weise, möchte ich sagen. Sie prüft ihn, ob er nun wirklich die Welt in sich trägt, ob er würdig war, bisher ihm der Repräsentant des ganzen Kosmos zu sein.

Und wiederum kann das nicht ausgesprochen werden. Würde man das in irgendeiner Form auch nur leise theoretisch vorführen durch Gründe oder dergleichen, dann würde die unbewußte Natur des Kindes, weil sie für Kausalität keinen Sinn hat, das als Schwäche, nicht als Stärke des Lehrers empfinden; lediglich als Schwäche. Denn alles das, was man erst beweisen muß, lebt schon schwach in der Seele; dasjenige, was stark in der Seele lebt, muß man ja nicht erst beweisen. Das geht auch in der Kulturentwicklung so. Ich will jetzt nicht inhaltlich über die Sache entscheiden, aber ich möchte Sie auf das Dynamische der Sache führen: Bis zu einem gewissen Zeitpunkte des Mittelalters haben die Leute gewußt, was das Abendmahl bedeutet. Da war man noch nicht ergriffen von der Notwendigkeit des Beweisens. Nun fingen plötzlich die Leute an, die Notwendigkeit des Beweisens dem Abendmahl gegenüber zu empfinden. Für den, der die Sache durchschaut, ist das nur ein Beweis dafür, daß die Leute eben nichts mehr von dem Abendmahl wußten. – Denn man beweist ja nicht, daß einer ein Dieb ist, wenn man ihn gesehen hat, sondern nur wenn man ihn nicht gesehen hat; wenn man ihn gesehen hat, benennt man ihn nur als Dieb. Das Beweisen bezieht sich immer auf das, was man nicht weiß, niemals aber auf dasjenige, was man wirklich weiß durch die Tatsachen des Lebens selber. Daher ist es so drollig, wenn die Leute den Zusammenhang zwischen der formalen Logik und der Wirklichkeit suchen. Es ist ungefähr gerade so, wie wenn einer den inneren Zusammenhang zwischen dem Wege, der ihn zu einem Berge hinführt, und dem Berge sucht. Der Weg ist nämlich dazu da, daß ich bis zum Berge komme; dann beginnt der Berg. Die Logik ist nur dazu da, daß man bis zur Wirklichkeit kommt; da beginnt erst die Wirklichkeit, wo die Logik aufhört.

Ja, daß man diese Dinge selber weiß, ist eben von ganz fundamentaler Bedeutung. Nicht darf man also in den Fehler verfallen, in diesem wichtigen Lebenspunkt dem Kinde beweisen zu wollen, daß man der richtige Repräsentant der Welt ist. Sondern man muß nun durch neues Verhalten dem Kinde die unmittelbare Empfindungsüberzeugung beibringen: Ja, der weiß ja noch viel mehr, als man bisher gedacht hat! Wenn das Kind weiß: der Lehrer kann sich steigern, er hat ihm bisher noch gar nicht alle Seiten gezeigt, er hat sich bisher nicht ausgegeben, jetzt sagt er vielleicht ganz vertraulich zu dem Kinde etwas, wovon das Kind überrascht ist, so daß das Kind es wieder unbewußt empfindet, aufhorcht auf das Neue, das es von dem Lehrer erfahren hat – dann ist jetzt das richtige Verhältnis hergestellt. Also man muß sich etwas bewahren, vor allen Dingen auch für diesen Zeitpunkt bewahren können, wodurch man sich als Lehrer dem Kinde gegenüber steigern kann. Denn das ist die Lösung eines wichtigen Lebensrätsels in diesem Lebenspunkte, daß man sich für das Kind, für die Wahrnehmung des Kindes steigern kann, daß man plötzlich über sich hinauswächst. Das ist der Trost und die Kraft, die man dem Kinde in diesem

Punkte geben muß, weil es schon mit diesem Ansinnen herankommt an den Lehrer, zu dem es die nötige Sympathie und Liebe entwickelt hat. Die anderen Lehrer, die werden eben die bittere Erfahrung machen, daß die Autorität nach und nach, wenn das Kind zwischen dem 9. und 10. Lebensjahr steht, ausraucht, verduftet; daß sie dann nicht mehr da ist. Dann werden diese Lehrer eben das Schreckliche versuchen, alles dem Kinde beweisen zu wollen, und dergleichen.

Ja, und wenn man sich nun einmal einen Sinn angewöhnt hat für solche Lebensbetrachtungen, dann kommt man auch auf anderes. Sehen Sie, es müssen die einzelnen Dinge, die man heranbringt an das Kind, durchaus zusammenhängen. Nun sagte ich Ihnen: wir lassen das Kind aus seinen eigenen Bildekräften heraus irgendwie malen, natürlich nicht mit Stiften, sondern mit wirklichen Farben. Dann merke ich: das Kind lebt mit den Farben. Nach und nach wird für das Kind – man muß nur selber eine Empfindung dafür haben, daß es so ist – das Blau etwas, was weggeht, nach der Ferne geht; das Gelb und Rot etwas, was herankommt. Das ist etwas, was bei dem Kinde auch schon im 7., 8. Jahr stark hervortritt, wenn man es nur nicht in diesem Alter quält mit irgendwie dressiertem Zeichnerischem und Malerischem. Wenn man das Kind freilich Häuser und Bäume malen läßt, wie sie in Wirklichkeit sind, so geht das nicht. Aber wenn man das Kind folgen läßt, so daß es das Gefühl hat: wohin ich die Hand bewege, da geht die Farbe – der Stoff der Farbe ist nur Nebensache –, da lebt die Farbe auf unter den Fingern, da will sie sich fortsetzen irgendwo – wenn man das erreicht, so bekommt man etwas sehr Sinnvolles in der Seele des Kindes: Farbenperspektive. Das Kind bekommt das Gefühl, daß das rötende Gelb näherkommt, daß das Blauviolett fern und ferner geht. Da arbeitet man aus dem Intensiven heraus das, was man dann später mit dem Kinde auch erarbeiten soll: die Perspektive, die man dann in Linien durchführt. Es ist etwas furchtbar Schädliches, die Perspektive einem Kinde im späteren Lebensalter beizubringen, dem man nicht vorher eine Art intensiver Farbenperspektive beigebracht hat. Dadurch wird ja der Mensch in furchtbarer Weise veräußerlicht, wenn er sich gewöhnt, die quantitative Perspektive sich anzueignen, ohne vorher die intensive, die qualitative Perspektive sich angeeignet zu haben, die in der Farbenperspektive liegt.

Und in diesem Zusammenhang liegen dann die weiteren Zusammenhänge. Wenn Sie dem Kinde verwehren, intensiv in der Farbenperspektive zu leben, so wird das Kind niemals mit der richtigen Schnelligkeit lesen lernen. Immer mit der Einschränkung, die ich gestern gesagt habe: Es kommt ja nicht darauf an, daß man das Lesen so schnell als möglich am Anfange dem Kinde beibringt. Aber das Kind bekommt geschmeidige Vorstellungen, geschmeidige Empfindungen und geschmeidige Willensaktionen aus diesen Farbenempfindungen heraus. Alles Seelische wird geschmeidiger. Vielleicht müssen Sie durch das alles, was hier verlangt wird, aus dem malenden Zeichnen, dem zeichnenden Malen das Lesen zu entwickeln, länger brauchen, um das Lesen an das Kind heranzubringen. Aber in dem Lebensalter, wo es dann darankommt, ist es dann doch eben möglich, das Lesen wirklich richtig an das Kind heranzubringen, ohne daß es im Körper, im ganzen Menschen zu flüchtig sitzt – wie es auch sein kann – und ohne daß es zu tief im Menschen drinnen sitzt und ihm förmlich jeder Buchstabe einen Ritz macht in der menschlichen Wesenheit.

Daß man in der richtigen Sphäre dasjenige drinnen hat, was das Seelisch-Geistige begreift, das ist es auch, worauf es ankommt. Niemals darf nach dem Maßstab geurteilt werden, daß man sagt: Was soll das Kind so malen lernen, es braucht es ja nie im Leben! Das heißt: nur auf das

Äußerliche sehen. Es braucht es nämlich ganz gewaltig, und man muß eben schon etwas vom geistigen Menschenwesen verstehen, wenn man die Zusammenhänge, die für das Kind notwendig sind, verstehen will. Ebensowenig wie der Ausspruch «Das verstehst du nicht» gebraucht werden sollte, ebensowenig sollte jemals ein Skeptizismus bestehen über das, was das Kind braucht oder nicht. Was das Kind braucht, soll aus der Gesetzmäßigkeit der Menschennatur fließen. Fließt es da heraus, dann tut man instinktiv das Richtige. Dann ist man auch gar nicht trostlos, wenn das Kind einiges vergißt von dem, was es in sich aufgenommen hat. Denn die Dinge gehen dann über aus dem Wissen in das Können. Und das ist so wichtig, daß wir die Dinge später im Können haben. Wir werden sie nicht im Können haben, wenn wir mit Wissen überladen sind. Es ist notwendig, diese Dinge zu wissen und sie wirklich einzuführen in die pädagogische Praxis, daß man dem Gedächtnis nur so viel einverleibt, als eben von dem sozialen Leben gefordert wird, daß es keinen Sinn hat, das Gedächtnis zu überladen.

Und da kommen wir dann auf diejenigen Fragen der Lebenspraxis, die sich vorzugsweise ergeben aus dem Verhältnis des einzelnen individuellen Menschen zu dem sozialen Wesen, das ringsherum ist, zu dem Volkswesen, dem sozialen Wesen der gesamten Menschheit und so weiter. Denn da müssen wir auch durchaus darauf hinschauen, daß wir das Wesen der Menschennatur nicht verletzen, wenn wir die von außen herankommenden sozialen Forderungen in die Erziehungspraxis einführen wollen.

In den folgenden vier Auszügen erläutert Rudolf Steiner, wie die Art und Weise, wie den Kindern Begriffe vermittelt werden, mit dem Aspekt der Entwicklung verbunden sein muß. *Begriffe*, so Steiner, müssen mit dem Kind mitwachsen, und dies können sie nur, wenn sie *bildhaft-lebendig, beseelt* und in den Lebensrealitäten verankert sind. Lebensrealitäten aber meint hier durchaus die größeren Zusammenhänge, die Welt, Kosmos und Mensch miteinander teilen und in die der Mensch in seiner Vier- und Dreigliedrigkeit eingebettet ist. Dazu gehört auch, daß die Lehrkraft *Phantasie* ausbildet und, vor allem in der Zeit zwischen siebtem und vierzehntem Lebensjahr, sich mit diesen Bildern an den *mittleren Menschen* wendet.

Aber es handelt sich in dem Lebensalter zwischen Zahnwechsel und Geschlechtsreife nicht nur um Anschaulichkeit, sondern darum, daß, wenn man auf das ganze Menschenleben blickt, folgendes beginnt. Ich nehme im 8. Jahre einen Begriff auf; ich durchschaue ihn noch nicht, ich durchschaue überhaupt die Sache nach abstrakten Zusammenhängen gar nicht, bin ja auch dazu noch nicht veranlagt. Warum nehme ich denn den Begriff auf? Weil das durch die Sprache, durch die selbstverständliche Autorität des Lehrers auf mich wirkt. Aber das soll man ja heute alles nicht machen dürfen; es soll das Kind alles anschaulich bekommen. Aber nehmen wir ein Kind, das alles anschaulich bekommt, da wachsen aber die Erlebnisse nicht mit dem Kinde weiter, dann rechnet man damit, daß man es mit einem Wesen zu tun hat, das nicht wächst. Wir sollen aber in dem Kinde nicht Vorstellungen erwecken, die nicht mit ihm wachsen; denn dann würden wir dasselbe tun, wie wenn wir einem dreijährigen Kinde Schuhe machen lassen, die es später mit 12 Jahren noch tragen soll. Aber alles wächst am Menschen, auch das, was wir einmal begreifen; daher müssen die Begriffe mit uns weiter wachsen. Wir müssen also durchaus sehen, daß wir lebendige Begriffe in das Kind hineinbringen. Die bringen wir ihm aber nur bei, wenn der lebendige Bezug zur Autorität des Erziehers vorhanden ist; die bringen wir ihm nicht bei, wenn der Lehrer als Abstraktling vor dem Kinde dasteht und Begriffe vorbringt, für die das Kind noch gar keine Empfänglichkeit hat.

Stellen Sie sich zwei Kinder vor. Das eine wird so unterrichtet, daß es seine Begriffe aufnimmt, und daß es schließlich mit 45 Jahren für ein Ding noch dieselbe Erklärung gibt, die es einmal mit 8 Jahren gelernt hat. Der Begriff ist nicht herangewachsen mit dem Kinde; es hat sich alles gut gemerkt und kann mit 45 Jahren noch immer dieselbe Erklärung geben. Nehmen wir nun ein zweites Kind, das in lebendiger Weise erzogen ist. Da werden wir finden, geradeso wie es nicht mehr die Größe der Schuhe trägt, die es mit 8 Jahren gehabt hat, so trägt es auch im späteren Alter nicht mehr dieselben Begriffe mit sich herum, die es mit 8 Jahren gelernt hat; sondern diese Begriffe sind ausgeweitet, sie sind zu etwas ganz anderem geworden. Das alles aber wirkt wieder zurück auf die Körperlichkeit. Und schauen wir uns jetzt diese zwei Menschen in bezug auf ihre körperliche Verfassung an, so hat der erste mit 45 Jahren die Sklerose, der zweite ist beweglich geblieben, hat nicht Sklerose. – Was denken Sie, was da für Unterschiede in den Menschen zutage treten? Da gab es einmal an einem Orte Europas zwei Philosophielehrer. Der eine war berühmt in der griechischen Philosophie; der andere war ein alter Hegelianer, aus der Schule Hegels, wo der Mensch gewöhnt worden war, nach seinem 20. Jahre noch lebendige Begriffe in sich aufzunehmen. Beide waren an einer Universität. Da wurde der eine 70 Jahre alt und nahm das Recht für sich in Anspruch, sich pensionieren zu lassen; er konnte nicht mehr weiter. Der andere, aus dem Hegelianismus, war 91 Jahre und sagte: Ich kann nicht begreifen, warum der Jüngling sich schon zur Ruhe setzt. – Aber dieser zweite hatte auch bewegliche Begriffe. Dafür aber schimpften die Leute, er wäre nicht konsequent. Der andere war konsequent, aber er hatte die Sklerose!

So wie es ungeheuer wichtig ist, daß der Arzt, wenn er eine Kinderkrankheit beobachtet, weiß, was da vorgeht im Organismus, das sind Entwicklungsprozesse, die nicht nur für das Kind Bedeutung haben – gehen sie im Kinde nicht in der richtigen Weise vor sich, so spürt das der Mensch noch als Greis –, so müssen wir uns bewußt werden: was wir in dem Kinde anregen an Vorstellungen, an Empfindungen, an Willensimpulsen, das darf nicht in steife Begriffe gefaßt sein, die das Kind sich nur merken soll, nur lernen soll; diejenigen Vorstellungen, diejenigen Empfindungsimpulse, die wir dem Kinde vermitteln, sie sollen leben so, wie unsere Glieder leben. Die Hand des Kindes ist klein. Sie muß sich selbständig entwickeln: wir dürfen sie nicht einzwängen. Die Vorstellungen, die seelische Entwicklung des Kindes, sie sind klein und zart. Wir dürfen sie nicht in scharfe Konturen fassen, von denen wir etwa voraussetzen, daß das Kind als Erwachsener nach dreißig Jahren noch diese Vorstellungen hat, wie das Kind sie hatte. Wir müssen die Vorstellungen, die wir dem Kinde beibringen, so gestalten, daß sie wachsen können. Die Waldorfschule soll keine Schule sein, sondern eine Vorschule sein, weil jede Schule eine Vorschule sein soll zu der großen Schule, die das Leben selber für den Menschen ist. Wir müssen eigentlich in der Schule nicht lernen, damit wir es können, sondern wir müssen in der Schule lernen, damit wir vom Leben immer lernen können. Das ist dasjenige, was einer, ich möchte sagen, spirituell-physiologischen Pädagogik und Didaktik zugrunde liegen muß. Man muß Sinn und Gefühl haben für dasjenige, was man an das Kind heranbringt als ein Lebendiges, als etwas, was in das spätere Alter hineinreichen kann. Denn dasjenige, was im Kind ausgebildet wird, verhält sich manchmal auf dem Seelenuntergrund des Kindes so, daß man es nicht bemerkt. Im späteren Lebensalter kommt es heraus.

Ich will das an einem Beispiele erläutern, an dem ich zeigen möchte, wie sehr es darauf ankommt, daß der Lehrer wirklich ein lebendiges Verhältnis zur Welt gewinnt, um aus diesem den Enthusiasmus zu trinken, den er braucht, wenn er das, was allerdings als ein anderes in der Seele des Erziehers liegend leben soll, umsetzen soll in die einfach anschaulichen Bilder für das Kind. Aber ist er selber eingeweiht in sein Verhältnis zur Welt, so setzt es sich im Anblick des Kindes und der kindlichen Betätigung um in jene Bilderwelt, die notwendig ist, um das Kind wirklich so vorwärtszubringen, wie es die Menschheitsentwicklung erfordert. Sehen Sie, wir haben um uns herum die Pflanzenwelt. Sie enthält tatsächlich für ein sinngemäßes Anschauen recht viele Rätsel. Solche Rätsel sind Goethe aufgefallen. Er hat die sich bildenden Pflanzenformen in ihren verschiedenen Metamorphosen verfolgt und kam dabei in diesem Anschauen, wie die Pflanze wächst, zu einer merkwürdigen Formel, die, ich möchte sagen, die Pflanzenerkenntnis mit Leben übergießt. Er kam zu der Formel, daß er sagte: Sehen wir zuerst den Keim an, den wir in die Erde versenken, aus dem heraus die Pflanze erwächst. Da ist das Leben der Pflanze äußerlich physisch wie in einen Punkt zusammengedrängt. Dann sehen wir, wie der Keim sich entfaltet, wie sich immer mehr und mehr das Leben ausbreitet, endlich in den ersten Keimblättern ganz ausgebreitet ist. Dann zieht es sich wieder zusammen, bleibt in der Enge des Stengels, geht bis zu dem nächsten Blattansatz, breitet sich wieder aus, um wiederum sich zusammenzuziehen und im Stengel zu verharren und beim nächsten Blattansatz sich wiederum auszubreiten und so weiter, bis die letzte Zusammenziehung dann da ist, wenn in der neuen Keimbildung, in der Samenbildung das ganze Pflanzenleben in einen physischen Punkt wiederum zusammengenommen wird. So sprach Goethe davon, wie dieses Pflanzenwachstum in seinem Werden

Abwechslung zeigt von Ausdehnung, Zusammenziehung, Ausdehnung, Zusammenziehung.

Nun, Goethe hat damit einen tiefen Blick getan in das innere, das aus dem eigenen Pflanzenleben herausquellende Gestalten der Pflanze. Er konnte aber noch nicht, weil die Zeit dazu noch nicht gekommen war, dieses Pflanzenleben, für das er die Formel gefunden hat, nun beziehen auf die ganze Welt. Denn die ganze Welt ist mit ihren Kräften immer beteiligt an der Art und Weise, wie ein Wesen lebt und west. Mit Hilfe der heutigen Geisteswissenschaft, der anthroposophischen Geisteswissenschaft, wie Sie sie verfolgen können in der geisteswissenschaftlichen Literatur – ich möchte diese Dinge nur andeuten –, kann man aber weit über diese Formel hinauskommen. Und dann wird man finden, wie in dem Ausdehnen des Pflanzenwesens dasjenige lebt, was von der Sonne kommt. Denn in der Sonne lebt nicht bloß dasjenige, was verzeichnet wird durch Astronomie und Spektralanalyse, mit den Sonnenstrahlen wellen und weben geistige Kräfte zur Erde hernieder, und in dieser inneren Beseelung des Sonnenlichtes lebt dasjenige, was zum Beispiel im Pflanzenwachstume die Ausbreitung bedingt. Da kommt es dann nicht darauf an, daß diese Ausbreitung nur dann geschieht, wenn die Sonne auf die Pflanzen scheint, sondern Pflanzenwachstumskraft erhält sich in ihrem Sonnenhaften auch über das äußerlich Angeschienenwerden hinaus. Dagegen alles dasjenige, was sich zusammenzieht, wo das ganze Pflanzenwachstum wiederum in den Punkt sich zusammenzieht bei dem Übergang von dem einen Blattansatz zum anderen, bei der Bildung des Samens, das steht unter dem Einfluß der Mondenkräfte. Und wie wir im rhythmischen Wechsel Sonnenschein und Mondenschein im Kosmos sehen, so sehen wir die Widerspiegelung desjenigen, was uns im rhythmischen Wechsel von Sonnenschein und Mondenschein vom Himmel herunter sich offenbart, in der aufsprossenden Pflanze, die der Wirkung der Sonne entgegensetzt die Ausbreitung in die Blattbreite hin, und wir sehen die Mondenkräfte in der Zusammenziehung der Pflanze. Ausdehnung und Zusammenziehung ist das Spiegelbild in der Pflanze von demjenigen, was aus Weltenweiten, aus Ätherfernen herunterwirkt auf die Erde in den Kräften von Sonne und Mond in ihrem Wechsel.

Jetzt weitet sich schon der Blick hinaus von der Erde in die Weltenweiten, in die Ätherfernen. Wir bekommen einen Eindruck davon, wie die Erde sich gewissermaßen in bezug auf ihre Fruchtbarkeit und ihre Wachstumskräfte von demjenigen nährt, was zu ihr aus dem Kosmos hereinfließt. Wir bekommen ein Gefühl, wie wir auf dem Umweg über die Pflanze zusammenwachsen mit dem Geist von Sonne und Mond. Jetzt wird dasjenige, was sonst bloß errechnet oder spektralanalytisch verfolgt wird, schon an den Menschen herangebracht. Braucht man Begeisterung, um über das menschliche Verhältnis zur Welt etwas an den werdenden Menschen heranzubringen, dann kann das nicht fließen aus dem bloß abstrakten Verfolgen dessen, daß sich ein Blatt gezackt oder ungezackt in seinen Rändern darbietet oder daß die Blätter sich so oder so geformt zeigen. Das gibt nicht Begeisterung. Begeisterung gibt es aber dann, wenn sich uns die Widerspiegelung von Sonne und Mond in dem Wachstum dieser oder jener Pflanze zeigt. Wie wunderbar bildet sich einem das Anschauen der umgebenden Natur, wenn man meinetwillen irgendeine Pflanze beobachtet, die regelmäßig aufwächst wie der Hahnenfuß: Man findet in ihr etwas, was die Erde entgegensendet, indem sie sich in einer, ich möchte sagen, liebevollen Art an das Sonnen- und Mondenhafte des Kosmos hingibt, was beiden in der gleichen Weise huldigt. Wir wenden unseren Blick auf eine Pflanze wie etwa die Kaktuspflanze, die das, was Stamm ist, ausweitet: Was schauen wir da? Im Zusammenziehen, das sonst der Stengel zeigt, sehen wir die Mondenkräfte; wenn sich dieser Stengel selber ausweiten will, sehen wir den Kampf zwischen Sonnen- und Mondenwirkungen. Wir sehen es der Form jeder Pflanze an, wie Sonne und Mond in ihr zusammenwirken. Wir sehen in jeder Pflanze eine kleine Welt, ein Abbild der großen Welt. Ich möchte sagen, wie wir sonst im Spiegel unser eigenes Bild sehen, sehen wir im Spiegel des Erdenwachstums dasjenige, was im Weltenall draußen geschieht.

Wenn man die Entwicklung des Kindes von der Geburt bis zum Zahnwechsel nimmt, so ist es insbesondere die Kopforganisation, die Nerven-Sinnes-Organisation, die da wirkt. Das Kind entwickelt sich vom Kopf aus in der ersten Zeit seines Lebens. Das müssen Sie nur genau durchschauen. Sehen Sie sich zuerst einmal einen menschlichen Embryo an, also das noch ungeborene Kind. Da ist der Kopf mächtig. Das andere alles ist noch verkümmert. Dann wird das Kind geboren. Sein Kopf ist noch immer äußerlich das Mächtigste, und vom Kopfe geht überhaupt das ganze Wachstum und alles aus.

Das ist nicht mehr der Fall beim Kinde zwischen dem 7. und 14. Lebensjahre. Der Atmungs-Rhythmus, der Blut-Rhythmus, der ganze Rhythmus herrscht zwischen dem Zahnwechsel und der Geschlechtsreife des Kindes. Nur der Rhythmus!

Wie ist es aber mit dem Rhythmus? Denken Sie doch nur einmal, wenn ich viel nachdenke, namentlich wenn ich viel studieren muß, werde ich müde, kopfmüde. Wenn ich viel gehen muß, also den Gliedmaßenorganismus anstrenge, werde ich auch müde. Der Kopf-Organismus, der Nerven-Sinnes-Organismus, und der Stoffwechsel-Gliedmaßen-Organismus können müde werden, aber der rhythmische Organismus kann gar nicht müde werden.

Denken Sie doch, während des ganzen Tages müssen Sie atmen. Ihr Herz schlägt während der Nacht auch, es darf gar nie aufhören zwischen der Geburt und dem Tode. Es muß fortwährend im Rhythmus gehen. Der darf nicht müde werden, der wird überhaupt nicht müde.

Nun müssen Sie sich in der Erziehung und im Unterricht an dasjenige System wenden, welches den Menschen beherrscht. Also zwischen dem Zahnwechsel und der Geschlechtsreife müssen Sie sich mit Bildern an den Rhythmus wenden. Sie müssen alles, was Sie beschreiben, was Sie betreiben, so gestalten, daß der Kopf möglichst wenig dabei beteiligt ist, daß das Herz, der ganze Rhythmus, alles, was künstlerisch, rhythmisch ist, daran beteiligt ist. Was ist die Folge? Daß durch einen solchen Unterricht das Kind überhaupt nicht müde wird, weil man auf das rhythmische System und nicht auf den Kopf abstellt.

Die Leute sind ja so furchtbar gescheit, und sie haben in der materialistischen Zeit ausgedacht, daß man die Kinder zwischen den Stunden immer herumtollen lassen muß. Nun ist das ja gut, wenn man sie herumtollen läßt, aber freilich durch das Seelische, durch die Freude, die sie daran haben. Man hat dann auch Experimente gemacht und hat gefunden, daß wenn die Kinder ordentlich unterrichtet werden, sie während des Unterrichts weniger müde werden, als wenn sie draußen herumtollen. Das Bewegen der Glieder ermüdet mehr; während das, was Sie in richtiger Weise in dem Unterricht heranbringen, überhaupt nicht ermüden darf. Und je mehr Sie das Bildhafte vor den Kindern entfalten, je weniger Sie den Intellekt anstrengen, je mehr Sie lebendig schildern, desto mehr nehmen Sie bloß das rhythmische System in Anspruch, desto weniger ermüdet das Kind. Wenn also die Experimental-Psychologen kommen und untersuchen, wie stark das Kind ermüdet wird, was haben sie denn da eigentlich untersucht? Wie schlecht Sie unterrichtet haben! Wenn Sie gut unterrichtet hätten, würden sie gar keine Ermüdung konstatieren können.

Man muß dazu kommen, für das Kind in der Volksschule nur das rhythmische System zu beanspruchen. Und für dieses rhythmische System, das nie ermüdet, das gar nicht angestrengt wird, wenn man es in der entsprechenden Weise beschäftigt, braucht man nicht das Intellektuelle, sondern das Bildhafte, das, was aus der Phantasie kommt. Daher müssen Sie in der Schule unbedingt die Phantasie walten lassen. Auch noch in den letzten Jahren, von 11⅔ bis zum 14. Jahre, auch da noch das Tote durch die Phantasie lebendig machen, an das Leben anknüpfen! Man kann durchaus die Möglichkeit gewinnen, alle physikalischen Erscheinungen an das Leben anzuknüpfen. Dazu muß man eben Phantasie haben; das ist dasjenige, was notwendig ist.

In Kapitel 2 wurde das *ökonomische Unterrichten* kurz erwähnt.[8]

Dieses pädagogisch-didaktische Zentralkonzept weist auf eine Unterrichtsform, die es ermöglicht, nach entsprechender Vorbereitung künstlerisch frei mit dem Stoff und der jeweiligen Lehrsituation umzugehen, zu improvisieren und mit weniger Stoffvermittlung mehr zu erreichen. Es geht also nicht so sehr um die nie zu erreichende Totalität der zu vermittelnden Lerninhalte, als vielmehr um die geschickte, exemplarische und didaktisch greifende Form der Vermittlung.

Sie sehen aber, wie gerade in den geschichtlichen Unterricht auf diese Art das künstlerische Element hineinkom-

8 Siehe S. 95

men muß. Dieses künstlerische Element kommt in die Dinge dann hinein, wenn der Unterricht, so wie ich es oftmals nenne, ökonomisch erteilt wird.

Ökonomisch wird der Unterricht erteilt, wenn der Lehrer eigentlich die Hauptsache für sich ganz erledigt hat, bis zur Überreife erledigt hat, sobald er das Schulzimmer betritt, wenn er da nicht mehr nötig hat, über irgend etwas nachzudenken, wenn ihm die Lehrstunden durch seine eigene Vorbereitung in plastischer Weise vor der Seele stehen. Ökonomisch erteilt man einen Unterricht, wenn man so vorbereitet ist, daß für den Unterricht selbst nur noch die künstlerische Gestaltung übrigbleibt. Daher ist jede Unterrichtsfrage nicht bloß eine Frage des Interesses, des Fleißes, der Hingebung der Schüler, sondern in erster Linie eine Frage des Interesses, des Fleißes, der Hingebung der Lehrer.

Keine Unterrichtsstunde sollte erteilt werden, die nicht vorher vom Lehrer im Geiste voll erlebt worden ist. Daher muß selbstverständlich das Lehrerkollegium so gestaltet sein, daß für den Lehrer absolut die Zeit vorhanden ist, alles auch für sich voll und intensiv zu erleben, was er dann in die Schule hineinzutragen hat.

Etwas Schreckliches ist es, Lehrer, die noch zu kämpfen haben mit dem Lehrstoff, mit einem Buche vor den Bänken der Schüler herumgehen zu sehen! Wer das furchtbar Unpädagogische dieser Sache nicht empfindet, der weiß eben nicht, was alles unbewußt in den Kinderseelen vor sich geht, und wie dieses Unbewußte eine ungeheure Rolle spielt. Geschichte mit einem Notizbuch in der Schule vorzubringen, das ruft, nicht im Oberbewußtsein, aber im Unterbewußtsein, bei den Kindern ein ganz bestimmtes Urteil hervor. Das ist ein intellektualistisches Urteil, ein Urteil, das auch nicht bewußt wird, aber das in dem Organismus des Menschen tief drinnen sitzt: Warum sollte denn ich das alles wissen? Der weiß es doch auch nicht, oder die weiß es doch auch nicht, die muß es erst ablesen; das kann ich ja später einmal auch tun, ich brauche es nicht erst zu lernen. – Das ist nicht ein in der Form dem Kinde zum Bewußtsein kommendes Urteil, aber die anderen Urteile sind viel wichtiger, die unbewußt im Gemüt und Gefühl drunten sitzen.

Daher handelt es sich darum, daß mit innerer Lebendigkeit und Frische aus dem Menschen selbst heraus der Unterricht gegeben wird, ohne daß der Kampf besteht, wenn man zum Beispiel die geschichtlichen Gestalten hinmalen soll, sich selber erst die Daten zu vergegenwärtigen. Gerade beim geschichtlichen Unterricht ist es notwendig, daß er nicht nur so zum Menschen spricht, wie ich es in bezug auf den historischen Zeitbegriff mit den hintereinandergestellten Generationen gezeigt habe, sondern daß er auch aus dem Menschen unmittelbar elementar hervorquillt, daß nichts Abstraktes wirkt, sondern der Lehrer als Mensch wirke, namentlich im geschichtlichen Unterricht. Und wenn so oft gesagt worden ist, man habe, wenn man unterrichtet, zum ganzen Menschen hin zu wirken, nicht zu einem Teil des Menschen, so handelt es sich darum, daß man vor allen Dingen auch folgendes zu betonen hat: ebenso wichtig, wie immer davon zu sprechen, was das Kind lernen muß, ob das Kind intellektualistisch oder dem Willen nach erzogen werden soll, ebenso notwendig für die Pädagogik ist es, die Frage zu entscheiden: Wie hat der Lehrer zu wirken? Soll der ganze Mensch erzogen werden, so muß der Erzieher ein ganzer Mensch sein, das heißt, nicht ein Mensch, der aus dem mechanischen Gedächtnis heraus schafft und erzieht, oder aus einer mechanistischen Wissenschaft, sondern der aus dem Menschen heraus, aus dem ganzen, vollen Menschen heraus erzieht und unterrichtet. Darauf kommt es an!

Sie begreifen, daß das gerade an die Lehrerschaft besondere Anforderungen stellt. Und ich habe zum Beispiel aus dem, was ich seelisch-ökonomischen Unterricht nenne, die Überzeugung gewonnen, die ich dezidiert – sie ist ja vielleicht nicht immer so dezidiert realisiert –, die ich aber so dezidiert aussprechen möchte, daß ich sage: Will man in einer halben Stunde in der richtigen ökonomischen Weise, so daß das Kind keinen Schaden erleidet, irgend etwas an das Kind heranbringen, so braucht man dazu mindestens eine Vorbereitung als Lehrer von zwei bis drei Stunden, um das Ganze in einen solchen lebendigen inneren organischen Zusammenhang zu bringen, den man dann durch die Schultüre in die Klasse hineinzutragen hat. – Es stellt also an die Lehrerschaft ein solches Erziehungsprinzip allerdings große Anforderungen. Aber diese großen Anforderungen werden von der Sache selbst gestellt, und sie müssen einfach, so gut es geht, befriedigt werden.

Nun erfordert das aber eine ganz besondere Einrichtung und Verteilung des Unterrichtens und des Erziehens in dem Falle, wo man diesen pädagogisch-didaktischen Grundgedanken in die Realität umsetzen will, wenn so etwas an einen herantritt, wie die Einrichtung der Stuttgarter Waldorfschule war.

> Während sich der nachfolgende Textauszug mit der *genauen Beobachtung* des Kindes vor dem Hintergrund der spirituellen Anthropologie befaßt, wendet sich der nächste einem andern Aspekt der Beziehung zum Schüler zu: der Frage nach der *inneren Qualität der Autorität* im Volksschulalter.

Wenn man Kinder beobachten will nach ihrer wirklichen Wesenheit, dann handelt es sich vor allem darum, daß man den psychologischen Blick für die Kinderbeobachtung sich erwirbt. Dieser psychologische Blick schließt nicht nur eine gröbere Beobachtung der einzelnen kindlichen Fähigkeiten ein, sondern vor allen Dingen eine Bewertung dieser kindlichen Fähigkeiten. Denn Sie müssen nur das Folgende bedenken: Man kann ein Kind vor sich haben, das außerordentlich begabt erscheint in bezug auf Lesen- oder Schreibenlernen, das sehr begabt erscheint zum Beispiel in bezug auf Rechnenlernen oder Sprachenlernen. Aber stehenbleiben dabei, sich zu sagen: Dieses Kind ist begabt, denn es lernt leicht Sprachen, lernt leicht Rechnen und so weiter – das ist eine psychologische Oberflächlichkeit. Im kindlichen Alter, etwa von 7, 8 oder 9 Jahren, kann die Leichtigkeit, mit der das Kind lernt, bedeuten, daß aus dem Kinde einstmals ein Genie werden wird; sie kann aber ebensogut bedeuten, daß aus ihm einmal ein nervenkranker oder irgendwie anders kranker Mensch wird. Wenn man einen Einblick darin hat, daß ja die menschliche Wesenheit außer dem physischen Leib, der sich dem Auge darbietet, auch noch den ätherischen Leib in sich trägt, der den Wachstums- und Ernährungskräften zugrunde liegt, der das Kind größer werden läßt; wenn man weiter bedenkt, daß der Mensch auch einen astralischen Leib in sich hat, der in seinen Gesetzen überhaupt nichts mehr mit dem zu tun hat, was physisch aufbauend ist auf der Erde, sondern der eigentlich das Physische fortwährend abbaut, es zerstört, damit das Geistige Platz hat; und wenn man weiter bedenkt, daß dann noch mit dem Menschen die Ich-Organisation verbunden ist, so daß man die drei höheren Organisationen – ätherischer Leib, astralischer Leib, Ich-Organisation – ebenso beachten muß wie den sichtbaren physischen Leib, dann wird man sich auch eine Vorstellung davon bilden können, wie kompliziert ein solches Menschenwesen eigentlich ist, und wie jedes dieser Glieder der menschlichen Wesenheit bewirken kann, daß auf irgendeinem Gebiete Begabung oder Nichtbegabung vorhanden ist, oder eine trügerische Begabung, eine vorübergehende, krankhafte Begabung sich zeigt. Dafür muß man sich den Blick aneignen, ob nun die Begabung eine solche ist, die nach dem Gesunden hingeht oder eine solche, die etwa nach dem Krankhaften hingeht.

Wenn man diejenige Menschenerkenntnis, von der hier in diesen Vorträgen die Rede ist, mit der nötigen Liebe, Hingabe und Opferwilligkeit als Lehrer und Erzieher vertritt, dann stellt sich das Eigentümliche heraus, daß man im Zusammenleben mit den Kindern – mißverstehen Sie das Wort nicht, es soll nicht eine Renommage bedeuten – immer weiser und weiser wird. Man findet es sozusagen selber, wie man irgendeine Fähigkeit oder Verrichtung eines Kindes zu taxieren hat. Man lernt sich eben ganz hineinleben in die Natur des Kindes und verhältnismäßig schnell sich hineinleben.

Ich weiß, daß mancher sagen wird: Wenn du uns da behauptest, daß der Mensch außer seinem sichtbaren Leib noch die übersinnlichen Glieder, Ätherleib, Astralleib und Ich-Organisation hat, so könnte doch eigentlich nur der hellsichtige Mensch Lehrer sein, der diese übersinnlichen Glieder der Menschennatur schauen kann. Das ist aber nicht der Fall. Alles was durch Imagination, Inspiration und Intuition am Menschen geschaut werden kann, wie ich es in meinen Büchern beschrieben habe, das kann, weil es beim Kinde in der physischen Organisation überall sich ausdrückt, auch beurteilt werden an der physischen Organisation. Daher liegt durchaus die Möglichkeit vor, daß ein Lehrer oder Erzieher, der einfach in liebevoller Weise auf der Grundlage einer umfassenden Menschenerkenntnis seinen Beruf ausübt, davon sprechen kann, daß er in einem bestimmten Falle zum Beispiel sagt: Hier liegt vor, daß ein Kind in bezug auf sein Ich, seinen astralischen Leib und auch in bezug auf seinen ätherischen Leib ganz gesund ist; der physische Leib aber zeigt in sich Verhärtungen, Versteifungen, so daß das Kind seine Fähigkeiten, die es im Geistigen veranlagt hat, nicht herausbilden kann, weil der physische Leib ein Hindernis ist. – Oder denken Sie einen andern Fall, es ist möglich, daß dann jemand sagt: Da treten bei diesem Kinde frühzeitig, mit 7 oder 8 Jahren, frühreife Eigenschaften auf; das Kind überrascht einen dadurch, daß es früh das eine oder andere lernt, aber man beachte, der physische Leib ist zu weich, er trägt in sich die Anlage, einmal in Fettigkeit auszufließen. – Wenn nämlich der physische Leib zu weich ist, wenn sozusagen das flüssige Element gegenüber dem festen in einem Übergewicht ist, dann drängt sich mit seiner Eigenart das Geistig-Seelische vor und man hat ein frühreifes Kind, das mit der weiteren Entwicklung des physischen Leibes diese Frühreife wieder zurückstaut und das unter Umständen alles wieder verändern kann und nicht nur ein Durchschnittsmensch, sondern sogar ein mittelmäßiger oder auch minderwertiger Mensch für das Leben werden kann. Kurz, es handelt sich eben darum, daß das, was man beim Kinde äußerlich beobachtet, erst innerlich bewertet werden muß; so daß daher gar nichts damit gesagt ist, wenn man bloß von den Fähigkeiten oder Nichtfähigkeiten spricht.

Der Mensch gewinnt mit dem Zahnwechsel ein neues Verhältnis zur Welt, aber die Welt muß ihm zunächst in der Form des Seelenlebens, das er jetzt erst abgesondert von sich empfinden kann, als die erzieherische Autorität entgegentreten. Der Erzieher ist die Welt für dieses Lebensalter. Man muß die Welt zunächst als Inhalt des Lebens des Erziehers kennenlernen, um im späteren Leben zum wirklichen, wahren Gebrauche der Freiheit zu kommen. Daher müssen wir sagen: Von der Geburt bis zum Zahnwechsel = Nachahmungstrieb; vom Zahnwechsel zur Geschlechtsreife = Prinzip der Autorität; der selbstverständlichen Autorität, nicht der erzwungenen, jener Autorität, die durch die Imponderabilien, die den richtigen Rapport hervorrufen zwischen dem Kinde und dem Erzieher, bewirkt wird.

Da walten wirklich Imponderabilien. Ich möchte Ihnen an einem Beispiel symptomatisch zeigen, wie Imponderabilien arbeiten. Nehmen wir einmal an, wir wollen einem Kinde, was viel schwieriger ist als man gewöhnlich meint, einen Begriff, eine Vorstellung von der Unsterblichkeit der Seele beibringen. Wir können in dem Lebensalter, wo das Kind vorzugsweise für das Künstlerische in der Erziehung veranlagt ist, solche Dinge nicht mit abstrakten Begriffen, mit Vorstellungen in ideenhafter Form an das Kind heranbringen. Wir müssen es in bildhafter Weise heranbringen. Und wie wird denn ein Erziehungskünstler, der für das Intellektualistisch-Naturalistische eine gewisse Schwäche hat, wie wird der dem Kinde in bildhafter Form die Unsterblichkeit beibringen? Er wird sich, wenn auch nicht ganz explicite, aber in seinem Unterbewußten sagen: Ich bin sehr gescheit, das Kind ist sehr dumm; darum werde ich ein Bild ausdenken, um dem Kinde die Unsterblichkeitsidee beizubringen. Die Puppe, aus der der Schmetterling auskriecht, ist ein gutes Bild. In der Puppe ist der Schmetterling verborgen. Im menschlichen Leib ist die Seele. Der Schmetterling fliegt heraus. Das ist auf sichtbarem Boden dasjenige, was mit dem Tode geschieht, indem die übersinnliche Seele den Leib verläßt und hinausflattert in die Geisteswelt. Ich kann das so beibringen, daß ich es als ein ganz gescheiter intellektualistischer Mensch ausgedacht habe, und es dann an das Kind übermittle. Wenn ich diese Gesinnung habe, wird es nicht sehr einschlagen in das Kind. Das Kind wird das Bild aufnehmen, vergißt es auch wieder. Es dringt nicht tief genug in das Gemüt des Kindes ein. Ich kann aber dieses Bild auch in einer anderen Weise gebrauchen.

Ich kann ja gar nicht sagen: Ich bin besonders gescheit, das Kind ist besonders dumm. – Wir haben ja im Laufe der Betrachtung gesehen, daß das Kind auf einem anderen Gebiete gescheit ist und der Lehrer dumm. Ich kann mir das in irgendeiner Weise vor Augen halten und kann an dieses Bild selber glauben. Und eine geistgemäße Weltanschauung lehrt mich, an dieses Bild selber zu glauben, mir zu sagen: dasjenige, was auf einer höheren Stufe der Prozeß des Austrittes der Seele aus dem Organismus ist, das ist auf der niederen Stufe dasselbe, nur einfacher und sinnlich anschaubar. Das, was mit Puppe und Schmetterling wirklich geschieht, ist nicht von mir ausgedacht, das ist in die Schöpfung durch die Urweltweisheit hineingelegt, und ich habe auch draußen in der Natur in dem Ausfliegen des Schmetterlings ein Bild desjenigen zu sehen, was auf einer höheren Stufe auch geschieht, im Verlassen des Leibes durch die Seele. Da komme ich dazu, an mein Bild selber inbrünstig zu glauben, es für ein wahres zu halten. Da wirkt dann etwas, was ich durchaus in das Gebiet der Seelenimponderabilien rechnen muß, hinüber auf das Kind. Bringe ich aus der Wärme und aus der Innigkeit dieses eigenen Glaubens an mein Bild das dem Kinde bei, dann bleibt es, dann gestaltet es sich hinein in den ganzen Menschen. Man kann das Wirken der selbstverständlichen Autorität in solcher Weise anschauen. Dann wird diese Autorität, dieses Hinführen zum Gehorsam, zum innerlichsten Gehorsam eben in seiner heilsamen und wohltätigen Wirkung durchschaut werden und nicht etwa von einem falschen Freiheitsprinzip her angefochten werden.

Und so weist uns alles darauf hin, daß der Lehrer, der erziehende Künstler dem Kinde eben als ein wirklicher Lebenskünstler gegenüberzustehen habe, denn ihm kommt nach dem Zahnwechsel das Kind entgegen als ein plastischer Künstler nach innen, als ein musikalischer Künstler nach innen.

In welcher doppelten Hinsicht Erziehung *ohne* Selbsterziehung auf unsicherem Boden steht, zeigen die beiden nachfolgenden Texte. Die Lehrerin und der Lehrer ist darauf angewiesen, sich «selbst jederzeit zu erneuern», da sie letztlich nur so ihre Authentizität entwikkeln und bewahren können, sie müssen aber auch die Fähigkeit haben, sich so zurückzunehmen, daß sich die jungen Menschen an ihnen gleichsam selbst erziehen können.

Nun werden Sie vielleicht sagen: Ja, wie muß man sich denn als Lehrer selber heranbilden, um in dieser Weise zu wirken? Sehen Sie, da kommt etwas in Betracht, was ich bezeichnen möchte als das Soziale der Lehrerbildung, auf das viel zu wenig gesehen wird. Es steckt noch viel zuviel in der Lehrerbildung von dem darinnen, was ein gewisses Zeitalter – nicht die alten Zeiten, aber ein gewisses Zeitalter – mit der Lehrerschaft verbunden hat. Die Lehrerschaft wurde doch nicht in dem Grade in der allgemeinen Menschensozietät drinnen geachtet und verehrt, wie sie das sein sollte. Und nur wenn die menschliche Gesellschaft der Lehrerschaft die richtige Achtung entgegenbringt, nur wenn sie in dem Lehrer wirklich sieht – ich meine nicht nur dann sieht, wenn man eine politische Rede hält –, sondern mit dem Gefühl wirklich dasjenige sieht, was immerzu die neuen Einschläge in die Zivilisation bringen muß – nur in einem solchen Verhältnis entwickelt sich das, was der Lehrer als Rückhalt braucht. Und eine solche Anschauung, oder vielleicht besser gesagt eine solche Empfindung, wird in die Lehrerbildung vor allem das hineintragen, was eine umfassende Lebensauffassung ist. Denn der Lehrer braucht eine umfassende Lebensauffassung. Der Lehrer braucht ein lebendiges Vollhineingestelltsein ins Leben. Der Lehrer braucht nicht bloß ein fachmännisch ihm Zugeführtes in Pädagogik und Didaktik, wie man es hat –

er braucht nicht bloß ein Zugerichtetsein auf das Unterrichten in diesem oder jenem Lehrfach, sondern er braucht vor allen Dingen etwas, was sich in ihm selbst jederzeit erneuert. Er braucht eine ihn durchseelende Lebensauffassung. Ein tiefes Verständnis des Lebens überhaupt braucht er. Er braucht viel mehr, als er auf die Lippen nehmen kann, wenn er vor den Kindern steht. Das ist etwas, was eben gerade in die Lehrerbildung hineinfließen muß. Und man sollte eigentlich auch die pädagogische Frage im strengsten Sinne als eine soziale Frage betrachten. Die aber umfaßt sowohl den Unterricht in der Schule wie auch die Entwicklung der Lehrerschaft selber.

Wenn nun der Übergang stattfindet von dem zweiten Lebensabschnitt in den dritten, dann erst beginnt die Möglichkeit für – ja, wie müßte man wohl in der Gegenwart sagen? – für den jungen Herrn und die junge Dame die Möglichkeit, Handlungen zu sehen. Vorher wird gesehen die sinnvolle Gebärde, später wird vernommen die bedeutungsvolle Sprache; jetzt erst tritt die Möglichkeit auf, in dem, was die Umgebung tut, Handlungen zu sehen. Ich sagte: An den *sinnvollen Gebärden* entwickelt sich mit der *Dankbarkeit* die *Gottesliebe.* Aus dem Wahrnehmen der *bedeutungsvollen Sprache* entwickelt sich die *allgemeine Menschenliebe* als Grundlage der Ethik. Kommt man dann in der richtigen Weise dahin, die *Handlungen* zu sehen, dann entwickelt sich das, was man nennen kann die *Werkliebe.* Während die Dankbarkeit wachsen muß, die Liebe erwachen, muß dasjenige, was sich jetzt entwickelt, in voller Besonnenheit schon auftreten; wir müssen den jungen Menschen dahin gebracht haben, daß er jetzt über die Geschlechtsreife hinaus in voller Besonnenheit sich entwickelt, so daß er gewissermaßen zu sich selbst gekommen ist; dann entwickelt sich die Werkliebe. Und die muß gewissermaßen als etwas frei aus dem Menschen heraus

Entstehendes sich auf der Grundlage von allem übrigen entwickeln: die Werkliebe, die Arbeitsliebe, die Liebe zu dem, was man auch selber tut. In dem Moment, wo das Verständnis für die Handlung des anderen erwacht, in dem Moment muß sich entwickeln als das Gegenbild die bewußte Einstellung zur Werkliebe, zur Arbeitsliebe, zum Tun. Dann ist in der richtigen Weise nach der Zwischenepoche das kindliche Spiel in die menschliche Auffassung der Arbeit umgewandelt. Und das ist dasjenige, was wir anstreben müssen für das soziale Leben.

Was ist dazu nun notwendig beim Lehrer? Ja, dazu ist etwas notwendig beim Lehrer, was im Grunde genommen das Schwerste ist, das man entwickeln kann als Lehrender und Erziehender. Denn das Beste, was man dem Kinde geben kann durch das erste und zweite Lebensalter, ist das, was mit der Geschlechtsreife in ihm von selbst erwacht, wovon man selbst als aus der Individualität kommend überrascht ist, was aus dem Menschen selber herauskommt und dem gegenüber man sich sagt: Dazu warst du ja eigentlich nur ein Werkzeug. – Ohne die Gesinnung, die aus diesem heraussprudelt, kann man nämlich nicht in der richtigen Weise ein Lehrer sein. Denn man hat ja die verschiedensten Individualitäten vor sich, und man darf nicht so mit seinen beiden Beinen in dem Schulzimmer drinnen stehen, daß man das Gefühl hat: So wie du bist, müssen nun alle werden, die du unterrichtest oder erziehst. Dieses Gefühl darf man gar nie haben.

Es gibt im Grunde genommen auf keiner Stufe eine andere Erziehung als Selbsterziehung. Aus tieferen Gründen heraus wird ja das insbesondere durch die Anthroposophie eingesehen, die von wiederholten Erdenleben ein wirklich forschungsgemäßes Bewußtsein hat. Jede Erziehung ist Selbsterziehung, und wir sind eigentlich als Lehrer und Erzieher nur die Umgebung des sich selbst erziehenden

Kindes. Wir müssen die günstigste Umgebung abgeben, damit an uns das Kind sich so erzieht, wie es sich durch sein inneres Schicksal erziehen muß.

Nach der Geburt des Astralleibes zur Zeit der Geschlechtsreife erhalten die Pädagogik und das Verhältnis zu den Jugendlichen einen ganz anderen Charakter. Wie der vorangehende Textauszug zeigt, erwacht nun in dem jungen Menschen ein Selbst, er «kommt gewissermaßen zu sich selbst». Damit verbunden ist auch ein neues Verhältnis zur Welt und dasjenige, was Rudolf Steiner «Werkliebe» nennt, die freiintensive Verbundenheit mit den eigenen Handlungen. Die beiden folgenden Texte zeigen auf, wie nun auch mit den Schülern der *weltoffene Übergang ins Leben* gefunden werden muß, sowohl im Unterricht wie auch darin, daß Schule sich nicht in die Idylle flüchten soll, sondern sich dort einrichtet, wo die Kinder ihren – vielleicht auch feindlichen – Lebensraum haben.

Aus dem, was ich jetzt gesagt habe, ersehen Sie aber, daß gerade für den Zeitpunkt, der mit der Geschlechtsreife heranrückt im menschlichen Leben, auch der Übergang in das äußere wirkliche Leben gefunden werden muß; daß da immer mehr und mehr dasjenige in die Schule hineinspielen muß, was den Menschen nach Leib, Seele und Geist in einem höheren Sinne zum lebensbrauchbaren Menschen macht. In dieser Beziehung haben wir ja gar nicht genügend psychologische Einsichten. Denn die feineren Geistzusammenhänge im menschlichen geistig-seelisch-leiblichen Leben, die ahnt man ja zuweilen gar nicht. Die ahnt nur derjenige heute noch, der es sich geradezu zur Aufgabe setzt, das Seelenleben kennenzulernen. Und ich kann Ihnen aus einer gewissen Selbsterkenntnis in bescheidener Weise durchaus sagen, daß ich gewisse Dinge, die ja heute vielleicht – sogar gewiß – manchem als unnütz erscheinen, auf dem Gebiete der Geisteswissenschaft nicht in der Weise vorbringen könnte, wie ich sie vorbringe, wenn ich zum Beispiel nicht in einem bestimmten Lebensalter – nicht durch Waldorfschul-Pädagogik, aber durch das Schicksal – Buchbinderarbeiten gelernt hätte. Die besondere menschliche Betätigung beim Buchbinden, die ergibt auch für das intimste Geistig-Seelische, besonders wenn es im richtigen Lebensalter auftritt, etwas ganz Besonderes. Und so ist es gerade für die praktischen Betätigungen. Und ich würde es als eine Sünde betrachten gegen die Menschenwesenheit, wenn bei uns in der Waldorfschule nicht in einem bestimmten Zeitpunkte, der eben der Menschennatur abgelesen wird, der Handarbeitsunterricht auch das Buchbinden und das Schachtelnmachen, die Kartonagearbeiten, aufnehmen würde. Die Dinge gehören dazu, wenn man ein ganzer Mensch werden soll. Nicht daß man diese oder jene Schachteln fabriziert hat oder dieses oder jenes Buch eingebunden hat, ist wesentlich, sondern daß man die Verrichtungen gemacht hat, die dazu gehören, daß man diese bestimmten Empfindungen und Denkprozesse durchgemacht hat.

Die Differenzierung zwischen Knaben und Mädchen tritt dann schon von selber ein. Dafür muß man auch wiederum ein Auge haben, ein Seelenauge nämlich. Zum Beispiel tritt etwas ein, dessen Psychologie, weil ich ja doch nicht genug Zeit in der Waldorfschule selber zubringen kann, noch nicht erforscht ist, aber noch erforscht werden wird. Es tritt das Eigentümliche ein, daß beim Spinnen es sich herausstellt, daß die Mädchen sehr gerne spinnen; die Knaben wollen auch ganz gerne dabei sein, aber sie wollen nur den Mädchen die Dinge zutragen, sie wollen Ritterdienste leisten. Sie bringen gerne alles herbei, was dann die Mädchen verspinnen; sie machen lieber die vorbereitenden Arbeiten. Das hat sich herausgestellt, und das muß nun erst psychologisch erforscht werden, daß sich in dieser Weise die Dinge differenzieren. Aber auch aus dieser – wenn ich mich so ausdrücken darf – besonderen Weichenstellung des Handarbeitsunterrichts, auf den sehr viel gehalten wird in unserer Waldorfschul-Pädagogik, aus dieser Weichenstellung des Handarbeitsunterrichtes nach dem Buchbinden, nach den Kartonagearbeiten hin, zeigt sich eben auch, wie überall, gerade wenn man es auf den Geist absieht, das Praktische des Lebens zu berücksichtigen sich als eine Selbstverständlichkeit ergibt. Es haben ja schreckliche Unpraktiker die Methoden hervorgerufen, die eigentlich die Lebenspraxis glauben mit dem Löffel gegessen zu haben. Es kommt am wenigsten Lebenspraxis heraus, wenn man von pädagogischen Theorien ausgeht. Die ergeben gar nichts, nur Vorurteile ergeben sie eigentlich. Dagegen ist die wirkliche Pädagogik Menschenerkenntnis. Und richtige Menschenerkenntnis ist es schon, wenn sie nach dieser besonderen Richtung hin ausgebildet wird, wie ich es angedeutet habe. Sie ist schon Pädagogik, und sie wird zur Didaktik in der lebendigen Handhabung des Unterrichts und der Erziehung; sie wird eben zur pädagogisch-didaktischen Gesinnung, und auf diese kommt es an. Und dem muß natürlich das ganze Wesen der Schule angepaßt sein.

Da ist der Gedanke entstanden, man müsse hinaus aus der Stadt, aufs Land, um dort, abgesondert von der Stadt, eine Schar Kinder zu erziehen; nur dort könnten sie sich natürlich entwickeln und so weiter. Aber wie steht denn ein solcher Gedanke in einer Gesamtweltauffassung drinnen? Doch eigentlich so, daß man seine eigene Ohnmacht erkennt. Denn es handelt sich nicht darum, etwas auszudenken, wie man fern von aller Welt eine Anzahl Kinder nach seinem Kopfe entwickeln kann, sondern wie man mitten drinnen im sozialen Milieu, wo man steht, die Kinder Mensch sein lassen kann. Man muß also die Stärke aufbringen, den Kindern dieses Leben nicht zu nehmen, wenn sie nun doch einmal in ihrem sozialen Milieu drinnenstehen. Diesen Mut muß man durchaus haben. Das ist etwas, was mit der Weltbedeutung der Pädagogik zusammenhängt.

Aber dann muß man tief davon überzeugt sein, daß Welt in die Schule hineinragen muß. Welt muß es sein, die in der Schule auf kindhafte Weise weiterlebt. Daher werden wir nicht versuchen, wenn wir auf dem Boden einer gesunden Pädagogik stehen, allerlei Arbeiten auszudenken, die nur für die Kinder sein sollen. So sollen die Kinder zum Beispiel flechten, sollen allerlei Zeug ausführen, was ja doch nicht im Leben drinnensteht, was man bloß für die Kinder aussinnt, damit man sie beschäftigt. Das kann niemals in einer guten Weise in die Entwicklung des Kindes eingreifen. Sondern, was man in der Schule als Spiele treibt, muß ein unmittelbares Abbild des Lebens sein. Alles muß aus dem Leben heraus sein, nichts soll ausgedacht sein.

Den Schluß dieses Kapitels bilden sechs Texte aus Vorträgen in Ilkley, Oxford und Torquay. Sie geben einen Einblick in den Unterricht folgender Themen: *Lesen und Schreiben, Fremdsprache, Pflanzenkunde, Rechnen, Geometrie und phänomenologische Physik*. Diese Ausführungen mögen für sich sprechen, man beachte den Zusammenhang mit den didaktischen und menschenkundlichen Leitlinien, die bereits dargestellt wurden: Ausgehen vom Ganzen, Berücksichtigung der Dreigliederung, insbesondere des Rhythmischen, die beseelte Anschaulichkeit, das Anknüpfen ans Leben und anderes.

Dass man, wenn das Kind in das schulpflichtige Alter kommt, also beim Übergang zum Zahnwechsel, mit einem künstlerisch-bildnerischen Unterrichten und Erziehen das Richtige trifft, habe ich in den letzten Vorträgen auseinandergesetzt. Ich will heute nur noch zu den dort gemachten prinzipiellen Bemerkungen einige ergänzend hinzufügen, um namentlich zu zeigen, wie durch einen solchen Unterricht, wie er vorgestern charakterisiert worden ist, gerade das Gefühl, das Gemütsleben des Kindes in Anspruch genommen wird, so daß man durch einen solchen Unterricht vor allen Dingen auf das Gefühlsleben des Kindes wirkt und alles aus dem Gefühlsleben heraus entwickelt.

Vergegenwärtigen wir uns einmal durch einige charakteristische Beispiele, wie man aus dem Malerischen, aus dem Künstlerisch-Zeichnerischen das Schreiben heraus entwickeln kann. Ich habe schon gesagt, daß das Schreiben bei einem organisch-naturgemäßen Unterrichte vorangehen müsse dem Lesenlernen aus dem Grunde, weil das Schreiben mehr von dem ganzen Menschen in Anspruch nimmt als das Lesen.

Das Schreiben wird ausgeübt in einer Bewegung eines Organes, zu dem sich aber im Grunde genommen der ganze Mensch anschicken muß. Das Lesen nimmt nur den Kopf, den Intellekt in Anspruch, und man soll bei einem organischen Unterricht immer aus dem ganzen Menschen heraus dasjenige holen, was zu entwickeln ist. Man nehme also an, man habe die Kinder dahin gebracht, eine Anschauung zu gewinnen von fließendem Wasser. Fließendes Wasser hat das Kind nun gelernt ins Bild zu bringen. Wir nehmen an, wir seien so weit gekommen, daß wir dem Kinde etwas beigebracht haben von der Verbildlichung des fließenden Wassers, das Wellen wirft (es wird farbig gezeichnet).

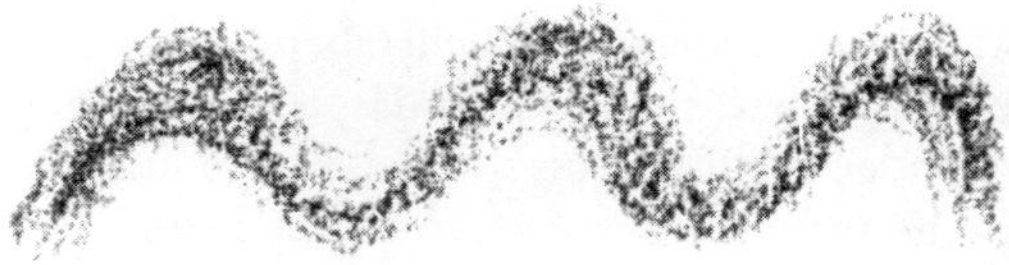

Wir wollen darauf hinarbeiten, daß das Kind nun achten lernt auf den Anfangslaut, den Anfangsbuchstaben des Wortes «Welle». Wir versuchen gerade das Anlauten, das Aussprechen des Anfangsbuchstabens charakteristischer Worte ins Auge zu fassen. Wir bringen dem Kinde bei, wie gewissermaßen an der Oberfläche des wellenwerfenden Wassers sich diese Linie ergibt. Und wir bringen das Kind herüber vom Ziehen dieser Linie, den Wellen des fließenden Wassers entlang, zum zeichnerischen Formen dessen, was sich daraus ergibt: W.

Und man hat das Kind auf diese Weise dazu gebracht, daß es beginnt, aus dem Bilde heraus das W dem Spiel, der Linie der Welle nach schriftlich zu fixieren. – So holt man aus der Anschauung desjenigen, was das Kind ins Bild bringt, den zu schreibenden Buchstaben heraus.

Oder sagen wir, man bringt das Kind dahin, daß es etwa folgende Zeichnung macht, daß es den menschlichen Mund in dieser Weise zur Aufzeichnung bringt. Man hält es an, diesen Zug des Mundes festzuhalten und herauszuheben, und läßt es von da an herüberkommen zu dem Verspüren des Anfangsbuchstabens des Wortes «Mund». –

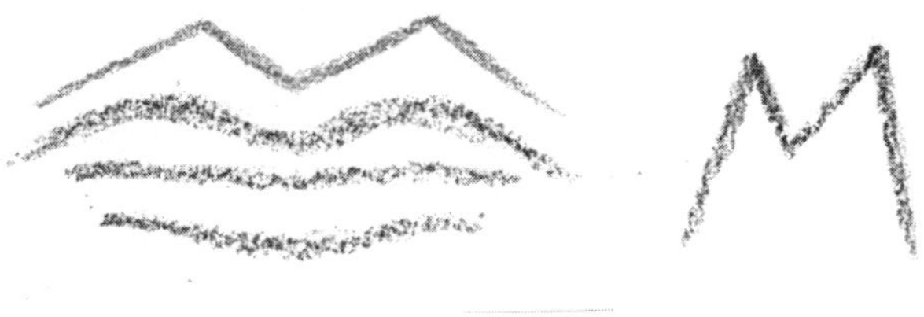

Ich habe bereits in einer Abendstunde angedeutet, wie man nun das Kind dazu bringen kann, einen Fisch aufzuzeichnen. Man bringt das Kind nun dahin, die Grundform festzuhalten und läßt es von da aus zum Erfühlen des Anfangslautes des Wortes kommen: «Fisch». Man wird auf diese Weise eine Anzahl von Buchstaben gewinnen können; andere wird man auf eine andere Weise aus dem Zeichnerischen hervorholen müssen. Sagen wir zum Beispiel, man bringt dem Kinde auf irgendeine anschauliche Weise bei, wie der dahinbrausende Wind sich bewegt. Bei kleinen Kindern wird dies besser sein als eine andere

Art; die Dinge können natürlich in der verschiedensten Weise gemacht werden. Man bringt dem Kinde das Hinstürmen des Windes bei. Nun läßt man das Kind das Sausen des Windes nachmachen und bekommt auf diese Weise diese Form. Kurz, es ist möglich dadurch, daß man

in dem Malerischen entweder scharf konturierte Gegenstände oder Bewegungen oder auch Tätigkeiten festzuhalten versucht, auf diese Weise fast alle Konsonanten zu entwickeln.

Bei den Vokalen wird man zu der Gebärde gehen müssen, denn die Vokale entstammen der Offenbarung des menschlichen Inneren. Im Grunde genommen ist das A zum Beispiel immer eine Art von Verwunderung und Staunen.

Da wird einem dann die Eurythmie besonders helfen. Denn in der Eurythmie sind genau die dem Empfinden entsprechenden Gebärden gegeben. Und man wird das I, das A und so weiter aus den entsprechenden Eurythmiegebärden durchaus herausentwickeln können. Vokale müssen aus den Gebärden, die ja aus der menschlichen Lebendigkeit die Gefühle begleiten, herausentwickelt werden.

So kann man zu der Abstraktheit des Schreibens hingelangen aus dem ganz Konkreten des zeichnerischen Malens, des malenden Zeichnens, und man erlangt dadurch eben, daß das Kind immer von einem Gefühl im Bilde ausgegangen ist und den Buchstaben mit dem Seelischen des Gefühles in Verbindung hat bringen können, so daß das ganze Prinzip des Schreibens aus dem Gefühlsleben der menschlichen Seele hervorgeht.

Geht man dann über zum Lesen, so hat man ja im Grunde genommen nichts anderes zu tun, als darauf hinzuwirken, daß das Kind dasjenige durch den Kopf wiedererkennt, was es durch den ganzen Körper erarbeiten gelernt hat. So daß das Lesen ein Wiedererkennen einer Tätigkeit ist, die man selbst ausgeführt hat. Das ist von einer ungeheuren Wichtigkeit. Es verdirbt die ganze menschliche Entwicklung, wenn der Mensch zu einem Abstrakten direkt geführt wird, wenn er irgendeine Tätigkeit durch einen Begriff ausführen lernt. Dagegen führt es immer zu einer gesunden menschlichen Entwicklung, wenn zuerst die Tätigkeit angeregt wird und dann aus der Tätigkeit heraus der Begriff entwickelt wird.

Das Lesen ist durchaus in Begriffen lebend; daher hat man es als das zweite, nicht als das erste zu entwickeln.

Sonst bringt man das Kind viel zu früh in eine Art von Kopfentwicklung hinein statt in eine Vollmenschliche Entwicklung.

So sehen Sie ja, wie aller Unterricht im Grunde genommen in die Sphäre des ganzen Menschen, in die Sphäre des Künstlerischen dadurch gelenkt werden kann. Und dahin muß auch aller übrige Unterricht bis etwa zum Lebensalter von neuneinhalb Jahren zielen. Da muß alles auf das Bild, auf den Rhythmus, auf den Takt gehen. Alles andere ist verfrüht.

Eine Ausnahme damit muß gemacht werden für den Fremdsprachenunterricht, der eigentlich bei uns ein Sprechunterricht ist. Denn in der Waldorfschule wird es so gemacht, daß schon mit dem Kinde, wenn es die Elementarschule betritt, der Unterricht in den fremden Sprachen, soweit wir es jetzt können, Englisch und Französisch, begonnen wird, und das Kind lernt gleich vom Anfange an sprechen in der betreffenden Sprache. Das Kind lernt möglichst mit Umgehung auch nur des Gedankenübersetzens die Sprache. Es wird also das Wort in der fremden Sprache angeknüpft an den Gegenstand, nicht an das Wort in der deutschen Sprache. So daß das Kind den Tisch neu kennenlernt in irgendeiner fremden Sprache, nicht an dem deutschen Worte «Tisch» lernt es übersetzungsweise das Fremdwort. Es lernt also tatsächlich, und das zeigt sich insbesondere bei jüngeren Kindern, sich auch hineinleben in eine Sprache, die nicht seine Muttersprache ist. Dabei befolgen wir, daß abstrakt Grammatisches, intellektuell Grammatisches an die ganz jungen Kinder überhaupt nicht herangetragen wird. Das Grammatische kann erst von den Kindern verstanden werden zwischen dem 9. und 10. Jahre, an jenem wichtigen Punkt, von dem ich schon gesprochen habe.

Dieser Sprachunterricht wird im wesentlichen erteilt zwischen 10 und 12 Uhr vormittags. Diese Zeit ist also diejenige, wo wir, wenn ich so sagen darf, dasjenige unterrichten, was außer den Hauptunterricht, der immer in den ersten Morgenstunden erteilt wird, fällt.

Nun richten wir tatsächlich, wenn wir so erziehen, wie ich es eben angeführt habe, dadurch, daß wir alles aus dem Bildhaften heraus entwickeln, das Kind so zurecht, daß es in die Lage kommt, immer bewegliche Begriffe zu haben, nicht starre Begriffe. Und dadurch werden wir bemerken können, daß, wenn das Kind das neunte oder neuneinhalbte Lebensjahr überschritten hat, es nun in schön organischer Weise hineingeführt werden kann in das Begreifen der Welt, wobei es sich selber schon von den Dingen und Ereignissen der Welt unterscheiden muß. Wir können dem Kind, nachdem wir ihm von den Pflanzen wie von sprechenden Wesen genügend lange erzählt haben, so daß es in Bildern gelebt hat, indem es auf die Pflanzenwelt hinschaute, wir können ihm dann dasjenige beibringen, was der Mensch am allerbesten von der Pflanzenwelt lernt, wenn er damit anfängt zwischen dem neunten und zehnten Jahre und allmählich im zehnten, elften Jahre dazu geführt wird.

Da ist wiederum gerade der menschliche Organismus dazu bereit, mit der Pflanzenwelt sich innerlich ideenhaft auseinanderzusetzen. Allerdings muß die Pflanzenkunde eine ganz andere Form annehmen für einen lebendigen, die Menschenentwicklung wirklich fördernden Kindesunterricht als dasjenige, was wir heute oftmals als Pflanzenkunde in die Schule hineintragen, weil wir es selber als Pflanzenkunde gelernt haben. Es hat gar keine Bedeutung für das Menschenleben seiner Wirklichkeit nach, höchstens eine konventionelle, ob man vorgelegt bekommen hat diese Pflanzen und jene Pflanzen und so weiter und einem dann Namen und Staubgefäßezahl, Farbe der Blumenblätter für diese Pflanzen beigebracht worden sind.

Alles, was auf diese Weise an das Kind herangebracht wird, bleibt dem Kinde fremd. Das Kind fühlt nur den Zwang, das erlernen zu müssen. Und derjenige, der auf diese Weise Pflanzenkunde im zehnten, elften Jahre an das Kind heranbringt, weiß eigentlich nichts von dem wirklichen Naturzusammenhange. Eine Pflanze für sich abgesondert zu betrachten, sie in die Botanisiertrommel einzupacken und dann zu Hause herauszulegen und für sich abgesondert zu betrachten, das heißt nichts anderes, als ein Haar sich auszupfen und dieses Haar auf ein Papier legen und das Haar für sich betrachten. Das Haar für sich ist nichts, das Haar für sich kann nicht entstehen, das Haar für sich hat keine Bedeutung – es hat nur eine Bedeutung, indem es lebendig am Kopfe des Menschen oder auf der Haut des Tieres wächst. Es hat nur einen lebendigen Sinn in seinem Zusammenhange. So aber hat auch die Pflanze nur einen lebendigen Sinn im Zusammenhange mit der Erde und mit den Sonnenkräften und – wie ich gleich nachher auseinandersetzen werde – mit noch anderen Kräften. So daß wir niemals eine Pflanze für das kindliche Alter anders betrachten sollen als im Zusammenhange mit der Erde und im Zusammenhange mit den Sonnenkräften.

Ich kann hier nur skizzieren, was man in einer anschaulichen, bildlichen Weise in einer Anzahl von Stunden dem Kinde beibringen kann. Da muß es sich darum handeln, dem Kinde das Folgende beizubringen: Hier ist die Erde (siehe Zeichnung auf S. 162).

Mit der Erde in inniger Verbindung, zur Erde gehörig, ist die Wurzel der Pflanze. Niemals sollte eine andere Vorstellung erweckt werden als die einzig lebendige, daß Erde und Wurzel zusammengehören. Und dann sollte niemals eine andere Vorstellung erweckt werden als diese, daß die

Blüte von der Sonne und ihren Strahlen an der Pflanze hervorgerufen wird. So wird das Kind lebendig ins Weltenall hineinversetzt.

Wer als Lehrer innere Lebendigkeit genug hat, der kann dieses lebendig in das Weltenall Hineinversetztsein der Pflanze durchaus gerade in diesem Lebensalter, von dem ich jetzt spreche, am besten an das Kind heranbringen. Er kann in dem Kinde zunächst förmlich das Gefühl hervorrufen, wie die Erde mit ihren Stoffen die Wurzel durchdringt, wie die Wurzel sich der Erde entringt, und wie dann, wenn die Wurzel nach oben den Sproß getrieben hat, der Sproß von der Erde geboren wird, wie von der Sonne Licht und Wärme zum Blatt und zur Blüte entfaltet wird, wie die Sonne die Blüte sich heranerzieht, wie die Erde die Wurzel in Anspruch nimmt.

Dann macht man das Kind in lebendiger Art darauf aufmerksam, wie eine feuchtliche Erde, eine Erde, die also innerlich wässerig ist, in anderer Weise auf die Wurzel wirkt als eine trockene Erde; wie durch eine trockene Erde die Wurzel verkümmert wird, durch eine wässerige Erde die Wurzel selber saftig und lebensvoll gemacht wird.

Man macht das Kind darauf aufmerksam, wie die senkrecht auf die Erde auffallenden Sonnenstrahlen die gelben Löwenzahnblüten aus der Pflanze herausholen oder die Blüten der Ranunkeln oder dergleichen, oder auch die Rosenblüten; wie aber der schief einfallende Sonnenstrahl, der über die Pflanzen gewissermaßen hinwegstreicht, die dunkle, violette Herbstzeitlose hervorruft. Und man bringt so überall in lebendigen Zusammenhang die Wurzel mit der Erde, Blatt und Blüte mit der Sonne.

Und dann wird man auch, wenn man in dieser Weise lebendig das Ideenbild des Kindes in den Kosmos hineinstellt, ihm beibringen können, wie sich wiederum oben das ganze Pflanzenwachstum zum Fruchtknoten zusammenzieht, wie daraus die neue Pflanze wird.

Und jetzt wird man – ich darf da schon die Zukunft etwas vorausnehmen – einmal eine Wahrheit, ganz zugerichtet für das kindliche Lebensalter, entwickeln müssen, die auszusprechen man sich heute im öffentlichen Leben eigentlich noch etwas genieren muß, weil es als ein Aberglaube, als eine Phantasterei, als etwas mystisch Nebuloses angesehen wird. Aber geradeso wie die Sonne herausholt die Blüte in ihrer Farbigkeit, so holen die Mondenkräfte den wiederum sich zusammenziehenden Fruchtknoten aus der Pflanze heraus. Die Mondenkraft ist es, die den Fruchtknoten aus der Pflanze wiederum herausholt.

Und so stellt man die Pflanze lebendig hinein in Erdenwirkung, Sonnenwirkung, Mondenwirkung. Nur, die Mondenwirkung muß man heute noch weglassen; denn wenn die Kinder dann nach Hause kommen würden und würden erzählen, daß sie gelernt haben, der Fruchtknoten hätte etwas mit dem Mond zu tun, so würde vielleicht – selbst wenn die Eltern schon geneigt wären, bei den Kindern das entgegenzunehmen –, wenn gerade ein Naturforscher als Besuch da wäre, dieser sofort die Möglichkeit haben, die Eltern zu veranlassen, das Kind doch ja aus dieser Schule gleich wegzunehmen! Also damit muß man heute noch zurückhalten, wie man überhaupt in bezug auf wichtige Dinge selbstverständlich heute, unserer ganz veräußerlichten Zivilisation Rechnung tragend, mit manchem zurückhalten muß. Aber ich möchte gerade in dieser radikalen Weise zeigen, wie man die lebendigen Begriffe entwickeln muß, die nun nicht aus irgend etwas, was im Grunde genommen für sich gar nicht existiert, herausgeholt sind – denn die Pflanze existiert für sich nicht, ohne Sonne, ohne Erde ist sie nichts –, sondern wie man diesen Begriff von der wahren Wirklichkeit nehmen muß. Darum handelt es sich.

Nun muß man dem Kinde beibringen – und da wird man schon eher so vorgehen können –, wie, wenn hier die Erde ist (siehe Zeichnung), die Erde nun etwas auswächst, einen Hügel erzeugt.

Aber der Hügel, der wird von den Kräften der Luft und schon von den Kräften der Sonne durchsetzt. Er bleibt nicht mehr Erde. Er wird etwas, was zwischen dem saftigen Pflanzenblatt und auch schließlich der Pflanzenwurzel und der trockenen Erde mitten drinnen steht: er wird Baumstamm. Und auf der also ausgewachsenen Pflanze wachsen nun erst die einzelnen Pflanzen, die die Äste des Baumes sind. So daß man kennenlernt, wie eigentlich der Baumstamm eine aufsprossende Erde ist.

Man bekommt dadurch nun auch den Begriff davon, wie innig verwandt dasjenige, was ins Holz übergeht, mit dem eigentlichen Erdreiche ist. Und damit das Kind das recht gut begreift, weist man es hin, wie das Holz vermodert, immer erdiger und erdiger wird und schließlich in Staub auseinanderfällt, schon ganz ähnlich der Erde ist, und wie im Grunde genommen aller Erdensand, alles Erdengestein auf diese Weise aus dem, was eigentlich hat Pflanze werden sollen, hervorgegangen ist, wie die Erde im Grunde genommen eine große Pflanze ist, ein Riesenbaum, und alle einzelnen Pflanzen als Äste darauf wachsen. Man bekommt nun für das Kind den möglichen Begriff, daß die Erde eigentlich im ganzen ein lebendes Wesen ist, und daß die Pflanzen zur Erde hinzugehören.

Das ist außerordentlich bedeutsam, daß das Kind in dieser Weise nicht den vertrackten Begriff unserer Geologie und Geognosie bekommt, als ob die Erde nur aus Gestein bestehen würde, und nur die Gesteinskräfte zur Erde gehörten, während doch die Pflanzenwachstumskräfte geradeso zur Erde gehören wie die Gesteinskräfte. Und was das Wichtigste ist: man redet gar nicht von Gestein für sich zunächst. Und man wird merken, daß das Kind in mancher Beziehung sehr neugierig ist. Aber wenn man ihm in dieser Beziehung lebendig, wie aus der Erde hervorgehend, durch die Sonne hervorgezogen, die ganze Pflanzendecke als etwas zur Erde Gehöriges beibringt, dann wird es nicht neugierig dem gegenüber, was die Steine für sich sind. Es interessiert sich noch nicht für das Mineralische. Und es ist das größte Glück, wenn das Kind sich bis zum elften, zwölften Jahre nicht für das tote Mineralische interessiert, sondern wenn es die Vorstellung aufnimmt, daß die Erde ein ganzes lebendes Wesen ist, gewissermaßen nur ein schon im Verbröckeln begriffener Baum, der alle Pflanzen als Äste hervorbringt. Und Sie sehen, man bekommt auf diese Weise außerordentlich gut die Möglichkeit, auch zu den einzelnen Pflanzen überzugehen.

Ich sage zum Beispiel dem Kinde: Nun ja, bei solch einer Pflanze sucht die Wurzel den Boden, die Blüte wird von der Sonne herausgezogen. –

Man nehme nun an, die Wurzel, die an der Pflanze wachsen will, finde nicht recht den Boden, sie findet nur verkümmerten Boden, und dadurch gibt sich auch die Sonne keine Mühe, die Blüte hervorzubringen. Dann hat man eine Pflanze, welche nicht recht den Boden findet, keine richtige Wurzel treibt, aber auch keine richtige Blüte hervorbringt: man hat einen Pilz.

Und man führt dann das Kind dazu, zu verstehen, wie es nun ist, wenn sich dasjenige, was, wenn es die Erde nicht recht findet, zum Pilz entwickelt, wenn das sich einpflanzen kann in etwas, wo die Erde schon ein wenig Pflanze geworden ist, wenn es sich also, statt sich in den Erdboden einpflanzen zu müssen, einpflanzen kann in den pflanzlich gewordenen Hügel, in den Baumstamm: da wird es Baumflechte, da wird es jene graugrüne Flechte, welche man an der Oberfläche der Bäume findet, ein Parasit.

Man bekommt auf diese Weise die Möglichkeit, aus dem lebendigen Wirken und Weben der Erde heraus selber dasjenige zu ziehen, was sich in allen einzelnen Pflanzen ausdrückt. Dadurch entwickelt man in dem Kinde, wenn man es so lebendig in das Pflanzenwachstum einführt, aus dem Botanischen, aus der Pflanzenkunde heraus die Anschauung von dem Antlitz der Erde.

Das Antlitz der Erde ist anders, wo gelbe, sprossende Pflanzen sind, das Antlitz der Erde ist anders, wo verkümmerte Pflanzen sind. Und man findet von der Pflanzenkunde den Übergang zu etwas anderem, was außerordentlich bedeutsam für die Entwicklung des Kindes wird, wenn es gerade aus der Pflanzenkunde herausgeholt wird: die Geographie. Das Antlitz der Erde den Kindern beizubringen, soll auf diese Weise geschehen, daß man hervorholt die Art und Weise, wie die Erde an ihrer Oberfläche wirken will, aus der Art und Weise, wie sie die Pflanzen an einer bestimmten Oberfläche hervorbringt.

Auf diese Weise entwickelt man in dem Kinde einen lebendigen Intellekt statt eines toten. Und für die Entwicklung dieses lebendigen Intellektes ist die Lebenszeit zwischen dem neunten, zehnten und dem elften, zwölften Lebensjahr die allerbeste. Dadurch, daß man in dieser Weise das Kind hineinführt in das lebendige Weben und Leben der Erde, die aus ihrer inneren Vitalkraft die verschieden gestalteten Pflanzen hervorbringt, bringt man dem Kinde statt toter Begriffe lebendige Begriffe bei, Begriffe, die dieselbe Eigenschaft haben wie ein menschliches Glied. Wenn man noch ein ganz kleines Kind ist, dann muß ein menschliches Glied wachsen. Wir dürfen die Hand nicht in einen eisernen Handschuh einspannen, sie würde nicht wachsen können. Aber die Begriffe, die wir den Kindern beibringen, die sollen möglichst scharfe Konturen haben, sollen Definitionen sein, und das Kind soll immer definieren. Das Schlimmste, was wir dem Kinde beibringen können, sind Definitionen, sind scharf konturierte Begriffe, denn die wachsen nicht; der Mensch aber wächst mit seinem organischen Wesen. Das Kind muß bewegliche Begriffe haben, die, wenn das Kind reifer und reifer wird, ihre Form fortwährend ändern. Wir dürfen uns nicht, wenn wir vierzig Jahre alt geworden sind, bei irgendeinem Begriff, der auftaucht, an das erinnern müssen, was wir mit zehn Jahren gelernt haben, sondern der Begriff muß sich in uns verändert haben, so wie unsere Glieder, unser ganzer Organismus sich organisch auch verändert haben.

Lebendige Begriffe bekommt man aber nur, indem man nicht dasjenige an das Kind heranträgt, was man Wissenschaft nennt, und was heute sich zumeist dadurch auszeichnet, daß man dadurch nichts weiß, diese tote Wissenschaft, die man nun einmal lernen muß, sondern indem man das Kind gerade einführt in das Lebendige im Natürlichen in der Welt. Dadurch bekommt es seine beweglichen Begriffe, und es wird seine Seele wachsen können in einem Körper, der wie die Natur wächst. Dann wird man nicht dasjenige, was so oft die Erziehung bietet, auch bieten: daß man in einen Körper, der naturgemäß wächst, ein Seelisches hineinverpflanzt, das nicht wachsen kann, sondern das tot ist. Für die menschliche Entwicklung taugt es nur, wenn in dem lebendig wachsenden physischen Organismus auch eine lebendig wachsende Seele, ein lebendig wachsendes Seelenleben ist.

Das muß aber auf diese Weise erzeugt werden und kann am besten erzeugt werden, wenn alles Pflanzenleben in innigem Zusammenhang mit der Erdengestaltung angeschaut wird, wenn also Erdenleben und Pflanzenleben dem Kinde als Einheit vorgeführt werden, wenn Erdenerkenntnis Pflanzenerkenntnis ist und wenn das Kind das Leblose zunächst daran erkennt, daß der Baum vermodert und zu Staub wird, wenn es also das Leblose zunächst als den Überrest des Lebendigen kennenlernt. Wir sollen dem Kinde nur ja nicht Mineralkenntnis beibringen in diesem Lebensalter, von dem ich jetzt spreche, sondern Begriffe, Ideen von dem Lebendigen. Darauf kommt es an.

Sie bekommen eine ausgezeichnete Vorstellung, wie Sie sich in dieser Weise das anschauliche Mathematische zurechtlegen können, so wie es in Arithmetik, Geometrie waltet, wenn Sie die Broschüre studieren, die Dr. von Baravalle zur Pädagogik der Physik und Mathematik geschrieben hat[9].

Sie sehen dort zu gleicher Zeit eine Ausdehnung dieser ganzen Denkweise auf das Physikalische. Und trotzdem es sich zumeist auf höhere Partien des Mathematischen bezieht, wird es, wenn man in seinen Geist eindringt, ein ausgezeichneter Leitfaden sein, um den Unterricht auf diesem Gebiete in einer der menschlichen Organisation entsprechenden Richtung pflegen zu können. Mit diesem Büchelchen ist wohl geradezu eine Art von Ausgangspunkt geschaffen für eine Reform des mathematisch-physikalischen Unterrichts von dem ersten kindlichen Lebensalter bis hinauf zu den höchsten Stufen des Unterrichtes. Man

9 Hermann von Baravalle, «Zur Pädagogik der Physik und Mathematik», Stuttgart 1921.

muß dasjenige, was hier in bezug auf das Anschaulich-Räumliche gesagt worden ist, nun auch ausdehnen können auf das Rechnerische. Da handelt es sich namentlich darum, daß alles dasjenige, was in äußerlicher Weise das Rechnen und schon das Zählen an das Kind heranbringt, eigentlich die menschliche Organisation ertötet. Alles dasjenige, was vom Einzelnen ausgeht, Stück an Stück reiht, das ertötet die menschliche Organisation. Dasjenige, was vom Ganzen ausgeht zu den Gliedern, zuerst die Vorstellung des Ganzen hervorruft, dann die der Teile, das belebt die menschliche Organisation. Das ist etwas, was schon beim Zählenlernen in Betracht kommt. Wir lernen die Zahlen in der Regel dadurch, daß wir uns an das ganz Äußerliche, im physisch-sinnlichen Leben Vorsichgehende halten.

Wir lernen zählen, indem wir eins haben; das nennen wir die Einheit. Dann fügen wir dazu zwei, drei, vier, und so geht es fort, wir legen Erbse zu Erbse, und es ist gar keine Vorstellung, keine Idee da, warum das eine zum anderen gelegt wird, was daraus eigentlich wird. Man lernt zählen, indem an die Willkür des Nebeneinanderlegens appelliert wird. Ich weiß wohl, daß in vielfacher Weise diese Willkür variiert wird, allein dasjenige, um was es sich handelt, wird heute noch im allergeringsten Maße irgendwo berücksichtigt: daß von einem Ganzen ausgegangen wird und zu den Teilen, Gliedern, fortgeschritten werde. Die Einheit ist dasjenige, was zunächst vorgestellt werden soll auch vom Kinde als ein Ganzes. Irgend etwas, was es auch ist, ist eine Einheit. Nun, wenn man genötigt ist, die Sache durch Zeichnen zu vergegenwärtigen, muß man eine Linie hinzeichnen; man kann auch einen Apfel benützen, um dasselbe zu machen, was ich jetzt mit der Linie machen werde. Da ist eins, und nun geht man von dem Ganzen zu den Teilen, zu den Gliedern, und jetzt hat man aus eins eine Zwei gemacht.

Die Einheit ist geblieben. Die Einheit ist in zwei geteilt worden. Man hat die Einheit «entzwei» geteilt, dadurch ist die Zwei entstanden. Nun geht man weiter, es entsteht durch weitere Gliederung die Drei. Die Einheit bleibt immer als das Umfassende bestehen; und so schreitet man weiter durch die Vier, Fünf, und man kann zugleich durch andere Mittel eine Vorstellung hervorrufen, wie weit man die Dinge zusammenhalten kann, die auf die Zahlen sich beziehen. Man wird dabei die Entdeckung machen, daß eigentlich der Mensch in bezug auf das Anschauliche der Zahl beschränkt ist.

Bei gewissen Völkern der modernen Zivilisation umfaßt man eigentlich nur den überschaulichen Zahlbegriff bis zehn; hier in England kann man im Geld bis zwölf rechnen. Das ist aber auch etwas, was schon das höchste in dem Überschaulichen darstellt. Dann fängt man ja eigentlich wieder an, dann zählt man eigentlich die Zahlen; man zählt zuerst die Dinge bis zehn, aber dann fängt man an, die Zehn zu zählen: zweimal zehn = zwanzig, dreimal zehn = dreißig. Man bezieht sich da schon gar nicht mehr auf die Dinge, sondern man geht dazu über, die Zahl selbst auf das Rechnen anzuwenden, weil durch den Elementarbegriff schon die Dinge selbst als ein Anschauliches verlangt werden. Und wenn gar das moderne Anschauen so stolz darauf ist, daß wir es in bezug auf das Zählen so weit gebracht haben, während die wilden Völker auf ihre zehn Finger angewiesen sind, so ist es mit dem Stolz gar nicht so weit her, sondern wir zählen bis zehn, weil wir die Glieder spüren, die Gliederung der Hände, die darinnen liegt, daß wir symmetrisch die Hände empfinden, die zehn Finger. Dieses Empfinden ist demgemäß auch herausgeholt, ist erlebt, und man muß in dem Kinde den Übergang hervorrufen von dem Ganzen, der Einheit in die Teile als Zahl. Dann wird man leicht jenen anderen Übergang zum Zählen finden können, indem man eines an das andere legt.

Man kann ja dann übergehen zu eins, zwei, drei und so weiter. Also das rein additive Zählen, das ist dasjenige, was erst in zweiter Linie kommen darf; denn das ist eine Tätigkeit, die lediglich hier im physischen Raume eine Bedeutung hat, während das Gliedern der Einheit eine solche innere Bedeutung hat, daß es wiederum fortschwingt im ätherischen Leib, auch wenn der Mensch nicht dabei ist. Darauf kommt es an, daß man diese Dinge weiß.

Ebenso handelt es sich darum, daß, wenn wir das Zählen auf diese Weise überwunden haben, wir nun nicht leblos mechanisch zum Addieren übergehen, wo wir dann Addend zu Addend reihen. Das Lebendige kommt in die Sache hinein, wenn wir nicht von den Teilen der Addition ausgehen, sondern von der Summe; wenn wir also eine Anzahl von Dingen, sagen wir, eine Anzahl von Kugeln hinwerfen – nun, im Zählen sind wir so weit, daß wir sagen können, das sind vierzehn Kugeln. Jetzt gliedere ich dieses, indem ich den Begriff des Teiles fortsetze. Ich habe hier fünf, hier vier, hier wiederum fünf; so daß ich die Summe auseinandergeworfen habe in fünf, vier, fünf. Ich gehe also über von der Summe zu den Addenden, von dem Ganzen zu den Teilen, und versuche beim Kinde so vorzugehen, daß ich immer die Summe gewissermaßen hinstelle und das Kind darauf kommen lasse, wie sich die Summe gliedern kann in die einzelnen Addenden.

Also ist es außerordentlich wichtig, daß man, wie man beim Fahren die Pferde nicht beim Schwanze aufzäumt, sondern beim Kopfe, ebenso seelisch mit dem Rechnen vorgehe; daß man tatsächlich von der Summe, die eigentlich in allem immer gegeben ist, von dem Ganzen ausgeht: das ist das Reale. Vierzehn Äpfel, die sind das Reale – nicht die Addenden sind das Reale; die verteilen sich nach den Lebensverhältnissen in der verschiedensten Weise. So daß man also ausgeht von dem, was immer das Ganze ist, und übergeht zu den Teilen. Dann wird man den Weg wiederum zurückfinden zu dem gewöhnlichen Addieren.

Aber man hat eben, wenn man so vorgeht, wenn man vom ganz Lebendigen übergeht zum Teilen, erreicht, daß dasjenige, was zugrunde liegt dem Rechnen, der Bildekräfteleib, der eben lebendige Anregung haben will zum Bilden, in Schwingungen versetzt wird, die er dann vervollkommnend fortsetzt, ohne daß wir dann mit unserem störenden astralischen Leib und der Ich-Organisation dabei zu sein brauchen.

Ebenso wird der Unterricht in einer ganz besonderen Weise belebt, wenn man die anderen Rechnungsarten vom Kopf, wo sie heute vielfach stehen, wiederum auf die Beine stellt; wenn man zum Beispiel darauf hinarbeitet, das Kind dazu zu bringen, daß es sagt: Wenn man sieben hat, wieviel muß man wegnehmen, damit man drei bekommt? – nicht: Was bekommt man, wenn man von sieben vier wegnimmt? –, sondern umgekehrt: Wenn man sieben hat – das ist das Reale – und was man bekommen will, ist wiederum das Reale. Wieviel muß man von sieben wegnehmen, damit man drei bekommt? – Mit dieser Form des Denkens steht man im Leben zunächst drinnen, während man mit der anderen Form in der Abstraktion drinnen steht. So daß man, wenn man in dieser Art verfährt, dann sehr leicht zu dem anderen zurückkehren kann.

In derselben Weise soll man beim Multiplizieren, beim Dividieren vorgehen, nicht fragen: Was entsteht, wenn man zehn in zwei teilt? –, sondern: Wie muß man zehn teilen, damit man fünf bekommt? – Man hat ja das Reale als Gegebenes, und im Leben soll dasjenige herauskommen, was dann eine Bedeutung hat. Zwei Kinder sind da, unter denen sollen zehn Äpfel geteilt werden, jedes soll fünf bekommen: das sind die Realitäten. Was man dazu tun muß, das ist das Abstrakte, das in die Mitte hineinkommt. So sind die Dinge immer unmittelbar dem Leben angepaßt. Gelingt einem dieses, dann ergibt sich, daß wir dasjenige, was wir heute in additiver Weise, in rein äußerlich nebeneinanderfügender Weise vielfach vornehmen und wodurch wir ertötend wirken, gerade im rechnenden Unterricht als Belebendes haben. Und darauf ist zu sehen gerade bei diesem Unterricht, daß wir wirklich auch das Unterbewußte des Menschen, das heißt dasjenige berücksichtigen, was in den Schlaf hineinwirkt und was auch sonst unterbewußt wirkt, wenn der Mensch wach ist. Denn der Mensch denkt ja nicht immer an alles, sondern er denkt an einen kleinen Teil desjenigen, was er seelisch erlebt hat; das andere arbeitet aber immer fort. Gönnen wir es dem Kinde, daß in gesunder Weise sein physischer und sein Ätherleib fortarbeiten. Das können wir aber nur, wenn wir wirklich Spannung, Interesse, Leben hineinbringen gerade in den Rechnungs- und Geometrieunterricht.

Wie man aus dem Anschaulichen heraus, nicht aus dem, was man heute oftmals «Anschauungsunterricht» nennt, alles in Erziehung und Unterricht besorgen muß, das möchte ich Ihnen nun an einem bestimmten Fall zeigen, der ja tatsächlich im Unterricht eine ganz besondere Rolle spielen kann. Es ist der Fall des pythagoreischen Lehrsatzes, den Sie ja wohl alle kennen, wenn Sie unterrichten werden, den Sie vielleicht schon in einer ähnlichen Weise durchschaut haben, aber wir wollen ihn heute doch noch besprechen. Sehen Sie, der pythagoreische Lehrsatz bedeutet etwas, was man sich tatsächlich im Unterrichte so als ein Ziel hinstellen kann für die Geometrie. Man kann schon die Geometrie so aufbauen, daß man sagt: Man will alles so gestalten, daß sie gipfelt in dem pythagoreischen Lehrsatz, daß das Quadrat der Hypotenuse eines rechtwinkligen Dreiecks gleich ist der Summe der beiden

Kathetenquadrate. Es ist etwas ganz Grandioses, wenn man das so recht ins Auge faßt.

Ich habe einmal einer Dame, die dazumal schon älter war, weil sie das so liebte, Geometrie beibringen sollen. Ich weiß nicht, ob sie alles vergessen hatte – aber vermutlich hatte sie nicht viel gelernt gehabt in den Mädchenerziehungsinstituten, in denen man so als Mädchen erzogen wird –, jedenfalls wußte sie nichts von Geometrie. Ich fing nun an und gipfelte das Ganze bis zum pythagoreischen Lehrsatz hin. Nun hatte der pythagoreische Lehrsatz für die Dame in der Tat etwas außerordentlich Frappierendes. Man ist nur gewöhnt an dieses Frappierende. Aber nicht wahr, man soll einfach das verstehen, daß, wenn ich hier ein rechtwinkliges Dreieck habe (es wird gezeichnet), die Fläche, die als Quadrat über der Hypotenuse errichtet wird, gleich ist der Summe dieser beiden Quadratflächen über den Katheten (Fig. I).

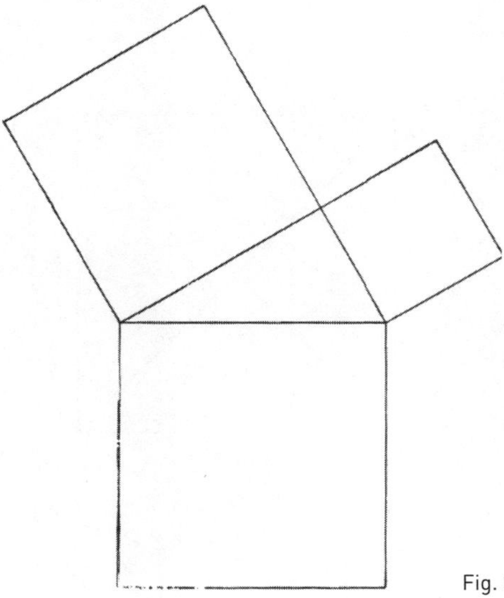

Fig. I

Daß, wenn ich also Kartoffeln pflanze, und sie überall in den gleichen Entfernungen anordne, ich, wenn ich dieses Feld und dieses zusammen mit Kartoffeln bepflanze, genau soviel Kartoffeln anpflanzen werde, wie hier auf diesem Felde. Das ist etwas Frappierendes, etwas ganz Frappierendes, und wenn man es so ansieht, kann man es nicht eigentlich durchschauen.

Und gerade das, daß man es nicht durchschauen kann, daß es etwas so Wunderbares ist, sollte man zum inneren Beleben des Seelischen im Unterricht benutzen; man sollte darauf bauen, daß man da etwas nicht so furchtbar Durchsichtiges hat, das man doch immer wieder zugeben muß. Man möchte sagen, beim pythagoreischen Lehrsatz ist es so: Man kann an ihn glauben, aber man muß den Glauben immer gleich wieder verlieren. Man muß immer von neuem wieder daran glauben, daß das Hypotenusenquadrat gleich ist der Summe der beiden Kathetenquadrate.

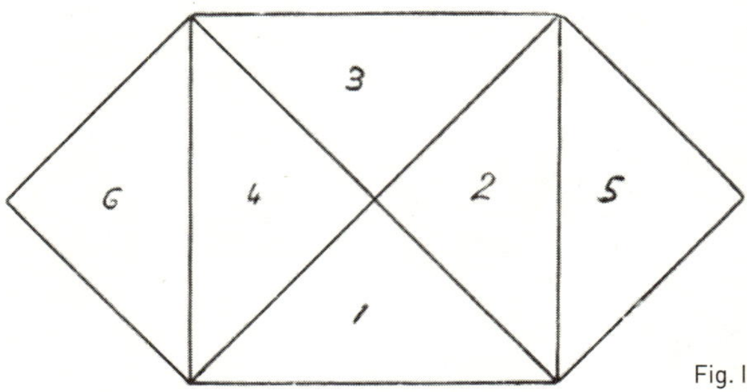

Fig. II

Nun kann man ja allerlei Beweise finden, und der Beweis sollte eigentlich ganz anschaulich geliefert werden. Er ist leicht zu liefern, solange das Dreieck gleichschenklig ist. Wenn Sie hier ein gleichschenklig-rechtwinkliges Dreieck haben (es wird gezeichnet, Fig. II), so ist dieses hier die eine Kathete, dies ist die andere Kathete, das ist die Hypotenuse. Das, was ich jetzt orange zeichne (1, 2, 3, 4), ist das Quadrat über der Hypotenuse. Das, was ich blau zeichne, sind die Quadrate über den beiden Katheten (2, 5; 4, 6).

Nun ist es wiederum so, wenn ich in der richtigen Weise hier über diesen beiden blauen Feldern (2, 5; 4, 6) Kartoffeln anpflanze, bekomme ich gleich viel, wie wenn ich in dem orangen Feld (1, 2, 3, 4) Kartoffeln anpflanze. Das orange Feld ist das Quadrat über der Hypotenuse, die beiden blauen Felder (2, 5; 4, 6) sind die Quadrate über den beiden Katheten.

Nun können Sie ja den Beweis einfach machen, indem Sie sagen: Die zwei Stücke (2, 4) von den beiden blauen Quadraten, die fallen da (ins Hypotenusenquadrat) herein, die sind schon drinnen. Das da (5) können Sie hier heraufsetzen (auf 3). Wenn Sie sich das Ganze ausschneiden, können Sie das Stück (6) hier darauflegen (auf 1), und Sie haben es gleich. Also, da ist die Sache ganz durchsichtig, wenn man ein sogenanntes rechtwinklig-gleichschenkliges Dreieck hat. Aber hat man nicht ein rechtwinklig-gleichschenkliges Dreieck, sondern eines von verschiedenen Seiten (wie Fig. I), da kann man das Folgende machen: Zeichnen Sie sich dieses Dreieck noch einmal heraus (Fig. III: ABC). Zeichnen Sie jetzt das Quadrat über der Hypotenuse ABDE. Nun können Sie in folgender Weise zeichnen:

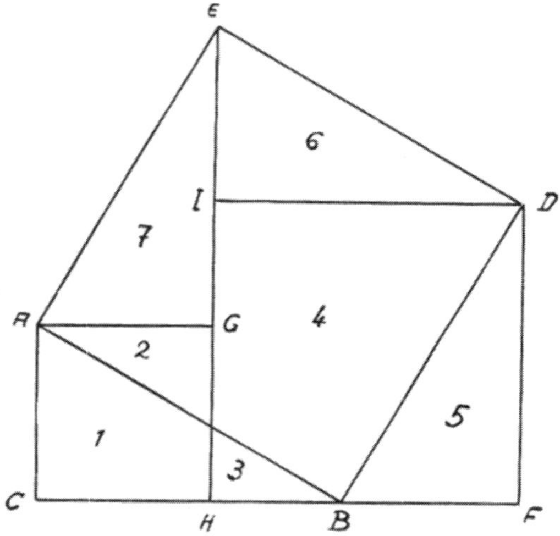

Fig. III

Sie können das Dreieck ABC, das Sie hier haben, hier daran zeichnen: BDF. Dann können Sie dieses Dreieck ABC, respektive dieses BDF, was dasselbe ist, noch einmal hierher zeichnen: AEG. Dadurch, daß Sie dieses Dreieck hier noch einmal haben, können Sie sich das Quadrat über dieser einen Kathete so herzeichnen (rot) CAGH. Jetzt ist das, was ich rot gezeichnet habe, das Quadrat über der einen Kathete (CAGH).

Ich kann nun auch, wie Sie sehen, das Dreieck hierher zeichnen: DEI. Hier habe ich es auch. Dann habe ich in dem, was ich hier jetzt grün zeichne, das Quadrat über der anderen Kathete: DIHF; dann habe ich da zwei, das Quadrat über der einen Kathete, das Quadrat über der anderen Kathete. Ich benutze nur bei dem einen diese Kathete AG, bei dem anderen diese Kathete DI. Die Dreiecke sind da (AEG) und da (DEI); aber gleich (das heißt kongruent). Wo habe ich das Quadrat über der Hypotenuse? Das will ich nun violett hineinzeichnen, damit wir es gut unterscheiden können: ABDE. Das Quadrat über der Hypotenuse habe ich hier. Jetzt soll ich an der Figur selber zeigen, daß rot (1, 2) und grün (3, 4, 5) zusammen violett (2, 4, 6, 7) gibt.

Nun werden Sie ja leicht einsehen können: Ich nehme dieses rote Quadrat (1, 2) hier zuerst; dasjenige, was die beiden Quadrate gemeinschaftlich haben (2), das fällt ja übereinander. Nun kommt da noch das Stück vom grünen Quadrat (4) herein. So habe ich also diese Figur (2, 4), die Sie da gezeichnet sehen und die nichts anderes ist als ein Stück von dem violetten Quadrat ABDE, richtig ein Stück von dem violetten Quadrat. Dieses Stück von dem violetten Quadrat ABDE enthält dieses Stück von dem roten Quadrat (2); bleibt davon nur noch der Zipfel hier übrig (1); den enthält es noch nicht. Aber außerdem enthält diese Figur diesen Zipfel von dem grünen Quadrat (4). Jetzt muß ich nur noch darauf kommen, das unterzubringen, was mir da übriggeblieben ist (1, 3, 5).

Nun müssen Sie einmal sehen: Da ist Ihnen ein Stückchen vom roten Quadrat übriggeblieben (1), da ein Stückchen vom grünen Quadrat (3), und da ist Ihnen dieses ganze Dreieck (5) übriggeblieben, das auch zum grünen Quadrat DIHF gehört. Jetzt nehmen Sie das, was Sie hier haben, was Ihnen da noch übriggeblieben ist, und setzen es da an; dasjenige, was Ihnen hier noch übriggeblieben ist (5), nehmen Sie und setzen es da an (6). Jetzt haben Sie auch noch die Zipfel da (1, 3). Wenn Sie das ausschneiden, kommen Sie richtig darauf, daß diese beiden Flächen (1, 3) in diese Fläche (7) hineingefallen sind. Es kann natürlich noch deutlicher gezeichnet werden, aber ich denke, Sie werden die Sache durchschauen. Es handelt sich jetzt nur noch darum, daß es sich durch die Sprache noch näher mitteilt. Auf diese Weise haben Sie einfach durch das Flächen-Übereinanderlegen gezeigt, daß der pythagoreische

Lehrsatz richtig ist. Wenn Sie gerade diese Art des Übereinanderlegens nehmen, so werden Sie etwas finden. Sie werden zwar sehen, wenn Sie die Sache ausschneiden, statt daß Sie es aufzeichnen, daß sie sehr leicht überschaubar ist; trotzdem, wenn Sie später darüber nachdenken, wird es Ihnen wieder entfallen. Sie müssen es immer wieder von neuem suchen. Sie können es sich nicht ganz gut im Gedächtnis merken, daher muß man es immer wieder aufs neue suchen. Und das ist gut. Das ist nämlich ganz gut. Das entspricht dem pythagoreischen Lehrsatz. Man soll immer wieder von neuem darauf kommen. Daß man ihn einsieht, soll man immer wieder vergessen. Das entspricht dem Frappierenden, was der pythagoreische Lehrsatz hat. Dadurch bekommen Sie das Lebendige in die Sache hinein. Sie werden schon sehen, wenn Sie dieses von den Schülern wieder und wieder machen lassen, die müssen es herausdrucksen. Sie kommen nicht gleich wieder darauf, sie müssen jedesmal nachdenken. Das entspricht aber dem Innerlich-Lebendigen des pythagoreischen Lehrsatzes. Es ist gar nicht gut, wenn man den pythagoreischen Lehrsatz so beweist, daß er platt philiströs einzusehen ist; es ist viel besser, daß man ihn immer wieder vergißt und immer wieder von neuem suchen muß. Das entspricht dem Frappierenden, daß es doch etwas Sonderbares ist, daß das Hypotenusenquadrat gleich ist der Summe der beiden Kathetenquadrate.

Nun können Sie ganz gut mit elf- oder zwölfjährigen Kindern die Geometrie so weit bringen, daß Sie den pythagoreischen Lehrsatz in einem solchen Flächenvergleich erklären; die Kinder werden eine ungeheure Freude haben, wenn sie das eingesehen haben, und sie bekommen Eifer. Das hat sie gefreut. Jetzt wollen sie es immer wieder machen, besonders, wenn man sie es ausschneiden läßt. Es wird nur ein paar intellektualistische Taugenichtse geben, die sich das ganz gut merken, die es immer wieder zustande bringen. Die meisten, vernünftigeren Kinder, werden immer wieder sich verschneiden und daran herumdrucksen, bis sie herausbekommen, wie es sein muß. Das entspricht aber dem Wunderbaren des pythagoreischen Lehrsatzes, und man soll nicht aus diesem Wunderbaren herauskommen, sondern drinnen stehenbleiben.

Wir wollen noch aus dem Methodischen einiges herausgreifen. Es können ja natürlich während dieser kurzen Zeit wirklich nur herausgegriffene Beispiele gegeben werden.

Wenn wir die Zeit, die der Mensch zwischen seinem Zahnwechsel und der Geschlechtsreife zubringt, überblicken, so gliedert sie sich uns wiederum in drei Teile, und diese drei Teile sind zu berücksichtigen, wenn es sich darum handelt, das Kind durch die Elementarschule durchzuführen.

Da haben wir zunächst das Lebensalter bis zu dem Lebenspunkt hin, den ich charakterisiert habe, in welchem sich das Kind von seiner Umgebung zu unterscheiden beginnt, wo es den Unterschied macht zwischen Subjekt, das es selbst ist, und den Dingen der Außenwelt, die ihm Objekt sind. Bis zu diesem Zeitpunkte müssen wir durchaus das Kind so erziehen, daß alles, was im Kinde ist, und alles, was außerhalb des Kindes ist, einen einheitlichen Charakter trägt. Ich habe Ihnen ja charakterisiert, wie man das artistisch machen kann. Dann haben wir ja beim Hinweis auf das Pflanzen- und Tierreich schon gesehen, wie man zu der Beschreibung der Außenwelt übergeht. Und man kommt dann, wenn man diese Dinge ganz elementar gestaltet, bis gegen das 12. Lebensjahr heran. Von diesem 12. Lebensjahr bis zu der Geschlechtsreife ist dann der dritte Abschnitt, in dem wir eigentlich erst zu der leblosen Natur übergehen können, wo das Kind im Grunde genommen erst anfängt, wirklich das Leblose zu fassen.

So können wir sagen: Vom 7. Jahre bis etwa $9\frac{1}{2}$ oder $9\frac{1}{3}$ Jahren nimmt das Kind alles seelisch. Es ist nichts da, was das Kind nicht seelisch aufnehmen würde. Die Bäume, die Sterne, die Wolken, die Steine, alles wird seelisch aufgenommen. Von $9\frac{1}{3}$ etwa bis etwa $11\frac{2}{3}$ Jahren nimmt das Kind allerdings schon den Unterschied zwischen Seelischem, das es in sich selber erblickt, und bloß Lebendigem wahr. Und wir können von Lebendigem, von der ganzen Erde als Lebewesen sprechen. Also Seelisches und Lebendiges. Dann von $11\frac{2}{3}$ bis etwa zum 14. Jahr unterscheidet das Kind Seelisches, Lebendiges und Totes, also alles dasjenige, was nach Ursachen und Wirkungen zusammenhängt.

Wir sollen dem Kinde gar nicht sprechen von Leblosem, bevor es gegen das 12. Lebensjahr hingeht. Dann erst sollen wir anfangen, von Mineralien, von physikalischen Erscheinungen, von chemischen Erscheinungen und so weiter zu sprechen. Man muß sich nur klarmachen, daß die Dinge wirklich so sind, daß beim Kinde zwischen dem Zahnwechsel und der Geschlechtsreife durchaus noch vorwiegend nicht der Intellekt, sondern die Phantasie tätig ist und daß man überall auf die Phantasie zählen muß. Daher muß man selber in sich, wie ich schon öfter sagte, die Phantasie besonders entwickeln. Wenn man das nicht tut, wenn man früh zu allerlei Verstandesmäßigem übergeht, dann kann das Kind auch körperlich-physisch seine Entwicklung nicht in ordentlichem Sinne durchmachen. Und manches, was an Pathologischem in unserer Gegenwart ist, rührt eben davon her, daß man in der materialistischen Zeit bei den Kindern zwischen dem Zahnwechsel und der Geschlechtsreife zu stark auf den Intellekt gesehen hat.

Wir dürfen erst leise anfangen mit dem Toten – denn das Tote muß eben mit dem Intellekt begriffen werden –, wenn das 12. Jahr heranrückt. Da können wir mit Mineralien, mit physikalischen, mit chemischen Erscheinungen und so weiter an das Kind herankommen. Aber auch da sollen wir womöglich überall an das Leben anknüpfen; nicht einfach, sagen wir, von der Mineraliensammlung ausgehen, sondern von dem Erdboden, vom Gebirge ausgehen, so daß wir das Gebirge zunächst beschreiben, wie es die Erde konfiguriert; dann davon sprechen, wie das Gebirge unten mit Erde umzogen ist. Je höher wir kommen, desto kahler wird das Gebirge, desto weniger finden sich dort Pflanzen. Nun fangen wir an, von dem Kahlen des Gebirges zu sprechen und dann darauf aufmerksam zu machen, daß da Mineralisches ist. Wir gehen also vom Gebirge aus und kommen an das Mineralische heran.

Dann, wenn wir das Gebirge so recht anschaulich beschrieben haben, dann nehmen wir irgendein Mineral und zeigen es und sagen: Das also würde man finden, wenn man diesen Weg hinaufginge auf dieses Gebirge. Dort findet man das. Hat man das für ein paar Mineralien gemacht, dann kann man übergehen, die Mineralien selbst zu behandeln. Aber das erste muß sein, daß man auch hier wiederum von dem Ganzen ausgeht und nicht von dem Teil. Das ist von einer außerordentlichen Wichtigkeit.

Und ebenso ist es wichtig auch für physikalische Erscheinungen, vom Leben auszugehen. Nicht einfach Physik, so wie man sie heute in den Lehrbüchern findet, zu lehren anfangen, sondern etwa davon ausgehen, daß man einfach ein Zündholz anzündet und nun zunächst das Kind anschauen läßt, wie da das Zündholz anfängt zu brennen. Man soll das Kind auf alle Einzelheiten aufmerksam machen, wie die Flamme aussieht, wie die Flamme mehr nach außen aussieht, wie sie im Innern aussieht; wenn man die Flamme auslöscht, daß da ein schwarzer Fleck zurückbleibt, eine schwarze Kuppe; dann erst davon anfangen, wie das Feuer an dem Zündholz zustande gekommen ist. Das Feuer an dem Zündholz ist dadurch zustande gekommen, daß Wärme entwickelt worden ist und so weiter. Überall die Dinge an das Leben anknüpfen!

Also zum Beispiel nicht vom Hebel ausgehen und sagen: Ein Hebel besteht darin, daß man einen Balken hat, der unterstützt ist, am einen Arm eine Kraft hat und am andern Arm eine Kraft, so wie man es in den Physikbüchern sehr häufig ausgeführt findet. Man soll das nicht so machen, sondern von der Waage ausgehen. Man soll das Kind in Gedanken zu irgendeinem Geschäft hinführen, wo mit der Waage abgewogen wird, und von da aus erst zum Gleichgewicht übergehen, ebenso zu dem Begriff des Gewichtes, der Schwere übergehen. Also überall aus dem Leben heraus das Physikalische entwickeln. Und so auch bei chemischen Erscheinungen.

Das ist das Wesentliche, daß man vom Leben ausgehend, die einzelnen physikalischen, mineralischen Erscheinungen betrachtet. Geht man anders vor, geht man von der Abstraktion aus, dann geschieht ja etwas sehr eigentümliches mit dem Kinde, dann wird das Kind leicht müde durch den Unterricht.

Kapitel IV: Schulautonomie konkret

Als Rudolf Steiner 1919 von Emil Molt, dem Direktor der Waldorf Astoria Zigarettenfabrik, gefragt wurde, ob er für dessen Arbeiterkinder nicht eine Schule nach geisteswissenschaftlichen Gesichtspunkten einrichten würde, sagte Rudolf Steiner sehr gerne zu. Er sah diese Initiative ganz im Zusammenhang mit seinen Bemühungen um eine Neugestaltung der gesellschaftlichen Verhältnisse im Sinne einer «Dreigliederung des sozialen Organismus». Damit war eine radikale Entflechtung und gleichzeitig ein organisches Zusammenwirken von Geistesleben, Rechtsleben und Wirtschaftsleben anvisiert, die nach je eigenen Schlüsselbegriffen gedacht wurden: Freiheit im Geistesleben, Gleichheit im Rechtsleben und Brüderlichkeit im Wirtschaftsleben. Rudolf Steiner und die «Dreigliederer» wandten in diesen Jahren viel Energie und Phantasie auf, um dieser Idee zur Verwirklichung zu verhelfen, von der sie sich eine heilende Neuordnung der Gesellschaft nach der Katastrophe des ersten Weltkriegs versprachen. Es wurden viele impulsierende Vorträge gehalten, Rudolf Steiners Grundschrift *Die Kernpunkte der sozialen Frage* erschien in großer Auflage, assoziative Firmenverbände wurden gegründet in der Absicht, freie Forschung und Geistesleben zu fördern. Es gelang damals nicht, der Idee zum Durchbruch zu verhelfen – außer in der Verwirklichung der Idee eines freien Geisteslebens am Beispiel der Waldorfschule.

Diese Schule ist als autonome gedacht, staatliche Eingriffe und Vorschriften sollten keine, oder doch nur eine marginale Rolle spielen. Die Unterrichtenden allein sollen in freier, gemeinsam abgestimmter Intuition mit den Eltern zusammen ihre Schule gestalten und verantworten können und so – über die erwachsen werdenden Schüler – eine Zivilgesellschaft aufbauen helfen. Rechtsleben und Wirtschaftsleben wirken fördernd (Wirtschaft) und strukturierend (Rechtsleben) hinein, ohne Abhängigkeiten zu schaffen. Ein Blick auf unsere Bildungslandschaft mag zeigen, daß auch heute die Einengung durch Vorgaben des Staates, das Vordringen der Ökonomie in alle Bereiche und ein Hang zur Bürokratisierung Realitäten sind.

Die hier folgenden Texte thematisieren die Organisation und soziale Gestalt der Waldorfschule. Gibt es einen Direktor, wie sieht die Schulverwaltung aus, wie bildet sich eine solche Gemeinschaft, wie erneuert sie sich und wie sieht die Zusammenarbeit mit den Eltern aus? Das Konzept mag dem einen oder andern radikal erscheinen, ja gewagt und doch ist es wohl die der errungenen Selbständigkeit und Gedankenfreiheit des Menschen des 20. und 21. Jahrhunderts gemäße Form der Schulgestaltung. Die im Bereich der Staatsschule eingerichteten Versuche mit autonomen und teilautonomen Schulen und die wachsende Zahl der Privatschulen deuten die Notwendigkeit dieses Schrittes zum freien Geistesleben hin auf ihre Weise an.

Zunächst folgt ein Ausschnitt aus dem Aufsatz «Freie Schule und Dreigliederung», der 1919 in der von Rudolf Steiner selbst herausgegebenen Zeitschrift *In Ausführung der Dreigliederung des sozialen Organismus* erschien. Die Grundideen der in einem freien Geistesleben verankerten Schule werden hier in äußerster Klarheit und Bestimmtheit herausgearbeitet.

Die öffentliche Pflege des Geisteslebens in Erziehung und Schule ist in der neueren Zeit immer mehr zur Staatssache geworden. Daß das Schulwesen eine vom Staat zu besorgende Angelegenheit sei, wurzelt gegenwärtig so tief im Bewußtsein der Menschen, daß, wer an diesem Urteil rütteln zu müssen vermeint, als ein weltfremder «Ideologe» angesehen wird. Und doch liegt gerade auf diesem Lebensgebiete etwas vor, das der allerernstesten Erwägung bedarf. Denn diejenigen, die in der angedeuteten Art über «Weltfremdheit» denken, ahnen gar nicht, welch eine weltfremde Sache sie selbst verteidigen. Unser Schulwesen trägt ganz besonders die Charakterzüge an sich, die ein Abbild sind der niedergehenden Strömungen im Kulturleben der gegenwärtigen Menschheit. Die neueren Staatsgebilde sind mit ihrer sozialen Struktur den Anforderungen des Lebens nicht gefolgt. Sie zeigen zum Beispiel eine Gestaltung, die den wirtschaftlichen Forderungen der neueren Menschheit nicht genügt. Sie haben diese Rückständigkeit auch dem Schulwesen aufgedrückt, das sie, nachdem sie es den Religionsgemeinschaften entrissen, ganz in Abhängigkeit von sich gebracht haben. Die Schule auf allen ihren Stufen bildet die Menschen so aus, wie sie der Staat für die Leistungen braucht, die er für notwendig hält. In den Einrichtungen der Schulen spiegeln sich die Bedürfnisse des Staates. Man redet zwar viel von allgemeiner Menschenbildung und ähnlichem, das man anstreben will; aber der neuere Mensch fühlt sich unbewußt so stark als ein Glied der staatlichen Ordnung, daß er gar nicht bemerkt, wie er von der allgemeinen Menschenbildung redet und eigentlich die Ausbildung zum brauchbaren Staatsdiener meint.

In dieser Beziehung verspricht die Gesinnung der sozialistisch Denkenden von heute nichts Gutes. Man will den alten Staat umwandeln in eine große Wirtschaftsorganisation. In diese hinein soll sich fortsetzen die Staatsschule. Diese Fortsetzung würde alle Fehler der gegenwärtigen Schule in bedenklichster Art vergrößern. Bisher steckte in dieser Schule noch manches, was Zeiten entstammte, in denen der Staat noch nicht Beherrscher des Unterrichtswesens war. Man kann natürlich die Herrschaft des Geistes nicht zurückwünschen, der aus diesen alten Zeiten stammt. Aber man müßte bestrebt sein, den neuen Geist der fortentwickelten Menschheit in die Schule hineinzutragen. Dieser Geist wird nicht darinnen sein, wenn man den Staat in eine Wirtschaftsorganisation umwandelt und die Schule so umgestaltet, daß aus ihr Menschen hervorgehen, die die brauchbarsten Arbeitsmaschinen in dieser Wirtschaftsorganisation sein können. Man spricht heute viel von einer «Einheitsschule». Daß man sich theoretisch unter dieser Einheitsschule etwas sehr Schönes vorstellt, darauf kommt es nicht an. Denn, wenn man die Schule als ein organisches Glied einer Wirtschaftsorganisation ausgestaltet, so kann sie nicht etwas Schönes sein.

Worauf es der Gegenwart ankommen muß, das ist, die Schule ganz in einem freien Geistesleben zu verankern. Was gelehrt und erzogen werden soll, das soll nur aus der Erkenntnis des werdenden Menschen und seiner individuellen Anlagen entnommen sein. Wahrhaftige Anthropologie soll die Grundlage der Erziehung und des Unterrichtes sein. Nicht gefragt soll werden: Was braucht der Mensch zu wissen und zu können für die soziale Ordnung, die besteht; sondern: Was ist im Menschen veranlagt und was kann in ihm entwickelt werden? Dann wird es möglich sein, der sozialen Ordnung immer neue Kräfte aus der heranwachsenden Generation zuzuführen. Dann wird in dieser Ordnung immer das leben, was die in sie eintretenden Vollmenschen aus ihr machen; nicht aber wird aus der heranwachsenden Generation das gemacht werden, was die bestehende soziale Organisation aus ihr machen will.

Ein gesundes Verhältnis zwischen Schule und sozialer Organisation besteht nur, wenn der letzteren immer die in ungehemmter Entwicklung herangebildeten neuen individuellen Menschheitsanlagen zugeführt werden. Das kann nur geschehen, wenn die Schule und das Erziehungswesen innerhalb des sozialen Organismus auf den Boden ihrer Selbstverwaltung gestellt werden. Das Staats- und Wirtschaftsleben sollen die von dem selbständigen Geistesleben herangebildeten Menschen empfangen; nicht aber sollen sie, nach ihren Bedürfnissen, deren Bildungsgang vorschreiben können. Was ein Mensch in einem bestimmten Lebensalter wissen und können soll, das muß sich aus der Menschennatur heraus ergeben. Staat und Wirtschaft werden sich so gestalten müssen, daß sie den Forderungen der Menschennatur entsprechen. Nicht der Staat oder das Wirtschaftsleben haben zu sagen: So brauchen wir den Menschen für ein bestimmtes Amt; also *prüft* uns die Menschen, die wir brauchen und sorgt zuerst dafür, daß sie wissen und können, was wir brauchen; sondern das geistige Glied des sozialen Organismus soll aus seiner Selbstverwaltung heraus die entsprechend begabten Menschen zu einem gewissen Grade der Ausbildung bringen, und Staat und Wirtschaft sollen sich gemäß den Ergebnissen der Arbeit im geistigen Gliede einrichten.

Da das Leben des Staates und der Wirtschaft nichts von der Menschennatur Abgesondertes sind, sondern das Ergebnis dieser Natur, so ist niemals zu befürchten, daß ein wirklich freies, auf sich selbst gestelltes Geistesleben wirklichkeitsfremde Menschen ausbildet. Dagegen entstehen solche lebensfremde Menschen gerade dann, wenn die bestehenden Staats- und Wirtschaftseinrichtungen das Erziehungs- und Schulwesen von sich aus regeln. Denn in Staat und Wirtschaft müssen die Gesichtspunkte innerhalb des Bestehenden, Gewordenen eingenommen werden. Zur Entwicklung des werdenden Menschen braucht man ganz andere Richtlinien des Denkens und Empfindens. Man kommt als Erzieher, als Unterrichtender nur zurecht, wenn man in einer freien, individuellen Weise dem zu Erziehenden, zu Unterrichtenden gegenübersteht. Man muß sich für die Richtlinien des Wirkens nur abhängig wissen von *Erkenntnissen* über die Menschennatur, über das Wesen der sozialen Ordnung und ähnliches, nicht aber von *Vorschriften* oder *Gesetzen*, die von außen gegeben werden. Will man ernstlich die bisherige Gesellschaftsordnung in eine solche nach sozialen Gesichtspunkten überleiten, so wird man nicht davor zurückschrecken dürfen, das geistige Leben – mit dem Erziehungs- und Schulwesen – in seine eigene Verwaltung zu stellen. Denn aus einem solchen selbständigen Gliede des sozialen Organismus werden Menschen hervorgehen mit Eifer und Lust zum Wirken im sozialen Organismus; aus einer vom Staat oder vom Wirtschaftsleben geregelten Schule können aber doch nur Menschen kommen, denen dieser Eifer und diese Lust fehlen, weil sie die Nachwirkung einer Herrschaft wie etwas Ertötendes empfinden, die nicht hätte über sie ausgeübt werden dürfen, bevor sie vollbewußte Mitbürger und Mitarbeiter dieses Staates und dieser Wirtschaft sind. Der werdende Mensch soll erwachsen durch die Kraft des von Staat und Wirtschaft unabhängigen Erziehers und Lehrers, der die individuellen Fähigkeiten frei entwickeln kann, weil die seinigen in Freiheit walten dürfen.

Die sieben nächsten Vortragsausschnitte befassen sich mit Fragen der konkreten organisatorisch-sozialen Gestaltung der Waldorfschule. Im Zentrum steht kein Direktor oder Rektor, sondern das an der Schule tätige *Lehrerkollegium*. Hier liegt der «Schwerpunkt» der Schulführung, die regelmäßig stattfindende Lehrerkonferenz ist «das Herz», die «Seele» der Schule. Mit diesen beiden Begriffen ist auf eine Ebene der Verbindung und Verbindlichkeit hingewiesen, die über verwaltungs- und organisationstechnische Funktionsabläufe hinausgeht. Sie zielen auf den gemeinsamen anthropologisch-spirituellen Hintergrund, auf den hin die ganze Unternehmung bezogen und um den in den Konferenzen immer wieder gerungen wird. Die einzelne Lehrkraft ist in ihrem pädagogischen Handeln autonom und trifft sich in der Sache und in den Bestrebungen des andern in den *Lehrerkonferenzen*. Diese erscheinen als ein «fortdauerndes Seminar».

So klar im Ideal und in der Ausrichtung diese *Sozialgestalt* von Rudolf Steiner auch dargestellt wurde, so vielfältig wurde und wird sie an den einzelnen Schulen, die sich gemäß diesen Prinzipien je individuell ausbilden, umgesetzt. Wir finden hier reine Konsensgemeinschaften am einen Ende des Spektrums und von einer Person implizit oder explizit geführte Schulen am andern Ende. Dazwischen liegt ein weites und oft experimentelles Feld von interessanten Mischformen, in denen das Delegationsprinzip eine große Rolle spielt.

So liegt gerade bei dem Unterrichtssystem, dem Erziehungssystem, das in der Waldorfschule gepflegt wird, der Schwerpunkt im Lehrerkollegium und in den Beratungen des Lehrerkollegiums, weil die ganze Schule ein in sich belebter und durchgeistigter Organismus sein soll und weil mit wirklich innerem Anteil der Lehrer der 1. Klasse verfolgen soll dasjenige, was der Physiklehrer der 12. Klasse nicht nur macht in seiner Klasse, sondern an den Schülern erfährt und erlebt. Das strömt alles in der Lehrerkonferenz zusammen. Da strömen aber auch durcheinander alle die Ratschläge, die sich aus der gesamten Handhabung des Unterrichts ergeben. Es wird wirklich versucht, in der Lehrerkonferenz etwas zu haben wie die Seele des ganzen Schulorganismus. Da weiß der Lehrer der 1. Klasse, daß der Lehrer der 6. Klasse ein Kind hat, das in dieser oder jener Weise zurückgeblieben ist oder sich gerade in dieser oder jener Weise spezifisch begabt erweist. Und diese Dinge, die der einzelne weiß, die werden auf einem ganz anderen Gebiet bei den anderen fruchtbar. Da kennt, möchte ich sagen, der Lehrkörper deshalb, weil er eine Einheit ist, auch die ganze Schule als eine Einheit. Dann durchzieht die ganze Schule eine gemeinsame Begeisterung, aber auch gemeinsame Sorgen. Dann tragen alle Lehrkräfte miteinander dasjenige, was für die ganze Schule namentlich in moralisch-religiöser Weise, aber auch in erkenntnismäßiger Weise getragen werden muß.

Da sitzt in der Hauptstadt eines Landes ein Unterrichtsministerium. In diesem weiß man aus der genauen Einteilung, die man auf dem Schulverordnungswege dem Erziehungswesen angedeihen läßt, was in jeder Schule und Klasse gelehrt wird. Und dann ist irgendwo in einem Winkel des Landes ein Ort mit einer Schule. Wenn man nun wissen will, was zum Beispiel am 21. Juli 1924 um ½10 Uhr morgens in der 5. Volksschulklasse gerade gelehrt wird, dann schaut man im Ministerium nach, wie die Verordnung lautet; dann kann man sagen, was dort gelehrt wird. – Bei uns aber haben Sie zum Beispiel in der 5. Klasse zwei Parallelklassen, die 5A und 5B. Sie gehen nacheinander in die beiden Klassen hinein. Sie sind erstaunt darüber: ganz etwas anderes findet in der Parallelklasse statt, in nichts etwas Gleiches von dem, was in der andern Klasse gemacht wird. Die 5A und 5B sind ganz der Lehrerindividualität überlassen; jeder kann das machen, was seiner Individualität entspricht, und er tut es auch. Trotzdem in der Lehrerkonferenz absolutester Einklang im Sachlichen vorhanden ist, gibt es keine Verordnung, daß die eine Klasse im Erziehen und Unterrichten ebenso vorgehen muß wie die Parallelklasse. Denn was erreicht werden soll, muß auf die verschiedenste Weise erreicht werden; es handelt sich nie darum, etwas in äußerlicher Weise vorzuschreiben. So finden Sie, daß zum Beispiel schon bei den kleinen Kindern in der 1. Klasse der eine Lehrer mehr dies macht, um das Kind ins malende Zeichnen hineinzuführen: Sie kommen in die Klasse hinein und sehen die Kinder allerlei Bewegungen mit den Händen machen, die dann überführen in die Handhabung des Pinsels oder des Bleistiftes. Oder Sie kommen in die andere Klasse und Sie sehen dort die Kinder herumtanzen, um aus der Bewegung der Beine dasselbe hervorzuholen. Jeder Lehrer macht es, wie er es nach der Individualität der Kinder und nach seiner eigenen für angemessen hält. Dadurch ist aber wirkliches Leben in der Klasse drinnen, und dadurch bildet sich schon das heraus, daß sich die Kinder zugehörig fühlen zur Lehrkraft.

Eine Schulaufsicht gibt es natürlich, trotzdem jenes alte Schulgesetz da war, auch in Württemberg, aber wir sind mit dieser Schulaufsicht ganz gut ausgekommen. Man hat sich grenzenlos einsichtsvoll verhalten und ist auf alles eingegangen, wenn man gesehen hat, wie es geht. Aber es kommen doch auch besondere Dinge dabei vor. So kam zum Beispiel eine Schulkommission in eine Klasse, wo die Lehrerin immer gewohnt war, recht viel Mühe zu haben mit der Disziplin der Klasse, sich immer zwischen dem Unterrichten viel Mühe geben mußte mit der Disziplin. Nun, die ministerielle Schulkommission kommt, und die Lehrerin ist höchst erstaunt, wie musterhaft in bezug auf die moralische und sonstige Haltung ihre Klasse ist, so daß sie gar nicht anders konnte, als am nächsten Tage zu sagen: Kinder, ihr waret aber gestern brav. – Darauf sagt die ganze Klasse: Nun, Fräulein Doktor, wir werden *Sie* doch nicht hineinlegen! – Es kommt eben auch etwas wie Imponderables dann in der Haltung der Schüler heraus, wenn das befolgt wird, was ich immer jetzt an den Schluß der Vorträge gestellt habe: Wenn Unterricht und Erziehung darin bestehen, daß Leben lebendig an Leben übertragen wird, dann kommt auch Leben heraus, das sich entwickelt und gedeiht.

Da steht also eine Lehrkraft in der einen Klasse a, eine andere in der Klasse b. Denken Sie sich, wie das ist im «richtig eingerichteten» Leben. Da kommen Sie in die 1. Klasse a hinein; da drinnen wird nach einer bestimmten Methode gedrillt, die man als die beste anschaut. Jetzt gehen Sie in die 1. Klasse b hinein. Es könnte auch a drauf stehen, nur andere Kinder sitzen drinnen, denn in beiden Klassen geht es ja gleich zu, weil das die «richtige Methode» ist. Natürlich, die Menschen denken das nach Gescheitheit aus. Das Intellektuelle ist ein Eindeutiges, und so muß es sein.

Bei uns finden Sie das gar nicht in der Waldorfschule. Bei uns gehen Sie in die 1. Klasse a hinein, da sehen Sie einen Lehrer oder eine Lehrerin drinnen, die treibt Schreibunterricht, läßt die Kinder allerlei Formen machen, sagen wir aus Fäden, dann läßt sie diese Formen in Malerisches überführen, und es entstehen nach und nach Buchstaben. Einer zweiten Lehrerin gefällt es anders. Wenn Sie in die Klasse b hineingehen, finden Sie, daß diese Lehrerin die Kinder herumtanzen läßt; sie sollen die Formen am eigenen Leibe erleben. Dann läßt sie das fixieren. Niemals werden Sie finden, daß es in der Klasse a, b oder c ganz gleich zugeht. Es geschieht dasselbe, aber auf ganz verschiedene Art. Eine frei schaffende Phantasie waltet da. Es gibt keine Vorschrift, sondern es gibt nur einen Geist der Waldorfschule. Das ist sehr wichtig, daß man das erfaßt. Der Lehrer ist autonom. Der Lehrer kann innerhalb dieses Geistes durchaus dasjenige tun, was er für richtig hält. Sie werden sagen: Ja, wenn jeder tun kann, was er will, dann kann ja das Chaotischste in der Schule geschehen. Dann kommt man in die 5. Klasse a hinein, da wird, was weiß ich was für ein Hokuspokus getrieben. Dann kommt man in die 5. Klasse b hinein, da wird irgendwo ein Schachspiel getrieben. – Das Wesentliche aber ist wiederum, daß es nicht so ist in der Waldorfschule. Sie finden überall Freiheit, und dennoch ist in jeder Klasse der Geist darinnen, der dem Lebensalter der Kinder entspricht.

Wenn Sie die Seminarkurse nehmen, so werden Sie sehen, sie lassen die größte Freiheit, und dennoch, sie stellen in die Klasse dasjenige hinein, was hineingehört. Und das eigentümliche ist, kein Lehrer hat sich je dagegen aufgelehnt. Alle nehmen den einheitlichen Geist ganz freiwillig auf. Keiner lehnt sich auf, keiner will etwas extra haben. Im Gegenteil, es entsteht sogar oftmals die Sehnsucht, in den Konferenzen nur ja recht viel darüber zu reden, was in den Klassen sein soll.

Warum lehnt sich denn kein Lehrer auf gegen den Lehrplan? Wir haben schon Jahre hinter uns. Was glauben Sie, daß der Grund davon ist? Jeder hält ihn für vernünftig. Er findet ihn gar nicht unvernünftig. Er findet ihn in seiner Freiheit ganz vernünftig, weil er mit demjenigen zusammenhängt, was nun wirkliche, echte Menschenerkenntnis ist.

Aber gerade indem man auf diese Dinge kommt, das Schaffen des Unterrichtsstoffes aus der Phantasie heraus, sieht man, daß Freiheit in der Schule walten muß. Die waltet auch. Und jeder Lehrer hat bei uns das Gefühl, nicht nur daß er auf dasjenige kommt, was er selber wirklich ausdenkt und in seiner Phantasie findet, sondern ich gewinne immer mehr die Überzeugung – ob ich in den Konferenzen mit meinen Waldorf-Lehrern sitze, ob ich in die Klasse komme –, daß eigentlich jeder vergißt, wenn er in der Klasse ist, daß der Lehrplan einmal fixiert und aufgestellt worden ist. Er hält ihn eigentlich in dem Momente, wo er unterrichtet, für sein eigenes Werk. Dieses Gefühl habe ich, wenn ich hineinkomme.

Zunächst möchte ich dieses andeuten, daß die Seele alles Unterrichtens und Erziehens in der Waldorfschule zunächst die Lehrerkonferenz ist, jene Lehrerkonferenzen, welche regelmäßig vom Lehrerkollegium abgehalten werden und denen ich beiwohne, wenn ich selber in Stuttgart sein kann. Diese Lehrerkonferenzen befassen sich nun nicht bloß mit demjenigen, was äußere Schuleinrichtungen sind, etwa mit der Abfassung des Lehrplanes, mit der Gliederung der Klassen und so weiter, sondern sie befassen sich in einer eingehenden Weise mit dem ganzen Leben der Schule und mit allem, was dieses Leben der Schule beseelen soll. Nun ist ja die Schule daraufhin eingerichtet, Unterricht und Erziehung zu leisten auf Grundlage von Menschenerkenntnis, das heißt aber dann, auf Grundlage der Erkenntnis der einzelnen Kinderindividualitäten. Daher bildet die Beobachtung, die psychologische Beobachtung der Kinderindividualitäten ein wesentliches Moment in der ganzen Ausgestaltung des Unterrichtes im einzelnen, im konkreten. In den Lehrerkonferenzen wird über das einzelne Kind so gesprochen, daß das Wesen der menschlichen Natur eben in jener besonderen Individualität erfaßt zu werden versucht wird, die in einem Kinde gegeben ist.

Und deshalb ist das Herz der Waldorfschule, wenn ich von ihrer Organisation spreche, die Lehrerkonferenz, es sind die Lehrerkonferenzen, die von Zeit zu Zeit immer abgehalten werden. Wenn ich selbst in Stuttgart sein kann, geschieht sie unter meiner Leitung, sonst aber finden diese Lehrerkonferenzen auch in verhältnismäßig sehr kurzen Zwischenräumen statt. Da wird wirklich bis ins Einzelnste hinein alles vor der gesamten Lehrerschaft verhandelt über die gesamte Schule, was der einzelne Lehrer in seiner Klasse an Erfahrungen machen kann. So daß fortwährend diese Lehrerkonferenzen die Tendenz haben, die Schule so als einen ganzen Organismus zu gestalten, wie der menschliche Leib ein Organismus ist dadurch, daß er ein Herz hat. Da handelt es sich allerdings bei diesen Lehrerkonferenzen viel weniger um abstrakte Grundsätze, sondern überall bei den Lehrern um den guten Willen zum Zusammenleben, um das Hintanhalten jeder Art von Rivalität. Und vor allen Dingen handelt es sich darum, daß man etwas, was dem anderen nützt, nur vorbringen kann, wenn man die entsprechende Liebe zu jedem einzelnen Kinde hat. Aber ich meine dabei nicht jene Liebe, von der man oft spricht, sondern jene Liebe, die man gerade als artistischer Lehrer hat.

In dem Organismus, wie ich ihn geschildert habe, den eine Schule bilden soll, steht jedes einzelne organisch eingegliedert darin, und alle die verschiedenen Fäden von Tätigkeiten, welche ausgeübt werden müssen, damit der ganze Organismus der Waldorfschule lebt, laufen zusammen in den Lehrerkonferenzen, die möglichst oft stattfinden. Und bei einer größeren Anzahl solcher Lehrerkonferenzen im Laufe des Jahres bin ich ja selbst anwesend.

Diese Lehrerkonferenzen sind nicht nur etwa dazu bestimmt, um den Schülern Zeugnisse vorzubereiten, um sich über die Verwaltungsangelegenheiten der Schule zu beraten und dergleichen, oder über die Strafen, die für die Schüler angesetzt werden sollen, wenn sie dies oder jenes verbrochen haben und dergleichen, sondern diese Schulkonferenzen sind eigentlich die fortlaufende lebendige Hochschule für das Lehrerkollegium. Sie sind das fortdauernde Seminar.

Das sind sie dadurch, daß für den Lehrer wiederum jede einzelne Erfahrung, die er in der Schule macht, ein

Gegenstand für seinen eigenen Unterricht, für seine eigene Erziehung wird. Und in der Tat, wer in dieser Weise, indem er lehrt, indem er erzieht, zu gleicher Zeit auf der einen Seite tiefste psychologische Einsicht in die unmittelbare Praxis aus der Handhabung des Unterrichts und der Erziehung, wie andererseits aus der besonderen Eigentümlichkeit – den Charakteren, den Temperamenten der Kinder –, wer eine solche Selbsterziehung, einen solchen Unterricht für sich selber herausholt aus der Praxis des Unterrichtens, der wird fortwährend Neues finden. Neues für sich, Neues für das ganze Lehrerkollegium, mit dem alle die Erfahrungen, alle die Erkenntnisse, die gewonnen werden in der Handhabung des Unterrichts, in den Konferenzen ausgetauscht werden sollen. So daß das Lehrerkollegium wirklich innerlich geistig-seelisch ein Ganzes ist, daß jeder weiß, was der andere macht, was der andere für Erfahrungen gemacht hat, inwiefern der andere weitergekommen ist durch dasjenige, was er in der Klasse mit den Kindern erlebt hat.

So gestaltet sich das Lehrerkollegium wirklich zu einem Zentralorgan, von dem das ganze Blut der Unterrichtspraxis ausgehen kann, und der Lehrer hält sich dadurch frisch und lebendig.

Die beste Wirkung wird vermutlich sein, daß durch solche Konferenzen, durch solches Konferenzleben die Lehrer fortwährend eben in innerer Lebendigkeit verbleiben, nicht eigentlich in Wirklichkeit seelisch und geistig alt werden; denn das muß ja der Lehrer gerade erstreben: seelisch und geistig jung zu bleiben. Das kann aber nur dann geschehen, wenn ein wirklich geistig-seelisches Lebensblut zu einem Zentralorgan hinfließt, wie das menschliche Blut zum Herzen und von da wiederum ausfließt. Das ist konzentriert als ein geistig-seelisches Kräftesystem in demjenigen, was gesucht wird in der Waldorfschule als das Leben in den Lehrerkonferenzen, die allwöchentlich und eben, wie gesagt, auch von Zeit zu Zeit in meiner Gegenwart abgehalten werden.

Nun habe ich schon gestern angedeutet, daß die wesentlichsten Grundbedingungen für die richtige Führung einer solchen Schule darin liegen, daß das Lehrerkollegium wie die Seele und der Geist, aber einheitlich, wirkt auf den ganzen Schulorganismus. Und da ist vor allen Dingen eben auch schon unter die pädagogischen Impulse dasjenige zu rechnen, daß wirklich innerhalb der Lehrerkonferenzen nicht nur ein statistisches Verzeichnis herauskommt dessen, was der einzelne Lehrer bemerkt, sondern daß lebendig sich entwickelt im Lehrerkonferenzwesen jene individualisierende Psychologie, die sich aus der Führung des Unterrichts selbst ergibt. Ich möchte da nur ein Beispiel erwähnen. Wir haben nebeneinandersitzen in den Klassen Knaben und Mädchen. Anfangs hatte die Waldorfschule einen Schülerstand, der nicht viel die Hundert überschritt, der sich aber so entwickelt hat, daß wir im letzten Schuljahr 700 Schüler hatten. Aus diesem Anwachsen der Schülerzahl ergab sich die Notwendigkeit, Parallelklassen zu errichten, besonders für alle unteren Klassen. Nun haben wir Klassen, in denen mehr Mädchen als Knaben sind, und auch solche, wo es umgekehrt ist, selten stellt sich auch ein, daß die Zahl ungefähr gleich ist. Es wäre ja pedantisch, die Verfügung zu treffen, es müßten gleich viel Mädchen und Knaben sein. Erstens geht das nicht an, weil die Schulkinder eben nicht so in die Schule gebracht werden, zweitens würde man aber auch durch solch eine Schematisierung lebensungemäß wirken. Man muß also die Möglichkeit herbeiführen, daß eine Schulführung in der Lage ist, unter allen Verhältnissen dasjenige zur Anwendung zu bringen, was man eben als die richtigen Impulse ansieht. Aber es stellt sich durchaus heraus, daß eine Klasse, wo mehr Mädchen sind, ein ganz anderes psychisches Gebilde ist, als eine Klasse, wo mehr Knaben als Mädchen sind. Dabei kann man ganz absehen von äußeren Verhältnissen, die da auftreten, von demjenigen also, was sich im grob Bemerkbaren abspielt. Sondern, was da eine solche Klasse zu einem besonderen psychischen Gebilde macht, das sind imponderable Impulse, die gar nicht im Äußerlichen grob bemerkbar sind, welche da wirken. Und man hat gerade in Lehrerkonferenzen die Möglichkeit, daß auch in dieser Richtung gearbeitet werde. Und da muß man sich klar sein darüber, wie organisch beseelend das wirkt, wenn man erreichen will, daß die Schule ein organisch Beseeltes ist.

Waldorfschulen stehen seit je in einem engen Kontakt zu den *Eltern* der ihnen anvertrauten Kinder. Es wird in den folgenden Ausführungen deutlich, daß die Lehrkräfte und Kinder auf diese Verbindung angewiesen sind, um gemeinsam Lehrinhalte, -methoden und individuelles Vorgehen auf der Grundlage von Verständnis der Lebensgeschichten und sozialen Verhältnissen abzustimmen, ja zu entwickeln. Auch auf diesem Gebiet wurden im Laufe der Geschichte der Waldorfbewegung vielfältige, kooperative Formen der Zusammenarbeit entwickelt.[10]

ERGÄNZEND ZU DEM, was ich gestern über die Lehrerkonferenzen, die Seele der Schule, gesagt habe, möchte ich heute, bevor ich in der rein methodischen Auseinandersetzung weiterschreite, noch hinzufügen, daß wir den allergrößten Wert darauf legen müssen, mit der Elternschaft unserer Waldorfschulkinder in völliger Harmonie, in vollem Einklange dadurch zu stehen, daß wir in verhältnismäßig

10 Siehe dazu das Literaturverzeichnis im Anhang

kurzen Zeiträumen Elternabende veranstalten, die dann von den im Orte anwesenden Eltern der Kinder besucht werden, mit denen das besprochen wird, was Absichten, Methoden, Einrichtungen der Schule sind – natürlich im allgemeinen vor der Elternversammlung, deren Wünsche dann auch, insofern sie sich in einer Versammlung zum Ausdruck bringen lassen, entgegengenommen werden. Dadurch hat man Gelegenheit, das, was pädagogisch erreicht werden soll, wirklich herauszuarbeiten aus dem ganzen sozialen Milieu, aus dem es ja auch der Wirklichkeit nach herausstammt. Man hört als Lehrer das, was sich die Eltern vorstellen über die Erziehung der Kinder; und die Eltern hören – es wird bei uns auch immer mit einer großen Ehrlichkeit und Unverhohlenheit gesprochen –, was in der Schule vorgeht, wie man über die Erziehung und über die Zukunft der Kinder denkt; wie man darüber denkt, daß es notwendig ist, solche freien Erziehungsinstitute zu haben. Kurz, man steht mit den Eltern dadurch nicht nur in einem abstrakten Gedankeneinklange, sondern man erreicht einen fortwährenden Kontakt mit den Eltern. Darauf müssen wir deshalb schon einen großen Wert legen, weil wir keine andere Anlehnung haben. In einer Staatsschule ist ja alles abgezirkelt. Da weiß man mit einer großen Bestimmtheit, was man für Lehrziele haben muß, man weiß, daß das Kind mit 9 Jahren zum Beispiel so und so weit sein muß und so weiter. Das ist alles genau bestimmt.

Grossen Wert legen wir darauf, daß wir in bezug auf jedes Kind wirklich mit dem Elternhaus in Kontakt stehen, so daß man von der Schule aus durch das Kind auf das Elternhaus hinaussieht. Dadurch wird einem das Kind erst verständlich; dadurch weiß man auch, wie man jede Eigenschaft bei dem Kinde zu behandeln hat. Es ist nicht so, daß, wenn man an dem Kinde eine Eigenschaft bemerkt, das dasselbe ist, wie wenn man diese Eigenschaft an einem anderen Kinde bemerkt; denn dieselbe Eigenschaft bedeutet bei dem einen Kinde etwas ganz anderes als bei dem anderen Kinde.

Sagen wir zum Beispiel, ein Kind zeigt eine gewisse Aufgeregtheit; ein anderes Kind zeigt auch Aufgeregtheit. Ja, es kommt gar nicht darauf an, daß man bloß weiß, das Kind ist aufgeregt, und man soll etwas beitragen zu seiner Beruhigung, sondern es kommt darauf an, daß man bei dem einen Kinde findet: Das ist aufgeregt, weil es einen aufgeregten Vater hat und den imitiert; das andere Kind ist aufgeregt, weil es ein schlechtes Herz hat, herzkrank ist. So muß man überall auf dasjenige eingehen können, was den Eigenschaften zugrunde liegt.

Und dazu sind gerade die Lehrerkonferenzen da. Die sind dazu da, wirklich den Menschen zu studieren und dadurch in der Menschenkunde, ich möchte sagen, einen fortlaufenden Strom durch die Schule fließen zu lassen. Man studiert die Schule in den Lehrerkonferenzen. Dadurch ergibt sich das andere, was man braucht, schon von selber. Das Wesentliche ist, daß die Lehrerkonferenzen ein fortlaufendes, ein fortdauerndes Studium sind.

UND EBENSO wie nach dem Zentrum hin die Lehrerkonferenz uns ein Wesentliches ist, so ist uns nach der Peripherie hin dasjenige, was wir in den Elternabenden haben, etwas außerordentlich Wichtiges. Wir versuchen wenigstens von Monat zu Monat, jedenfalls aber von Zeit zu Zeit Elternabende zu veranstalten. Da versuchen wir, die Eltern zu versammeln, die Kinder in unserer Schule haben, und die eben kommen können, und da wird von den Lehrern für die Eltern dasjenige auseinandergesetzt, was eine Verbindung schaffen kann zwischen der Schuljugend und den Elternhäusern. Und gerade auf dieses dem ganzen Schulwesen entgegenkommende Verständnis von Seiten der Eltern rechnen wir so stark. Da wir nicht aus Verordnungen, aus Programmen heraus, sondern aus dem Lebendigen heraus unterrichten und erziehen, können wir uns auch nicht sagen: du hast deinen Lehrplan, der dir von dieser oder jener Intelligenz vorgeschrieben ist, beobachtet, also hast du das Richtige getan. Wir müssen wiederum lernen, das Richtige zu fühlen im lebendigen Verkehr mit denjenigen, die als Eltern, als die Verantwortlichen, uns ihre Kinder in die Schule hineingebracht haben. Und an diesem Echo, das da an den Elternabenden den Lehrern wiederum entgegenkommt, belebt sich auch von der anderen Seite her das, was der Lehrer braucht, was der Lehrer namentlich dazu braucht, um immer selber innerlich lebendig zu bleiben.

Bei uns unterliegt alles der freien Individualität des einzelnen Lehrers sogar. Was von der Leitung, insofern es auf mich ankommt, ausgehen wird, sind ja keine Direktionen, keine Richtungen. Wir haben überhaupt keine Direktion in der Schule, sondern der einzelne Lehrer ist in einem gewissen Sinne souverän. Was wir treiben, statt der Direktion, das ist Studium und Weiterkommen durch die Lehrerkonferenzen selber. Das ist ein Geist, der als ein konkreter Geist unter der Lehrerschaft lebt, der auch frei wirkt, der nicht tyrannisch ist, der nicht Sätze, Bestimmungen oder Programme gibt, aber der fortwährend weiterkommen will, fortwährend besser und besser die Einrichtungen und auch den Lehrgang treffen will. Unsere Lehrer können heute gar nicht wissen, was in 5 Jahren in der Waldorfschule gut ist; denn sie werden in diesen 5 Jahren sehr viel gelernt haben, und dann sollen sie nach 5 Jahren beurteilen, was gut oder was nicht gut ist. Deshalb ist es auch für das, was in der Waldorfschule getrieben wird, so unendlich gleichgültig, was pädagogische Reformvereine festsetzen, von dem sie meinen, daß es gut wäre für die Erziehung. So etwas kann man für die Erziehung ja nicht aus dem Verstande herausspinnen, das kann man sich nur erarbeiten. Und auf dieses Erarbeiten kommt es für die Lehrerschaft an. Aber dadurch, daß wir in dieser Lage sind, daß wir im lebendigen Fluß leben mit allem, was wir wollen, dadurch brauchen wir eben eine andere Anlehnung, als eine gewöhnliche Schule sie hat in der Behörde, die über ihr steht und ihr sagt, was sie tun soll. Wir brauchen die Anlehnung an dasjenige soziale Element, aus dem die Kinder herausgewachsen sind. Wir brauchen die innige Anlehnung an die Eltern in bezug auf alle Fragen, die sich fortwährend ergeben, wenn man das Kind in der Schule hat; und man hat es ja in der Schule, indem es herauskommt aus dem Elternhaus.

Kapitel V: «... es muß der Unterricht graziös werden» – Miszellen

In den bisherigen vier Kapiteln mag deutlich geworden sein, daß die Waldorfschule an die daran Beteiligten hohe Ansprüche stellt, und nicht zu Unrecht wird hier zuweilen vom Idealismus gesprochen, den die Verwirklichung dieses Projektes braucht. Dies ist ganz im Sinne des Steinerschen Diktums «Man muß sich der Idee erlebend gegenüberstellen können; sonst gerät man unter ihre Knechtschaft», birgt jedoch – falsch verstanden – auch Gefahren: Selbstisolierung und Weltabgewandtheit in der Verfolgung der «reinen» Idee – oder Verlust der Idee in wohlgemeintem Pragmatismus. Die bekannte Unterscheidung von «Fundis» und «Realos» ist auch in der Waldorfschulbewegung eine ständige Herausforderung.

Es ist in diesem Zusammenhang interessant, Rudolf Steiners Vorgehensweise näher zu betrachten. Hoher Idealist, der er war, arbeitete er doch immer aus den *gegebenen Lebenssituationen* heraus. Er scheute sich nicht, Fehler und Probleme zu benennen, und war realistisch genug, auch erforderliche Kompromisse einzugehen. Es ist faszinierend mitzuverfolgen, wie er die Waldorfschule mit den Lehrern zusammen gleichsam von Tag zu Tag weiterentwickelte, immer von den jeweiligen Kindern, Lehrkräften, Eltern, Finanzen und staatlichen Vorgaben ausgehend. Situative Schulentwicklung auf der Grundlage von allgemeinen Erkenntnissen über das Wesen des Menschen und der Gesellschaft wurde hier geleistet, ein entstehendes Modell weiterentwickelt.

Seit Rudolf Steiners Tod im Jahre 1925 befinden wir uns nun in der Situation, genau dies zu tun, und die Anforderungen sind hoch. Wir stehen zwischen fortlaufender Innovation und Anpassung, zwischen Besinnung auf die Quellen und Suche nach Konkretisierung und Inkulturation des Impulses unter den verschiedensten – oft auch hemmenden – Umständen. Wie ist eine «Diaspora-Situation» zu bewältigen? Wie ist eine Waldorfschule zu gestalten, die vom Staat bereitwilligst gefördert wird? Macht staatliche finanzielle Unterstützung bequem und abhängig? Findet man ohne staatliche finanzielle Unterstützung noch Lehrkräfte und Eltern, die eine Schule mit schmalem Budget durchbringen? Was braucht mehr Aufmerksamkeit und Wachheit?

Dieses Kapitel widmet sich solchen Fragen, offenen Baustellen in der Schulbewegung und der Kunst des Kompromisses, wie sie von Rudolf Steiner vorgelebt wurde. Nicht vergessen werden soll dabei die Rolle des *Humors*, den Rudolf Steiner oft als wesentliches Element für eine gelingende pädagogische Beziehung und Tätigkeit hervorhob.

Niemand, der ein Ideal klar vor Augen sieht und es zu realisieren beginnt, macht gerne *Kompromisse*. Wer einem Kind eine individuelle schulische Entwicklung zugestehen möchte – ihm also zum Beispiel Zeit lassen will, bis es zu lesen beginnt –, tut sich schwer damit, es durch Standardprüfungen laufen zu lassen, die ihm genau diese Zeit nicht geben. Wer die hohe pädagogische Bedeutung künstlerischen und handwerklichen Tuns kennt, wird nicht leichten Herzens solche Stunden opfern, damit Prüfungs- und Anschlußverfahren durchgezogen werden können. Solche Kompromißbildungen können einen regelrechten «Katzenjammer» auslösen, wie Rudolf Steiner in einem der sechs untenstehenden Vortrags-Ausschnitte darstellt. Und doch geht es nicht ohne Kompromiß, wenn man nicht einem Zug erliegen möchte, der ins Fanatische oder Sektiererische geht. Waldorfschule ist gerade nicht jene insulare, heile Welt, als die sie ab und zu apostrophiert wird.

Die folgenden Texte mögen Rudolf Steiners Ringen mit der Kompromißbildung innerhalb einer Schulentwicklung aufzeigen, die das Leben wirklichkeitsgemäß berücksichtigt. Der Themen sind viele: Übertritte, Abitur, Umgang mit von außen auferlegten Prüfungen, Hochschule, Gewichtung von Fächern usw. Kompromisse erscheinen hier als etwas Dynamisches, das eine Tendenz zu ihrer Überwindung in sich trägt, eine Tendenz, die sich aus dem fortdauernden Strom des Ideals nährt.

Sie können sich denken, daß es für denjenigen, der nicht auf einem sektiererischen oder auf einem fanatischen Boden steht, schwierig ist, das durchzuführen, was als Pädagogisch-Didaktisches in der Weise aus Menschenerkenntnis folgt, wie ich es in den letzten Tagen angedeutet habe. Denn viele von Ihnen werden sich selber gesagt haben: Was man da als das Richtige ansehen muß, das unterscheidet sich sehr wesentlich von jenen Dingen, die heute durch Schulreglemente, durch Lehrpläne, und wie sonst diese Dinge sind, eben herrschend befunden werden müssen. Da steht man in einer Art von Zwickmühle drinnen. Auf der einen Seite steht diese sachlich-objektiv erkannte pädagogisch-didaktische Grundlage da, die ja – das werden Sie aus dem Vorgebrachten bemerkt haben – für jedes Lebensjahr eine ganz bestimmte Unterrichts- und Erziehungsaufgabe vorschreibt. Man kann es dem Leben des Kindes selber ablesen, was man nicht nur in jedem Jahr, sondern eigentlich in jedem Monat, in jeder Woche und zuletzt, wenn man ins Individuelle geht, an jedem Tag zu tun hat. Und es darf ja als etwas Schönes ausgedrückt werden, daß die Waldorflehrerschaft eben bis zu einem hohen Grade in die Gesinnung aufgenommen hat diese objektive Forderung einer wirklichen Pädagogik und es schon einsehen kann, wie mit den Notwendigkeiten der menschlichen Entwicklung eine solche Pädagogik zusammenhängt; wie da nichts Willkürliches ist, sondern alles eben aus der Menschenwesenheit abgelesen ist. Das steht auf der einen Seite. Auf der anderen Seite stehen – gerade für den, der nicht Fanatiker ist, sondern der sich auch mit Idealen, wie man diese Dinge ja auch nennt, voll in die Wirklichkeit hineinstellen muß und will – die Forderungen des Lebens.

Wir dürfen ja gar nicht in fanatischer, sektiererischer Weise Kinder so erziehen, daß sie dann ins Leben nicht hineinpassen. Denn das Leben richtet sich heute ja nicht nach diesen idealen Forderungen, sondern es richtet sich nach dem, was eben heute noch aus dem Leben heraus geboren ist. Und das sind die Schulreglemente, die Lehrpläne und dergleichen, wie sie eben aus den heutigen Anschauungen heraus gegeben werden. Und man steht daher sehr leicht vor der Gefahr, das Kind in einer Weise zu erziehen, die zwar richtig ist, durch die man es aber vielleicht – man mag das nun als richtig oder als unrichtig ansehen, es ist einmal da – dem Leben entfremdet. Das muß man immer vor sich haben, daß man nicht fanatisch auf ein Ziel lossteuern kann, sondern sich auf der einen Seite bewußt sein muß dessen, was sein sollte, auf der anderen Seite bewußt sein muß, daß man die Kinder nicht dem Leben entfremde.

Gerade was die Gegner so vielfach der Anthroposophie zuschreiben, daß da ein Fanatismus, eine Sektiererei herrsche, das ist, wie Sie finden werden, soweit nicht der Fall; das Gegenteil davon ist der Fall. Es mag bei einzelnen Anthroposophen so etwas zutage treten, aber Anthroposophie selbst ist dasjenige, was überall in lebendige Wirklichkeit sich hineinstellen will. Aber gerade dadurch wird man in bezug auf die Praxis aufmerksam auf die Schwierigkeiten des Lebens. Und so mußte in einem gewissen Sinne, weil eben hier nicht Fanatismus zugrunde liegt, sondern überall objektive Sachlichkeit, gleich von Anfang an etwas – ja, wie soll ich es nennen –, etwas Böses gemacht werden: nämlich eine Art Kompromiß. Es mußte gleich von Anfang an ein Memorandum ausgearbeitet werden, durch das von mir selbst festgelegt worden ist das Folgende: Die Kinder werden in den ersten drei Volksschulklassen nach Möglichkeit so von Stufe zu Stufe geführt nach den Forderungen, die das Menschenwesen selbst ergibt. Dabei richtet man sich aber zu gleicher Zeit innerhalb dieser drei ersten Volksschuljahre so nach den äußeren Forderungen, daß die Kinder nach der 3. Klasse übertreten können in eine gewöhnliche Volksschule. Das muß nun für den Lehrer – ich muß diese Tautologie bilden – Kompromiß-Rücksicht sein. Das geht nicht anders. Der Wirklichkeitsmensch muß es so machen, denn Besonnenheit muß überall herrschen; der Fanatiker macht es anders. Natürlich ergeben sich einem solchen Wege mancherlei Schwierigkeiten, und mancher Lehrer fände es viel leichter, geradewegs auf das ideale Ziel loszusteuern. Da muß vieles im einzelnen besprochen werden, damit man eben den Weg durchfindet zwischen den zwei Zielen. Dann ist es im Sinne meines ursprünglichen Memorandums, daß wiederum, wenn die Kinder das 12. Jahr vollendet haben, also wenn sie die 6. Klasse – von unten herauf, von 1 ab gezählt – absolviert haben, sie eintreten können in eine gewöhnliche Schule in die entsprechende Klasse. Daß gerade dieses Jahr von mir gewählt wurde, ist darauf zurückzuführen, daß das Menschenwesen, wie es in den letzten Tagen hier geschildert wurde, da an einem besonderen Abschnitt steht. Wiederum müssen die Kinder übertreten können im 14. Jahr in die Schulen, die sie dann aufsuchen wollen.

Nun, möchte ich sagen, geht es ja noch ziemlich gut mit den ersten drei Volksschulklassen. Da läßt sich halbwegs so etwas erreichen. Es kann auch mit aller Mühe das angestrebt werden für das 12. Lebensjahr. Die Schwierigkeiten beginnen nämlich erst, wenn die späteren Lebensjahre folgen. Denn sehen Sie, wenn es auch nur aus einem ganz dunklen Bewußtsein heraus geschieht, so hat sich ja aus alten Zeiten her noch etwas von altem dämmerhaftem Wissen über den Menschen erhalten. Und das führte dazu, daß man wenigstens ungefähr auch heute noch die Zahnwechselzeit als diejenige ansieht, in der die Kinder überhaupt in die Volksschule geführt werden sollen. Die Leute wissen gar nicht mehr heute, daß das eine mit dem andern zusammenhängt; aber mit altüberliefertem, heute nur instinktiv gefühltem Wissen hängt es doch zusammen. Und auch das ist natürlich schon darinnen, daß die Leute das wiederum nicht wissen oder wußten und daß sie daher das Lebensalter in einer nicht ganz menschengemäßen Weise hinausrücken möchten auf das abstrakt vollendete 6. Lebensjahr, was eigentlich immer etwas zu früh ist für das Schicken des Kindes in die Volksschule. Aber da läßt sich ja nichts erreichen, denn wenn die Eltern ihre Kinder heute nicht mit dem vollendeten 6. Lebensjahr in die Volksschule schicken, kommt der Gendarm oder der Weibel, oder wie man ihn sonst nennt, und holt eben die Kinder in die Schule. Da läßt sich ja nicht viel daran ändern. Aber wie gesagt, es ist verhältnismäßig leicht für die ersten drei Jahre, dieses Kompromißschließen anzustreben. Allerdings, wenn einmal, wie es ja immer vorkommt, der eine oder andere Schüler oder eine Schülerin übertreten in eine andere Schule, findet sich immer der Einwand: Ja, so gut lesen und schreiben wie unsere Schüler können diese Kinder nicht; und mit dem, was sie im Zeichnen und in der Eurythmie gelernt haben, wissen wir nichts anzufangen, da mögen sie ja weit sein.

Gerade aus solchen Urteilen kann man auch eine Bejahung der Waldorfschul-Methode ersehen. Denn da möchte ich Sie doch auf etwas hinweisen: Sie können nämlich in Goethes Jugendorthographie, die aus einer viel späteren Zeit stammt als etwa aus dem 7., 8. Jahr, die tollsten Schreibfehler nachweisen. Und Sie können aus der Art und Weise, wie er schreibt, sehr leicht entnehmen, daß man heute von einem achtjährigen Kinde viel mehr verlangt – wenn ich das «mehr» nennen darf –, als dazumal der siebzehnjährige Goethe nach gewissen Richtungen hin natürlich – erfüllte. Also die Dinge liegen doch etwas anders. Und Goethe verdankt manche Konfiguration in seinem Wesen dem Umstande, daß er im 17. Jahr noch Orthographiefehler gemacht hat, weil sein Inneres dadurch für gewisse Entfaltungen der Seelenkräfte gerade biegsam geblieben ist, da es sich noch nicht in eine feste Regel hineinbegeben hatte. Wer solche Zusammenhänge kennt, allerdings durch eine feinere Psychologie, als sie heute vielfach gefunden werden kann, der wird natürlich in einem solchen Einwand ebensowenig gegen eine naturgemäße Pädagogik finden als zum Beispiel in einer historischen Tatsache, die ja recht interessant ist.

Deshalb wird mit jedem neuen Schuljahr, das wir anstückeln an die vorhergehenden – wir haben mit einer achtklassigen Volksschule begonnen, haben dann die 9., 10. und 11. daran gefügt und werden jetzt noch die 12. daranfügen –, deshalb wird sich die Notwendigkeit ergeben, sich zu verbreitern gerade nach dem Praktischen hin, und es werden die Schwierigkeiten eben mit jedem Jahr wachsen.

Das hat dazu geführt, daß neulich einmal, als über andere Schwierigkeiten der anthroposophischen Sache verhandelt werden sollte, auch ein Memorandum eingebracht wurde von unseren Schülern der gegenwärtig letzten Waldorfschulklasse. Da haben diejenigen, die nun bald zu erwarten haben, vor dem Abiturientenexamen zu stehen, ein sehr merkwürdiges Memorandum ausgearbeitet, das eben dann begriffen werden wird, wenn man die ganze Sache richtig erwägt. Sie hatten nämlich der Anthroposophischen Gesellschaft ungefähr folgendes Memorandum unterbreitet: Da wir doch im Sinne des Menschenwesens – das haben sie nämlich schon auf irgendeine Weise vernommen – erzogen und unterrichtet werden, und wenn wir so unterrichtet werden, doch nicht in die gewöhnlichen Hochschulen eintreten können – ich will nun nicht sagen, was diese jungen Herren und jungen Damen über die Hochschulen für ein Urteil abgegeben haben, aber es unterscheidet sich nicht sehr von manchem Urteil, dem man auch sonst heute begegnen kann –, so möchten wir, wenn wir nicht in solche Hochschulen gehen können, der Anthroposophischen Gesellschaft vorschlagen, eine eigene Hochschule zu begründen, in die wir dann auch übergehen können.

Ja, da ergeben sich natürlich heute die größten Schwierigkeiten. Aber das muß auch erwähnt sein, weil Sie eben – nachdem Sie einmal die Absicht verwirklicht haben, die für uns so befriedigend ist, hierherzukommen, um nachzuschauen, was eigentlich diese Waldorfschul-Pädagogik ist –, weil Sie sich ein Gefühl und eine Empfindung aneignen müssen von dem, was eigentlich gewollt ist, müssen Sie schon aufmerksam gemacht werden auf die Schwierigkeiten, die sich da ergeben.

Nämlich, Waldorfschul-Pädagogik ist ja eigentlich heute nur gehandhabt von Lehrern der Waldorfschule. Nun werden die Schwierigkeiten ja selbstverständlich immer größer, je höher man hinaufkommt. In einer Hochschule würden sie vermutlich noch größer sein. Aber weil es noch ein sehr abstraktes Ideal ist, kann ich da nur von Vermutungen sprechen, denn ich beschäftige mich immer nur mit dem, was das Leben fordert. Ich kann also jetzt nur sprechen bis zur 12. Klasse hin, weil die gerade vor der Türe steht. Dasjenige, was ins Blaue hinein gedacht werden soll, darf den Wirklichkeitsmenschen nicht allzusehr beschäftigen, sonst wird er von seinen Aufgaben abgeführt. Aber man kann doch sagen: die Schwierigkeiten würden wesentlich wachsen. Zweierlei an Schwierigkeiten wären da, was gleich einzusehen wäre: Erstens, wenn wir heute eine Hochschule errichteten, würden unsere Hochschulexamina gar keine Wirkung haben. Die Leute, die diese Examina durchmachten, würden gar nicht ins Leben eingereiht werden können, würden nicht Ärzte, Juristen werden können, was man doch noch heute anständigerweise in der üblichen Form werden sollte. Es würde also nicht gehen nach der einen Seite. Aber nach der anderen Seite könnte es einem angst und bange werden, wenn einem eine gewisse Realität nicht diese Bangigkeit wiederum ein bißchen abnehmen würde. Auf das hin, daß man gesehen hat, welch löbliches Streben in der jüngsten Jugend ist, hat man nämlich eine Vereinigung zustande gebracht zur Begründung einer solchen Hochschule, die im Sinne der Waldorfschul-Pädagogik errichtet werden sollte. Angst und bange zu werden braucht einem ja nun deshalb nicht, weil ganz gewiß der Fonds, der durch eine solche Vereinigung zustande kommt, in der nächsten Zeit nicht so groß werden wird, daß man nur daran denken könnte, eine solche Hochschule zu errichten. Also ein löbliches Bestreben ist vorhanden, aber vorläufig noch sehr unpraktisch. Die Angst und Bangigkeit müßte erst dann eintreten, wenn etwa nun ein reicher Amerikaner käme und einem all die Millionen zur Verfügung stellte, welche heute notwendig wären, um eine vollendete Hochschule einzurichten. Ja, was man als das Maximum tun könnte, wäre, daß man sämtliche Waldorfschullehrer zu einer Hochschule hinaufbeförderte – dann hätten wir aber wieder keine Waldorfschule. – Das alles sage ich, weil ich glaube, daß es auf Tatsachen viel mehr ankommt als auf alle möglichen abstrakten Auseinandersetzungen. Es kommt eben durchaus darauf an, daß man empfinden lernt – auf der einen Seite vielleicht, daß da doch ein umfassendes Ideal vorliegt mit der Idee, auf einer wirklichen Menschenerkenntnis Pädagogik und Didaktik zu begründen, daß aber der Kreis derer, die heute wirklich schon real drinnenstehen in diesem Ideal, ein ungemein kleiner ist. Deshalb freut man sich so sehr über jeden Ansatz zur Vergrößerung, die vielleicht aus diesem Kursus durch den so befriedigenden Besuch hervorgehen kann. Auf der anderen Seite ist es notwendig, aus der Sache heraus zu erkennen, was alles geschehen muß, um das Waldorfschul-Ideal auf einen wirklich breiten Boden zu stellen. Das muß schon auch im ganzen Zusammenhang gesagt werden, denn es folgt aus der Konstitution der Waldorfschule selbst heraus.

Die grössere Schwierigkeit ist diese, daß keine noch so ideale Erziehungsmethode den Menschen herausreißen darf aus dem Leben. Der Mensch ist ja nicht irgend etwas Abstraktes, was man durch die Erziehung hinstellen kann und dann ist es fertig, sondern der Mensch ist das Kind gewisser Eltern. Er ist herausgewachsen aus der sozialen Ordnung. Er muß, nachdem er erzogen worden ist, wieder hinein in diese soziale Ordnung. Sehen Sie, wenn Sie ein Kind so erziehen wollten, wie es absolut der Idee entspricht, so werden Sie es mit 14, 15 Jahren so haben, daß das allerdings sehr ideal sein kann, aber das Kind findet sich nicht zurecht im heutigen Leben, es weiß nichts anzufangen. So daß also nicht bloß ein Ideal zu verwirklichen war und auch jetzt noch nicht ist in der Waldorfschule, sondern es handelt sich darum, das Kind so zu erziehen, daß es immer den Anschluß findet an das heutige Leben, an die heutige soziale Ordnung. Da nützt es nichts, zu sagen, diese soziale Ordnung ist schlecht. Wir müssen doch, ob sie nun gut oder schlecht ist, darinnen einfach leben. Und darum handelt es sich, daß wir darinnen leben müssen, daß wir also die Kinder nicht einfach aus ihr herausziehen dürfen. So hatte ich also die außerordentlich schwere Aufgabe vor mir, auf der einen Seite eine Idee der Erziehung zu erfüllen, auf der anderen Seite mit dem vollen Leben der Gegenwart zu rechnen.

Selbstverständlich mußten die Schulbehörden dasjenige, was in den anderen Schulen geleistet wird, als eine Art Ideal ansehen. Sie sagen zwar immer: das Ideal kann man nicht erreichen, man kann nur das Möglichste tun, die Lebenspraxis fordert das oder jenes. Aber gerade in der Praxis, wenn man mit ihnen zu tun hat, dann sehen sie doch alles dasjenige, was schon eingerichtet ist von Seiten der Staatsbehörden oder der entsprechenden Behörden, als etwas außerordentlich Gutes an, und dasjenige, was so eingerichtet wird wie die Waldorfschule, für eine Art Schrulle, für etwas, was man macht, wenn man nicht ganz besonnen ist unter dem Hute!

Nun, nicht wahr, man läßt manchmal solch eine Schrulle gewähren, weil man sich sagt: Na, das wird sich schon zeigen, was es ist. – Aber immerhin, man muß auch damit rechnen, und so versuchte ich durch folgenden Kompromiß zurechtzukommen. Ich schlug vor in einem Memorandum, mir für dasjenige, was meine Schrulle ist, jeweilig drei Jahre Zeit zu lassen, um dann die Kinder so weit zu haben, daß sie den Anschluß an die gewöhnlichen Schulen finden können. So also arbeitete ich ein Memorandum aus dahingehend, daß die Kinder, wenn sie aufgenommen werden, bis zur Vollendung der 3. Elementarklasse, also dem 9. Jahre, das Ziel erreicht haben, daß sie in einer anderen Schule in die 4. Klasse eintreten können. Nur für die Zwischenzeit, sagte ich, wolle ich absolute Freiheit haben, jede Woche dasjenige den Kindern geben zu können, was aus Menschenerkenntnis folgt. Dann wiederum verlangte ich Freiheit vom 9. bis zum 12. Jahre. Nach der Vollendung des 12. Jahres sollten die Kinder wiederum ein solches Ziel erreicht haben, daß sie in die gewöhnliche äußere Schule eintreten können, und wiederum, wenn sie die Schule verlassen haben. Ebenso wird es sein, wenn nun die Kinder, ja, wie gesagt, die jungen Damen und die jungen Herren die Schule verlassen, um an die Universität oder eine andere Hochschule zu kommen, für die Zeit der Geschlechtsreife bis zum Beginn der Hochschulzeit soll völlige Freiheit sein; dann aber sollen sie so weit sein, daß sie in eine beliebige Hochschule, Universität, übertreten können, denn die Dornacher Freie Hochschule wird noch lange nicht als etwas anerkannt sein, in das übergetreten werden kann, wenn die Leute ins Leben hinaus wollen, selbstverständlich.

So also wurde schon mit diesem Parallelismus mit dem gewöhnlichen Schulwesen versucht, dasjenige, was eigentlich gewollt werden muß, mit demjenigen, was eben da ist, in Einklang zu bringen, in eine gewisse Harmonie zu bringen. Denn in keinem Punkte wird in der Waldorfschule irgend etwas angestrebt, was unpraktisch ist, sondern überall in jedem Punkte wird durch diese Schrulle zu verwirklichen versucht dasjenige, was wirklich lebenspraktisch ist.

Daher kann es sich auch nicht darum handeln, aus irgendeinem gescheiten Einfall im Kopfe die Schule nun zu konstruieren – denn eine Konstruktion, nicht eine Organisation würde entstehen –, sondern es kann sich nur darum handeln, dasjenige, was man schon als einen Organismus hat, wirklich von Woche zu Woche zu studieren. Und da ergeben sich in der Tat für denjenigen, der nun Menschenbeobachtung, das heißt auch Kinderbeobachtung hat, die konkretesten Erziehungsmaßregeln von Monat zu Monat. So wie schließlich auch der Arzt, wenn er einen Menschen vor sich hat, nicht bei der ersten Untersuchung gleich sagen kann, was alles geschehen soll, sondern erst nach und nach den Menschen studieren muß, weil der Mensch ein Organismus ist, so handelt es sich also auch darum, daß man einen solchen Organismus, wie es die Schule ist, aber noch mehr fortwährend studiert. Denn es kann zum Beispiel sein, daß man durch die besondere Art von Lehrerschaft und Kinderschaft, die man, sagen wir, im Jahre 1920 vor sich hat, ganz anders vorgehen muß als bei der Lehrerschaft und Schülerschaft, die man im Jahre 1924 vor sich hat, weil unter Umständen die Lehrerschaft eine andere sein kann durch Zuwachs, und die Kinderschaft wird schon ganz gewiß eine andere sein. Demgegenüber könnten Paragraph 1 bis Paragraph 12 so schön wie möglich sein, aber sie taugten nichts; es taugt nur das, was man wirklich durch die Beobachtung eines jeden Tages aus der Klasse herausträgt.

Nun sind wir ja bestrebt, die Waldorfschule so auszubauen – wir setzen jedes Jahr, nachdem wir erst eine vollständige Volksschule begründet hatten, wo Kinder bis zum vollendeten vierzehnten Jahre drinnen waren, eine neue Klasse daraufhin an –, daß wir wirklich zunächst so weit kommen, wie die jungen Leute kommen, wenn sie das Gymnasium oder die Realschule vollendet haben, also an eine Universität oder eine Hochschule gehen wollen.

Da müssen wir natürlich auch die gesamte Erziehung und den Unterricht so einrichten, daß dann die jungen Leute, wie man in Österreich sagt, ihre Maturitätsprüfung oder, wie man in Deutschland sagt, ihr Abiturium ablegen können. In anderen Ländern werden solche schönen

Dinge ja noch anders genannt. Jedenfalls aber, die Kinder sollen so weit gebracht werden, daß sie dann in eine Hochschule aufsteigen können. Wir haben ja noch nicht die Möglichkeit, eigene Hochschulen zu begründen, denn, was wir nach dieser Richtung auch tun, hat durchaus überall einen privaten Charakter. Es würde uns ja kein Staat gestatten, irgendwie an selbstgegründeten Hochschulen gültige Zeugnisse über die nicht stattgefundenen Examina auszustellen; denn natürlich würden wir keine Prüfungen abhalten.

Nun, so sind wir eben genötigt, durchaus den realen Waldorfschul-Plan in einer kompromißartigen Weise auszubauen, und wir wollen das auch durchaus nicht verleugnen.

Als unsere Schüler und Schülerinnen zum ersten Mal die letzte Klasse zu absolvieren hatten, waren wir zu folgendem genötigt. Damit die jungen Menschen nun den Anschluß finden an die tote Kultur – wir hatten ihnen nur lebendige Kultur geben können, nun mußten sie den Anschluß an die tote Kultur finden, das heißt, sie mußten ein Abiturientenexamen ablegen –, so mußten wir die letzte Klasse so gestalten, daß unsere Schüler und Schülerinnen das Abiturientenexamen ablegen konnten. Das hat aber unseren Lehrplan ganz durchkreuzt, und wir empfanden es in der Lehrerschaft als etwas ungeheuer Schwieriges, in der letzten Klasse so zu stehen, daß wir unseren ganzen Lehrplan auf die Examensarbeit hin einrichten mußten. Wir haben es getan. Wenn ich die Klasse besucht habe – es war mir wirklich gar nicht leicht, denn da gähnten die Schüler auf der einen Seite, weil sie lernen mußten, was sie im Examen später kennen mußten; auf der andern Seite wollte man dann manchmal etwas einfügen, was sie nicht zu kennen brauchten, aber was die Schüler wissen wollten. Da mußte man ihnen immer sagen: Das müßt Ihr aber nicht beim Examen sagen. – Es ist schon eine Schwierigkeit. Und dann kam es zum Examen. Es ging leidlich ab. Aber wir hatten – verzeihen Sie, wenn ich das triviale Wort gebrauche – im Lehrerkollegium und in den Lehrerkonferenzen den Katzenjammer. Wir sagten uns: Nun haben wir die Waldorfschule eingerichtet; jetzt, wo wir sie krönen sollten durch das letzte Schuljahr, da können wir unsere Intentionen, das, was die Schule sein sollte, nicht durchführen. Und so haben wir dann trotz alledem den Beschluß gefaßt, bis zum letzten Schuljahre, bis zum Ende der 12. Klasse streng den Lehrplan durchzuführen und daneben den Eltern und Schülern den Vorschlag zu machen, nachher noch ein Jahr dranzustückeln, damit die Schüler dann ihr Examen machen können. Namentlich die Schüler und Schülerinnen unterziehen sich diesem mit der größten Hingabe, daß sie wirklich nun mit dem, was in der Waldorfschule intendiert, gewollt wird, auskommen wollen. Wir haben eigentlich keinen Widerspruch erfahren. Das einzige, worum wir gebeten worden sind, ist, daß nun Waldorfschullehrer diese Trainierung zum Examen vornehmen sollten.

Man sieht, wie schwierig es ist, etwas, was aus bloßer Menschenerkenntnis hervorgehen sollte, tatsächlich in die heutige sogenannte Wirklichkeit hineinzustellen. Wenn man kein Phantast ist, der das nicht einsieht, daß man mit der Wirklichkeit rechnen muß, dann hat man es erst ganz besonders schwer. Und so steht auf der einen Seite, ich möchte sagen als etwas, was selbstverständlich geliebt wird, die pädagogische Kunst innerhalb der anthroposophischen Bewegung drinnen; so steht aber wiederum die anthroposophische Bewegung mit ungeheuren Schwierigkeiten in der allgemeinen heutigen sozialen Ordnung drinnen, wenn sie dasjenige verwirklichen will, gerade auf dem geliebten Gebiete der Pädagogik, wovon sie die innerste Notwendigkeit einsieht. Auch das muß lebensvoll ins Auge gefaßt werden.

JA, NUN SOLL MAN den Lehrplan festsetzen. Man soll nun aber auch das erreichen, daß die Schüler – weil man ja ganz gewiß uns eine Hochschulbildung nirgends zugestehen wird – in die Hochschulen, die technischen Lehranstalten und dergleichen übertreten oder, mit anderen Worten, daß sie ein Abiturientenexamen bestehen. Da kommen dann die furchtbaren Schwierigkeiten, die fast unüberwindlichen Schwierigkeiten. Da erlebt man es halt, daß man auf der einen Seite versucht, aus echter Menschenerkenntnis heraus die praktische Betätigung zu pflegen – da kommt dann der Lehrer für Griechisch und sagt: Ich habe zu wenig Stunden; ich kann die Schüler nicht zum Abiturientenexamen führen; ich habe zu wenig Stunden, es geht nicht! – So daß Sie aus dieser ganz sachlichen Erwägung heraus sehen, welche Schwierigkeiten heute noch der Sache gegenüberstehen und wie irgendein fanatisches Bestehen auf einem Ideal nicht platzgreifen kann. Das, was zu geschehen hat, hängt gar nicht einmal heute allein ab von dem, daß, sagen wir, eine Lehrerschaft einsieht: das ist so gut, das ist so richtig –, sondern es müssen viel weitere Kreise des Lebens die Ideale einer wirklich menschengemäßen Erziehung, eines menschengemäßen Unterrichts einsehen, damit auch das Leben so wird, daß man nicht die heranwachsenden Menschen dem Leben entfremdet, wenn man sie naturgemäß erzieht. Denn natürlich macht man heute einen Menschen lebensfremd, wenn er die Gymnasial- oder Realschulbildung bei einem absolviert und dann bei einem Abiturientenexamen, das er draußen machen muß, durchfällt. Mit dem Durchfallen, nun – ich spreche ja zu Sachkennern –, mit dem Durchfallen ist es halt doch so, daß es mir möglich wäre, einen Professor ordinarius der Botanik, der sogar ein ganz beschlagener Kopf in der Botanik ist, an einer Hochschule in seinem Fach – wenn ich es gerade darauf anlege – durch ein Examen durchfallen zu lassen. Ich glaube schon, daß dies durchaus gehen würde! Nicht wahr, bei einem Examen kann man natürlich immer durchfallen. Auch da stellen sich ja die merkwürdigsten Dinge im Leben heraus. Sehen Sie, es gibt einen österreichisch-deutschen Dichter, Robert Hamerling. Der hat so ziemlich den besten deutschen Stil, den man sich in Österreich aneignen konnte, später als Dichter gehabt. Es ist interessant, Hamerlings Gymnasiallehramts-Befähigungszeugnis durchzusehen. Griechisch: ausgezeichnet. Lateinisch: ausgezeichnet. Deutsche Sprache und deutscher Aufsatz: kaum fähig, in den unteren Klassen der Mittelschule zu lehren. Das steht in Hamerlings Lehramtszeugnis! Also nicht wahr, mit dem Durchfallen und Durchkommen beim Examen ist das so eine Sache.

Nun, da treten dann also die Schwierigkeiten auf, die einen darauf aufmerksam machen, daß weiteste Kreise erst das Leben selber so gestalten müssen, daß es möglich werde, mehr zu erreichen, als was durch den Kompromiß erreicht werden kann, den ich charakterisiert habe. Also wenn ich Ihnen etwa sagen wollte so ganz in abstracto: «Kann nun die Waldorfschule überall eingeführt werden?», so kann ich natürlich abstrakt wiederum sagen: Ja, überall, wo man sie hereinläßt. Aber auf der anderen Seite ist selbst das abstrakte Hereingelassenwerden noch nicht ganz das Maßgebende. Denn, wie gesagt, das sind ja nur zwei Ausdrücke für ein und dieselbe Sache bei vielen Menschen. Manche, nicht wahr, schlagen sich durch und werden berühmte Dichter, selbst mit einem schlechten Zeugnis aus der Unterrichtssprache. Aber nicht jeder schlägt sich durch. Für viele bedeutet beim Abiturientenexamen durchfallen aus dem Leben herausgeworfen werden! Und so muß man sagen: In je höhere Schulklassen man hineinkommt, desto mehr tritt das auf, daß der Unterricht, den man da geben muß, dem Ideal nicht vollständig entspricht. Gerade das darf man nicht aus den Augen verlieren. Und das ist etwas, was nun eben zeigt, wie sehr man für diese Dinge mit dem Leben rechnen muß.

Für einen naturgemäßen Unterricht und für eine naturgemäße Erziehung kann natürlich immer nur die Frage sein: Erreicht der Mensch denjenigen sozialen Anschluß im Leben, der durch die Menschennatur selbst gefordert wird? – Denn zuletzt sind das ja auch Menschen, die das Abiturientenexamen fordern, wenn auch das Fordern in dem Stile, wie es heute eintritt, eben ein Irrtum ist. Aber man ist eben dann genötigt, nicht das ganz Richtige zu machen, wenn man im Sinne dieser heutigen sozialen Forderungen nun gerade die Waldorfschul-Pädagogik einführen will. Daher wird natürlich jemand, der die obersten Klassen inspiziert, sich sagen müssen: Ja, da ist ja gar nicht alles so, wie es von der idealen Waldorfschul-Pädagogik gefordert wird! – Aber ich kann Ihnen die Garantie dafür geben: Wenn das, was heute der Menschennatur abgelesen wird – namentlich wenn der Übergang in die praktischen Lebenszweige gefunden werden soll – durchgeführt würde, dann würden beim heutigen Abiturientenexamen alle durchfallen. So schroff stehen sich heute die Dinge gegenüber! Das muß eben durchaus berücksichtigt werden. Es kann ja solchen Dingen in der mannigfaltigsten Weise natürlich Rechnung getragen werden, aber auf der anderen Seite muß daraus das Bewußtsein entspringen, wie sehr nicht nur auf dem Felde der Schule, sondern auch auf dem allgemeinen Lebensfelde gearbeitet werden muß, wenn dasjenige, was gerade in sozialer Beziehung ein menschengemäßer Unterricht und eine menschengemäße Erziehung ist, herbeigeführt werden soll. Dennoch wird bis zu einem gewissen Grade die praktische Betätigung in der angedeuteten Weise gerade in unserem Erziehungswesen berücksichtigt. Nur fallen natürlich immer Stunden für das Praktische weg, weil der Griechisch- und Lateinlehrer diese Stunden beansprucht. Aber das geht schon einmal nicht anders.

> Zum Schluß mögen uns folgende Textstellen gleichsam ins Zentrum dieser Pädagogik zurückführen, zu dem Zentralmotiv: daß so etwas wie ein großer Atem durch eine solche Schule, durch das Lehrerkollegium, den einzelnen Lehrer gehen sollte. In diesem Atem aber lebt der *Humor*, der bei aller Ernsthaftigkeit des Strebens, bei aller Widerständigkeit der Lebenswirklichkeiten Horizonte öffnet und Menschen verbindet.

GERADE FÜR DIESEN Lebensabschnitt muß man eines berücksichtigen: Der Lehrer muß hineintragen in die Schule ein seelisches Atmen, das sich dann in einer ganz merkwürdigen Weise den Kindern mitteilt. Ein seelisches Atmen. Atmen besteht in Ein- und Ausatmen. Sehen Sie, meistens oder doch vielfach atmen die Lehrer bei dem Physik- und Geometrieunterricht seelisch bloß aus. Sie atmen nicht ein – und das Ausatmen erzeugt auch da das Säuerliche; das seelische Ausatmen meine ich, das in trockener Weise nur beschreibt, das alles durchwaltet mit einem persönlich angeeigneten Riesenernst. Der Ernst kann schon da sein, aber nicht der Riesenernst. Und das seelische Einatmen, das besteht nämlich in dem Humor, in dem Humor, zu dem alles Veranlassung gibt im Klassenzimmer und sonst, wo man Gelegenheit hat, mit dem zu Erziehenden und zu Unterrichtenden beisammen zu sein. Das einzige Hindernis, das da sein kann für die Humor-Entwicklung, das kann nur der Lehrer sein; die Kinder sind es ganz gewiß nicht, und ganz gewiß ist es auch nicht all das, was man zu lehren hat, wenn man es richtig hineinstellt in diesen Lebensabschnitt. Das einzige

Hindernis kann wirklich nur der Lehrer sein. Wenn der Lehrer es wirklich dazu bringt, während des Unterrichts nicht selbst noch zu kauen an dem Inhalt des Unterrichts, dann kann er nach und nach sogar dazu aufrücken, daß tatsächlich das reflektierte Licht unter Umständen auch Witze macht, daß die Kugelkalotte, wenn sie sich berechnen muß ihrem Flächeninhalte nach, lächelt. Das alles muß natürlich nicht in zwangsweise herbeigeholten Witzen geschehen. Die Dinge müssen in den Humor getaucht werden, sie müssen durchaus in die Sache selbst hineingestellt werden und aus der Sache herausgeholt werden. Das ist es, worauf es ankommt. Die Veranlassung muß in den Dingen selbst gesucht werden. Vor allen Dingen, man soll gar nicht nötig haben, sie zu suchen. Man soll höchstens als gut vorbereiteter Lehrer nötig haben, Disziplin hineinzubringen in dasjenige, was einem beim Unterricht alles einfällt. Es fällt einem nämlich, wenn man gut vorbereitet ist, alles mögliche ein. Aber das Gegenteil ist auch da: Falls man nicht gut vorbereitet ist, fällt einem nichts ein, weil man da eben zu kauen hat an dem Unterrichtsstoff. Das verdirbt die Ausatmung und läßt die frische, humorvolle Luft der Seele nicht herein. – Also das ist gerade auf dieser Unterrichtsstufe außerordentlich notwendig.

Wenn der Unterricht nun so verläuft, dann geschieht das Aufwachen so, daß die menschliche Seele und der menschliche Geist zuletzt die richtige Stellung haben, wenn der letzte Akt des Aufwachens, das Herankommen der Geschlechtsreife, wirklich auftritt. Das ist nämlich tatsächlich dann dasjenige, wo etwas, was sich zuerst in zarter, dann in stärkerer Weise in der Seele entwickelt hat, zuletzt die Körperlichkeit in der richtigen Weise ergreifen kann.

Sie lachen jetzt über diese Dinge. Das schadet nichts. Es ist ganz gut, wenn in der Klasse auch gelacht wird, denn nichts ist besser in die Klasse hineinzubringen als Humor. Wenn die Kinder auch lachen können, wenn sie nicht nur immer den Lehrer mit einem furchtbar langen Gesicht sehen und selber versucht sind, solche langen Gesichter zu machen und zu glauben, wenn man auf der Schulbank sitzt, muß man eben ein langes Gesicht machen – wenn das nicht der Fall ist, sondern wenn Humor hineingebracht wird, wenn man die Kinder dazu bringt, zu lachen, dann ist das das beste Unterrichtsmittel. Ernste Lehrer, ganz ernste Lehrer, die erreichen nichts mit den Kindern.

Das ist dasjenige, wodurch Sie überhaupt die Möglichkeit bekommen, Leben und lebendiges Fließen in den Unterricht hineinzubringen. Alle Pedanterie fällt heraus aus dem Unterricht, und Sie werden sehen, es kommt etwas in den Unterricht hinein, was das Kind außerordentlich gut braucht: Es kommt in gesundem Sinne, nicht in kindischem Sinne, Humor in den Unterricht hinein. Und Humor muß in den Unterricht hineinkommen.

Vorher ist etwas ganz anderes da gegenüber der Natur: die Liebe zu all dem feenhaft Belebten in der Natur, was bildhaft für das Kind geschaffen werden muß im Behandeln des Kindes. Dann erwacht die Liebe zu den Realitäten in der Natur. Und da haben wir eine ganz besonders schwere Aufgabe: in dasjenige, was nun in diesen Lebensabschnitt hineinfällt – die Kausalität, die Behandlung des Unlebendigen, die Behandlung der geschichtlichen Zusammenhänge, die ersten Anfangsgründe der Physik, der Chemie –, in all das haben wir als Lehrer die große Aufgabe – ja, ich mache keinen Scherz, ich sage das mit allertiefstem Ernst – Grazie hineinzubringen. Es ist für den Unterricht und für die Erziehung ganz besonders notwendig, daß wir zum Beispiel in die Geometrie, in den Physikunterricht Grazie hineinbringen, wirkliche Grazie; es muß der Unterricht graziös werden, er darf vor allen Dingen nicht sauer sein. Gerade daran leidet das Unterrichten und Erziehen in dem Lebensabschnitt so zwischen 11½ oder 11¾ Jahren und dem 14. und 15. Jahr in diesen Fächern so sehr, daß er oftmals so sauer ist, daß, was gesagt werden muß über die Lichtbrechung, über die Lichtreflektion, über die Flächenberechnung der Kugelkalotte und so weiter, nicht mit Grazie, sondern in Säuerlichkeit vorgebracht wird.

Aber weil es noch ein sehr abstraktes Ideal ist, kann ich da nur von Vermutungen sprechen, denn ich beschäftige mich immer nur mit dem, was das Leben fordert. Ich kann also jetzt nur sprechen bis zur 12. Klasse hin, weil die gerade vor der Türe steht. Dasjenige, was ins Blaue hinein gedacht werden soll, darf den Wirklichkeitsmenschen nicht allzu sehr beschäftigen, sonst wird er von seinen Aufgaben abgeführt.

Wer die Entwicklung der ersten Waldorfschule in Stuttgart näher betrachtet, bekommt ein faszinierendes Gewebe von Ideengestaltungen und gesellschaftlichen und individuell-menschlichen Intentionen, Fähigkeiten und Widerständen in den Blick. Dies war nie eine Schule vom Reißbrett einer mit Bildungsfragen beauftragten Reformgruppe, sondern ein sich fortwährend neu, weiter- und manchmal in Schlaufen entwickelnder Schulorganismus, der durch seinen *Spiritus rector* Rudolf Steiner mit heute noch tragenden Ideen und Gestaltungsimpulsen immer weiter ausgeformt wurde.

Wiewohl Rudolf Steiner vor Schulbeginn in einem dreiwöchigen Kurs für die Lehrkräfte eine grundlegend neue spirituelle Anthropologie entwickelte, methodisch-didaktische Ausführungen machte und mit den Lehrern Seminarbesprechungen durchführte,[11] zielte er nie auf Programmatisches oder Rezepthaftes. Er vermittelte Ideen und exemplarisches Vorgehen einerseits und erwartete eigenständiges, situatives Vorgehen andrerseits. So zeigt sich die Waldorfschule schon

11 Siehe GA 293, 294 und 295

in den ersten fünf Jahre, während derer Rudolf Steiner die entstehende Schule begleiten und inspirieren konnte, als dynamisch wachsende Groß-Baustelle, auf der ständig improvisiert werden mußte, menschlich, materiell, institutionell und finanziell. Einiges konnte in der intendierten Form nicht oder noch nicht realisiert werden, neue Möglichkeiten und Perspektiven taten sich auf.

An dieser offenen, in die Gestaltungsfreiheit der Beteiligten gelegten Aufgabenstellung auf der Grundlage von impulsierenden Ideen hat sich bis heute nichts geändert – so ist auch die damit gegebene große Herausforderung noch dieselbe, ja, man kann den Eindruck gewinnen, daß sie gewachsen ist. Es ist ja nicht so, daß man nun «weiß, wie es geht»; zudem hat sich das kulturell-gesellschaftliche Bild in manchen Lebensgebieten radikal verändert. Dies bedeutet aber nun neue Baustellen innerhalb der großen und verlangt einen geschärften Blick auf alte, immer neu zu bearbeitende. Beides soll im folgenden nun betrachtet werden. Wegen der Fülle der Aufgaben ist dies allerdings nur in einzelnen Fällen vertieft möglich, das meiste muß skizzenhaft bleiben.

Die Erfahrung zeigt, daß im Hinblick auf diese Situation verschiedene Haltungen eingenommen wurden und werden, die sich prototypisch etwa folgendermaßen umschreiben lassen: Aus der gegebenen, angesprochenen Offenheit rettet man sich einerseits in eine gewisse Engführung und einen Konservativismus, der Überliefertes tradiert und die Existenz von Baustellen eigentlich ausklammert. Eine Tendenz zum Rezepthaften, was den Umgang mit Texten und Aussagen Rudolf Steiners angeht, verstellt den Blick auf nötige Entwicklungen. Hier läßt sich oft feststellen, daß das Leben – zum Teil mit starken Krisen – die Korrekturen anbringt. Den Gegenpol bildet andererseits eine verstärkte Anpassung an gesellschaftliche und bildungspolitische Entwicklungen, die zwar in gewissem Sinne erfolgversprechend sind und funktionieren, die der Waldorfpädagogik zugrundeliegende Ideengestalt jedoch zunehmend ausdünnen. Es ist deshalb symptomatisch, wenn «Kriterien der Waldorfpädagogik» allenthalben mit Dringlichkeit thematisiert werden.

Frühe, permanente Baustellen

Obschon die Gründungsschule bereits in den ersten fünf Jahren bis in die zwölfte Klasse hinaufwuchs, erwies sich der pädagogisch angemessene Umgang mit den Jugendlichen, die in die Adoleszenz kamen, als zunehmend schwierig. Es gelang nicht allen Lehrkräften, sich in die durch starke Widersprüche gekennzeichnete Lebenssituation der jungen Menschen hineinzufinden und eine verwandelte Form von Autorität, Didaktik und Ansprache zu entwickeln. Rudolf Steiner wurde von Schülern der oberen Klassen auf die Problematik angesprochen, und er gewann den Eindruck, daß manche Lehrer den Kontakt mit der Klasse verloren haben, daß zuviel «doziert» wurde und die Eigenständigkeit der Schüler nicht oder auf falsche Weise berücksichtigt wurde. Rudolf Steiner suchte nach einer *«Jugendpädagogik»,*[12] die den jungen, heranwachsenden Menschen gerecht wurde.

Im Vordergrund steht dabei die Lehrperson selbst, die unter dem kritischen Frageblick der Jugendlichen

12 Siehe dazu auch die Literaturangaben zum Thema Jugendpädagogik.

durch ihre Authentizität überzeugt, durch ein reales Verankertsein in den Themen der Zeit, ein tiefes, spürbares Interesse für den vor ihm stehenden jungen Menschen und durch das, was heute Fachkompetenz genannt wird. Der Jugendliche möchte sagen können: «Der kann etwas; die lebt, was sie denkt, sie nimmt mich wahr».

Darüber hinaus forderte Rudolf Steiner von den Lehrinhalten und der Didaktik her eine Berücksichtigung der praktischen, beruflichen Lebenswelten, die ja von den angehenden Erwachsenen schon bald verwandelnd ergriffen werden sollen. Innerhalb der Waldorfpädagogik wurde diese Thematik in den vergangenen 80 Jahren mit viel Ideenreichtum und pädagogischen Engagement angegangen, und es entstanden hochinteressante Modelle, in denen zum Beispiel Berufs-, Fach- und Abiturausbildung in die Schule integriert werden, in denen das Leben in Form kurzer oder ausgedehnter Praktika in die Schule kommt, in denen das künstlerische Element radikal verstärkt wird.

Es wird hier eine Vielfalt sichtbar, die gleichsam «waldorftypisch» ist, da diese Schule aus den Intuitionen der Lehrkräfte, der kulturgeographischen Situation und angesichts der rasanten technologischen Entwicklung je neu gestaltet werden muß. Daß das nicht immer gelingt, sollte nicht entmutigen oder pauschalisierend verurteilt werden, entstehen doch laufend neue Ansätze, von denen gelernt werden kann. Dazu braucht es den Blick über die Grenzen der eigenen Schule hinaus und ein echtes Interesse an den Wegen, die andere initiativ beschreiten.

So wie in der Lehrerkonferenz ein Klima der Initiativfreudigkeit leben kann und man denjenigen erblickt, der das Neue *ausspricht*, so kann der Blick auf die Weltschulbewegung das Weiterführende da und dort entdecken lassen. Bei allen Modellbildungen darf jedoch nicht außer acht geraten, daß das Rätsel des jungen Menschen weiterhin als permanente Herausforderung bestehen bleibt und die Jugendpädagogik sich letztlich in dem Maße bewährt, wie sie das, was Rudolf Steiner «erweckende Erziehung» nannte, realisieren kann.

Da tritt nun das auf, was das dritte Element in der Erziehung sein muß. Das erste nannte ich das gestaltende, das zweite das belebende. In diesem dritten Element der Erziehung, das eintritt mit der Geschlechtsreife, finden wir nur dasjenige berechtigt, was ich nennen kann: die erwekkende Erziehung. Alles, was über die Geschlechtsreife hinausgeht, muß so wirken auf den jungen Menschen, auf den jungen Mann, das junge Mädchen, daß die Entstehung des eigenen Urteils, diese innere Selbständigkeit, wie ein fortwährendes Aufwachen erscheint. Wenn man über die Geschlechtsreife hinaus jemandem etwas von außen beibringen will, tyrannisiert man ihn, man versklavt ihn. Wenn man die ganze Erziehung so leitet, daß man von diesem Lebensalter ab, von der Geschlechtsreife ab, alles aufnimmt so, wie wenn jemand aus dem Schlaf erweckt wird – der Mensch hat bis dahin geschlafen in bezug auf die Beurteilung von dem oder jenem, es kommt ihm jetzt vor, als ob er sein eigenes Wesen aus sich herausruft – dieses Gefühl, daß es sein eigenes Wesen ist, das aus ihm herauskommt, daß der Lehrer ihm nur der Anreger, der Erwekker ist, das kann man entwickeln, wenn man so vorgeht, wie ich es ausgeführt habe für die zwei ersten Lebensalter; dann wächst man hinein in den Gebrauch seines eigenen Urteils, dann wird die spätere Erziehung, der Unterricht ein erweckender. Und wenn man als Lehrer, als Erziehender, seiner Gesinnung nach tief durchdrungen ist von diesem Erweckenden, dann weiß man auch im Stil, in der Haltung, im Vortrag alles so zu gestalten, daß dasjenige, was nun eigenes Urteil sein soll desjenigen, der belehrt, der erzogen wird, daß das wirklich aus dem Betreffenden herauskommt, daß es in einer gewissen dramatischen Steigerung geht bis dahin, wo er selber nun einsetzt mit dem inneren Betätigen, das gerade im astralischen Leib lebt.

Die Waldorfschule entstand als Bildungs- und Erziehungsangebot für die Arbeiterkinder der Waldorf-Astoria-Fabrik in Stuttgart, durchaus offen aber für alle Kinder. Schon bald kamen die Kinder der interessierten Anthroposophen dazu sowie Kinder von Eltern, die eine andere Pädagogik suchten. Waldorfschule versteht sich als *Schule für alle Kinder*, unabhängig von Herkunft, Religion und Nationalität. Zumindest im west-europäischen und amerikanischen Raum jedoch finden sich an den Schulen vor allem Kinder einer gebildeten Mittelschicht, die dieses Schulmodell aus den verschiedensten Gründen für sich entdeckt hat. Das liegt nicht an einer fehlenden Offenheit der Lehrerkollegien, sondern an gesellschaftspolitischen und kulturellen Gegebenheiten, die – so man das ändern möchte – aktiv einbezogen werden müßten. Äußerst erfreulich in dieser Hinsicht ist die Initiative der Mannheimer Waldorfschule, die sich als *interkulturelle Waldorfschule* erfolgreich den neuen gesellschaftlichen Entwicklungen (Migrantenkinder, multikulturelle Gesellschaft) stellt.[13]

Zum Thema «Schule für alle» gehört nun aber auch die etwas vergessene Möglichkeit, Waldorfschule nicht als Modell in sich – in «Reinkultur» – zu realisieren, sondern sie innerhalb der öffentlichen Schule anzusie-

13 Siehe dazu M. Brater, Ch. Hemmer-Schanze, Albert Schmelzer, *Schule ist bunt*, Stuttgart 2007.

deln. Anläßlich eines Vortrages in Bern im Jahre 1924 wies Rudolf Steiner mit Blick auf die Berner Verhältnisse und die dort wirkenden Personen (insbesondere Prof. Friedrich Eymann) deutlich darauf hin:

Ferner ist das noch zu beachten, daß zunächst auch nicht gedacht werden soll, daß irgend die Begründung von Schulen im weitesten Umfange ein Ziel und Ideal sein muß desjenigen, was mit anthroposophischer Pädagogik erzielt wird. Gewiß, will man rein in anthroposophischer Methodik unterrichten, braucht man Musterschulen. Solche Musterschulen sind schon dringend notwendig. Aber da die anthroposophische pädagogische Kunst zunächst ein Methodisch-Didaktisches sein soll, also das Wie des Unterrichts betont, so handelt es sich darum, daß sie überallhin, in jede Art von Schule, in jede Art des Unterrichts durch den einzelnen Lehrer gebracht werden kann.

Die Bewegung in Bern ist immer noch aktiv und erbrachte über Jahre den Beweis, daß hier ein aus der Grundidee entwickeltes pädagogisches Wirken im öffentlichen Schulraum Früchte trägt. Man kann davon ausgehen, daß Waldorfpädagogik an den verschiedensten Orten «im Stillen» realisiert wird, und für manche ist dies auch die ihnen gemäße Form.

Aktuelle, neu entstandene Baustellen

Heute, fast 90 Jahre nach ihrer Gründung, steht die Waldorfschule in einem radikal veränderten gesellschaftlichen und kulturellen Umfeld. Was die Umstände betrifft, sind die Unterschiede zwischen einer Schulgründung in der Zeit nach dem Ersten Weltkrieg, zu Beginn der Weimarer Republik in Deutschland, und eines Schulaufbaues oder -ausbaues in der heutigen Zeit an irgendeinem Ort der Welt in ihrem Ausmaß kaum zu erfassen. Im 21. Jahrhundert zeichnet sich ein globales Dorf mit einer hochkomplexen Struktur ab, das zwar von jedem Ort der Welt aus einseh- und beeinflußbar, jedoch kaum als Ganzes überschaubar ist. Computer- und Verkehrstechnologien erlauben Kommunikation und Reisen in Echtzeit und in bisher nie dagewesener Geschwindigkeit, Kulturen begegnen sich in *crossovers* und Migrationsströmen, bilden dabei neue Gemeinschaften oder gefährden die Weltgemeinschaft in zerstörerischen Konflikten. Die gesellschaftlichen Zusammenhangskräfte sind aufgebrochen, Wertegemeinschaften wie zum Beispiel Kirchen in Frage gestellt, neue Lebens- und Gemeinschaftsformen sind entstanden. Waldorfpädagogik sieht sich vor die Aufgabe gestellt, dem Kind und Jugendlichen Lebens- und Lernbedingungen zu geben, die ihnen eine eigene und kreativ verantwortete Mitgestaltung dieser Lebenswelt ermöglichen. Das bedeutet auch, daß sich neue Baustellen auftun, die – auch wenn man es wollte – keinen Rückgriff auf bestehende Texte oder Rezepte mehr erlauben.

Eine erste Gruppe von Baustellen ergibt sich durch die *Veränderung der öffentlichen bildungspolitischen Landschaft*, in der neue Paradigmen aufgetaucht sind. Hier ist eine Tendenz zur Standardisierung und Effizienzsteigerung von Lernleistungen und Abschlüssen festzustellen, die sich in Punktesystemen und Modularisierung von Lerneinheiten ausdrückt. PISA und Bologna-Reform in Europa und Anpassung der Schulen an Wissenschaftsstandards weltweit stellen die individualisierende, auf Lebensentwicklung basierende Waldorfpädagogik vor entscheidende Fragen: Anpassung oder den eigenen Weg vertiefen und verwandeln, bis er anerkannt wird? Eigene Abschlüsse und – wenn verlangt – Zwischenprüfungen entwickeln, die ideell getragen werden können? Hier gilt es, neue Lösungen zu finden und nicht allzu schnell Verfahren zu entwickeln, die zwar äußere Anerkennung bringen, langfristig jedoch das erneuernde Potential der Waldorfidee gefährden. Immer noch geht es darum, dieser Ideengestalt zum Durchbruch zu verhelfen, und nicht darum, sie in Reglementen zu begraben. Es gibt genug Stimmen, selbst aus Wirtschaftskreisen, die dieser Idee und ihrer Realisierung positiv gegenüberstehen, man denke an die in den Blick geratene Bedeutung der so genannten Schlüsselqualifikationen und *soft skills,* die in der Waldorfpädagogik einen hohen Stellenwert haben, man denke aber auch an die innovative Kraft mancher ehemaliger Waldorfschüler.

Umgekehrt darf man sich ruhig die Frage stellen, ob es im öffentlichen und alternativen Schulwesen Entwicklungen gibt, die einer näheren Betrachtung wert sind. Ich denke hier etwa an das Auftauchen neuer Lernformen, sei es Werkstattunterricht, Immersionsunterricht, handlungsorientierter Unterricht, Projektunterricht, Aufbau eines kleinen Unternehmens in den oberen Klassen, die neue Rolle des Lehrers als Lernbegleiter, selbstgesteuertes Lernen, kooperatives Lernen, problemlösungsorientiertes Lernen und anderes. Wieso nicht den Erfahrungen Beachtung schenken, die öffentliche, teilautonome oder autonome Schulen machen, positiven wie negativen? Es geht hier nicht um die Denkfigur, daß gewisse öffentliche Schulen bestimmte Waldorfelemente undeklariert in ihr Curriculum aufgenommen haben (12.-Klass-Arbeiten etwa), sondern um den Versuch, das Auftauchen von Intuitionen im auch nicht *ganz* unfreien Geistesleben außerhalb der Waldorfschule zu beobachten, von Entwicklungen zu lernen, die des Lernens wert sind. So ist damit nicht gemeint, beispielsweise den Frontalunterricht abzuschaffen, weil er didaktisch obsolet wurde (und in lerntheoretischen Untersuchungen neuerdings wieder gelobt wird), sondern ihn neu zu durchdenken, im Hinblick auf die heutigen Verhältnisse und Kinder.

Ein weiterer Bereich von Baustellen ergibt sich im Zusammenhang mit den erwähnten *veränderten Lebensverhältnissen*, in welche die heutigen Kinder hineingestellt sind. Alleinerziehende Mütter und Väter und Patchworkfamilien finden sich neben traditionellen Kleinfamilien, in denen oft beide Eltern berufstätig sind. Es gilt, im Unterricht und in der Zusammenarbeit mit den Eltern diesen oft komplexen Beziehungsgefügen gerecht zu werden und vermehrt auch das Angebot der Schule zu erweitern. Es entstehen *Tagesschulen*, deren Gestaltung interessante Herausforderungen und Chancen birgt, die Betreuung der Vorschulkinder noch vor dem Kindergartenalter kommt in den Blick. Das Motiv der Lebensgemeinschaft tritt als Gegenpol zur Fragmentierung der sozialen Bezüge verstärkt auf.

Zu den veränderten Lebensverhältnissen zählt auch die Geschlechterthematik, sowohl bei den Erwachsenen als auch bei den Jugendlichen. Man spricht von den fehlenden Vätern in der Erziehung und entdeckt dabei Aufgaben für die Schule; man untersucht das Lernverhalten und Lernmilieu von Mädchen und Knaben und kommt zu Schlüssen wie dem, daß bestimmte Unterrichtsformen Mädchen eindeutig bevorteilen.

Eine weitere Herausforderung zeigt sich im Bereich der *technologischen Entwicklung* – eine größere Baustelle. Während Rudolf Steiner sich noch dafür einsetzte, daß jeder Schüler und jede Schülerin das Telefon, die Dampfmaschine und die Lokomotive verstanden haben sollten, hat sich die Zahl der technischen Errungenschaften, die den Alltag durchdringen, drastisch vervielfacht. In der öffentlichen Schule ist *Medienkompetenz* ein Thema, das bereits in den untersten Klassen oder im Kindergarten offensiv angegangen wird. War lange das Fernsehgerät ein kontroverses Gesprächsthema im Kontakt mit den Eltern, kommen heute verschiedene elektronische, leicht tragbare und omnipräsente Geräte hinzu. Hier öffnen sich eventuell neue Perspektiven: Soll sich die Waldorfschule als medienfreie Zone etablieren, in der Sinnesschulung, Kunst, gemeinsames Erleben und Lernen betont werden, während Medienkompetenz in der Oberstufenzeit gezielt in kreativen Projekten unterrichtet wird?

An dieser Stelle darf auch die Frage gestellt werden, ob nicht – zumindest modellhaft experimentell – die eine oder andere Waldorfschule mit einem ganz neuen Konzept Erfahrungen sammeln könnte, nicht im Sinne einer Retro-Gründung oder einer Abwertung von Bestehendem, sondern im Sinne einer radikalen Besinnung auf die Wurzeln angesichts bestimmter Entwicklungen in unserer Zeit. Leitlinien könnten sein: individuelle Entwicklung im je eigenen Zeiterleben, Verstärkung der Sinneserfahrung und künstlerischen Tätigkeit, Vertiefung des kooperativen und selbständigen Lernens, lernen am Tun des andern in einer Lebensgemeinschaft (Handwerker, Techniker, Künstler und Forscher) und daraus hervorgehend eigene Abschlüsse – Leitlinien für eine pädagogische Provinz in der beschleunigten Gesellschaft zwischen heute und morgen.

Anhang

PRELIMINARY NOTICE.

HOLIDAY CONFERENCE AT OXFORD 1922.
"Spiritual Values in Education and Social Life."
AUGUST 15th. to 29th.

THE Programme for this Conference is not yet complete, but it can already be announced that Dr. RUDOLF STEINER will give 12 Lectures, — 6 on Education, and 6 on Social and other questions of the day.

It is hoped that:-

Professor H. WILDON CARR, Mr. EDMOND HOLMES, Principal L. P. JACKS, Professor J. S. MACKENZIE, and other Educationists and social workers will be able to take part in the Conference. The Programme is likely to include Eurhythmy Performances both by artists and children, Plays by The Sheffield Repertory Company, and those who wish to do so will have the opportunity of taking a course of Lessons in Eurhythmy.

CONFERENCE FEE ... ... TWO GUINEAS.
One guinea to be paid in advance as booking fee. Early booking desirable.

Board Residence has been arranged for, in two or three of the Colleges. For Terms and particulars apply to:-

MRS. MACKENZIE,
56, Bassett Road, London, W.10.

Ankündigung der Konferenz in Oxford, die unter dem Patronat des englischen Ministers für Erziehungswesen H. A. L. Fisher stand. Etwa 300 Teilnehmer aus 20 Nationen fanden sich ein. Die meisten waren Lehrer, Direktoren von Erziehungsinstituten, Professoren der verschiedensten Fachzweige, Assistenten, Studenten. Siehe GA 305.

ZOMER-REUNI

17 J

PAEDAGOGIE

	Donderdag 17	Vrijdag 18	Zaterdag 19	Zonda
10.30	Opening			
11.—	Voordrachtenreeks te houde „Der Paedagogische Wert der Me			
3.—	Voordracht Dr. Schubert	Uitstapje nader te bepalen	Voordracht Dr. Baravalle	Voord Mevr.
4.30	Thee		Besprekingen	
8.—	Openbare *) Voordracht Dr. Steiner			

*) Over het thema: „Was kann die Heilkunst durch eine geisteswiss

Öffentliche anthroposophisch-pädagogische Tagung in Arnheim/Holland. Die ständige Zuhörerzahl betrug etwa 250. Die öffentlichen Vorträge waren sehr gut besucht. Siehe GA 310.

TE ARNHEM

— 25 Juli '24

ANTHROPOSOPHIE

Maandag 21	Dinsdag 22	Woensdag 23	Donderdag 24	Vrijdag 25 Juli
Dr. Rudolf Steiner over het thema: erkenntnis und der Kulturwert der Paedagogik"				
Demon- stratie van Kinder- eurythmie	Voordracht Dr. Zeijlmans van Emmichoven Besprekingen	Voordracht Dr. Baravalle	Uitstapje nader te bepalen	Voordracht Dr. Schubert Thee Concert
Openbare *) Voordracht Dr. Steiner			Openbare *) Voordracht Dr. Steiner	Slot- Voordracht Dr. Steiner

Betrachtung gewinnen.

Kursus von D

Anthroposophische Pädago

vom 13. bis 17. April 19

(Unter Mitwirkun

Sonntag 13. April	**Montag** 14. April	**Di** 1
	Vormittags 10 Uhr: 2. Vortrag von Dr. R. Steiner	*Vormi* 3. von I
	Nachmittags 4 Uhr: Vorführung pädagogischer Eurhythmie im **Schänzlitheater**	*Nachm* Vortrag Heydebra Erziehung D
Abends 8 Uhr: 1. Vortrag von Dr. R. Steiner		

Kursgeld mit Eurhythmie **Fr. 15.—**. Einzelne Vorträge mittelt. — Anmeldungen an *Emma Ramser*, Sekundarlehrerin

Öffentliche Vorträge in Bern. Siehe GA 309.

dolf Steiner

nd ihre Voraussetzungen

rossratssaal in Bern.

aldorflehrern.)

	Mittwoch 16. April	Donnerstag 17. April
r: r	*Vormittags 10 Uhr:* 4. Vortrag von Dr. R. Steiner	*Vormittags 10 Uhr:* 5. Vortrag von Dr. R. Steiner
r: r. v. die ıder.	*Nachmittags 4 Uhr:* Vortrag von Dr. v. Baravalle: Belebungskräfte für den Elementarunterricht der Naturwissenschaften. Diskussion.	*Nachmittags 4 Uhr:* Vortrag von Dr. med. Kolisko: Pädagogik und Medizin. Diskussion. — Aenderung vorbehalten.

inklusive Billetsteuer. — Auf Wunsch wird Quartier ver-
5heweg 15.

Quellenverzeichnis

Erwähnte und zitierte Bände der Rudolf Steiner Gesamtausgabe (GA), Rudolf Steiner Verlag, Dornach:

Band	
4	Philosophie der Freiheit
10	Wie erlangt man Erkenntnisse der höheren Welten?
13	Geheimwissenschaft im Umriß
21	Von Seelenrätseln
24	Aufsätze über die Dreigliederung des sozialen Organismus und zur Zeitlage 1915–1921
293	Allgemeine Menschenkunde als Grundlage der Pädagogik (I)
294	Erziehungskunst. Methodisch-Didaktisches (II)
295	Erziehungskunst. Seminarbesprechungen und Lehrplanvorträge (III)
298	Rudolf Steiner und die Waldorfschule
301	Die Erneuerung der pädagogisch-didaktischen Kunst durch Geisteswissenschaft
303	Die gesunde Entwicklung des Menschenwesens
304a	Anthroposophische Menschenkunde und Pädagogik
305	Die geistig-seelischen Grundkräfte der Erziehungskunst
306	Die pädagogische Praxis vom Gesichtspunkte geisteswissenschaftlicher Menschenerkenntnis
307	Gegenwärtiges Geistesleben und Erziehung
308	Die Methodik des Lehrens und die Lebensbedingungen des Erziehens
309	Anthroposophische Pädagogik und ihre Voraussetzungen
310	Der pädagogische Wert der Menschenerkenntnis und der Kulturwert der Pädagogik
311	Die Kunst des Erziehens aus dem Erfassen der Menschenwesenheit

Nachweise

Die ersten Wörter eines neuen Textauszugs sind jeweils in KAPITÄLCHEN gesetzt, Auslassungen in einem zusammenhängenden Text durch eine Leerzeile gekennzeichnet. Folgt ein Auszug aus einem anderen Text, ist er durch doppelte Leerzeile vom vorangehenden getrennt und der Anfang erneut durch KAPITÄLCHEN hervorgehoben.

Seite

13 *Weil einem das Materielle flüssig wird:* Vortrag 28. Dezember 1921, GA 303, S. 111.

15 *Damit habe ich vielleicht:* Vortrag 16. August 1922, GA 305, S. 12–15.

19 *Was einem wirklich vorliegt:* Vortrag 17. Juli 1924, GA 310, S. 13–15.

22 *Stellen wir uns aber nun vor:* Vortrag 17. Juli 1924, GA 310, S. 21 f.

23 *Sie werden gesehen haben:* Vortrag 24. Juli 1924, GA 310, S. 139–147.

34 *Sehen Sie, wir beschreiben:* Vortrag 10. April 1924, GA 308, S. 52–57.

42 *Menschen fühlen sich heute:* Vortrag 28. Dezember 1921, GA 303, S. 104–109.

48 *Wenn man versucht, Vorstellungen zu gewinnen:* Vortrag 28. Dezember 1921, GA 303, S. 109–112.

50 *Ich habe gestern darauf hingewiesen:* Vortrag 21. April 1920, GA 301, S. 27–37.

64 *Aber man muß wieder:* Vortrag 10. April 1924, GA 308, S. 46–49.

68 *Sie werden – wenigstens:* Vortrag 20. April 1920, GA 301, S. 14 f.

70 *Zu einer vollständigen Menschenerkenntnis:* Vortrag 26. Dezember 1921, GA 303, S. 73–80.

80 *Sie wissen vielleicht:* Vortrag 29. Dezember 1921, GA 303, S. 121–125.

86 *Heute, sage ich also:* Vortrag 23. Juli 1924, GA 310, S. 137 f.

87 *Die Waldorfschul-Pädagogik ist nie:* Vortrag 17. Juli 1924, GA 310, S. 16 f.

89 *In den großen Gärten:* Vortrag 21. August 1919, GA 295, S. 18.

90 *Die bisherigen Auseinandersetzungen:* Vortrag 26. April 1920, GA 301, S. 75 f.

93 *Sehen Sie, da handelt es sich darum:* Vortrag 26. April 1920, GA 301, S. 77 f.

94 *Wollen wir daher:* Vortrag 8. April 1924, GA 308, S. 11 f.

96 *Ich möchte bemerken, daß:* Vortrag 30. Dezember 1921, GA 303, S. 138 f.

98 *Wenn man erziehen will:* Vortrag 21. Juli 1924, GA 310, S. 97 f.

99 *Da müssen wir dann die Gabe:* Vortrag 26. April 1920, GA 301, S. 86–88.

102 *Der Lehrer also betritt:* Vortrag 30. Dezember 1921, GA 303, S. 140–142.

105 *Wir haben die Waldorfschule:* Vortrag 23. August 1922, GA 305, S. 136.

106 *Es ist in diesen Tagen:* Vortrag 14. August 1923, GA 307, S. 185–187.

108 *Aber das erste muß sein:* Vortrag 19. August 1924, GA 311, S. 115.

109 *Das Wichtige solcher Prinzipien:* Vortrag 16. August 1923, GA 307, S. 216 f.

110 *Wie kapselt sich heute jeder ein:* Vortrag 17. August 1923, GA 307, S. 244 f.

111 *Eigentlich kann man:* Vortrag 17. April 1924, GA 309, S. 79.

112 *Nun, Zeugnisse muß man:* Vortrag 30. Dezember 1921, GA 303, S. 155.

113 *Nun möchte ich heute:* Vortrag 18. August 1922, GA 305, S. 49 f.

115 *Das würde das Ideal darstellen:* Vortrag 21. August 1919, GA 295, S. 18.

Ja, sehen Sie: Vortrag 10. August 1923, GA 304a, S. 89 f.

116 *Wirklich, die eigentlichen Erfolge:* Ansprache 9. Mai 1922, GA 298, S. 134 f.

119 *Derjenige, der das Menschenwesen:* Vortrag 19. April 1923, GA 306, S. 105–114.

130 *Aber es handelt sich:* Vortrag 20. Juli 1924, GA 310, S. 83 f.

132 *So wie es ungeheuer wichtig ist:* Vortrag 16. August 1922, GA 305, S. 22 f.

133 *Ich will das an einem Beispiel:* Vortrag 10. April 1924, GA 308, S. 62–65.

136 *Wenn man die Entwicklung des Kindes:* Vortrag 19. August 1924, GA 311, S. 116–118.

138 *Sie sehen aber, wie:* Vortrag 14. August 1923, GA 307, S. 190–192.

141 *Sie begreifen, daß das gerade:* Vortrag 30. Dezember 1921, GA 303, S. 139 f.

Wenn man Kinder beobachten: Vortrag 21. Juli 1924, GA 310, S. 87–89.

144 *Der Mensch gewinnt:* Vortrag 31. Dezember 1921, GA 303, S. 174–176.

147 *Nun werden Sie vielleicht sagen:* Vortrag 20. April 1923, GA 306, S. 123 f.

148 *Wenn nun der Übergang stattfindet:* Vortrag 20. April 1923, GA 306, S. 129 f.

149 *Es gibt im Grunde genommen:* Vortrag 20. April 1923, GA 306, S. 131.

150 *Aus dem, was ich jetzt:* Vortrag 21. April 1924, GA 306, S. 146.

152 *Da ist der Gedanke entstanden:* Vortrag 22. Juli 1924, GA 310, S. 112.

154 *Daß man, wenn das Kind:* Vortrag 13. August 1923, GA 307, S. 154–157.

159 *Eine Ausnahme damit muß:* Vortrag 23. August 1922, GA 305, S. 136 f.

160 *Nun richten wir tatsächlich:* Vortrag 13. August 1923, GA 307, S. 159–167.

169 *Sie bekommen eine ausgezeichnete Vorstellung:* Vortrag 14. August 1923, GA 307, S. 181–185.

174 *Wie man aus dem Anschaulichen:* Vortrag 16. August 1924, GA 311, S. 90–95.

181 *Wir wollen noch aus dem Methodischen:* Vortrag 19. August 1924, GA 311, S. 113–115.

186 *Die öffentliche Pflege des Geisteslebens:* Aufsatz August 1919, GA 24, S. 35–39.

191 *So liegt gerade bei dem:* Vortrag 21. April 1923, GA 306, S. 148 f.

192 *Da sitzt in der Hauptstadt:* Vortrag 21. Juli 1924, GA 310, S. 103 f.

194 *Da steht also eine Lehrkraft:* Vortrag 13. August 1924, GA 311, S. 36 f.

196 *Zunächst möchte ich dieses andeuten:* Vortrag 21. Juli 1924, GA 310, S. 86.

Und deshalb ist das Herz: Vortrag 23. August 1922, GA 305, S. 133 f.

197 *In dem Organismus:* Vortrag 17. August 1923, GA 307, S. 240–243.

199 *Nun habe ich schon gestern:* Vortrag 22. April 1923, GA 306, S. 159 f.

200 *Ergänzend zu dem:* Vortrag 22. Juli 1922, GA 310, S. 105–107.

201 *Großen Wert legen wir darauf:* Vortrag 19. August 1924, GA 311, S. 127 f.

202 *Und ebenso wie nach dem Zentrum:* Vortrag 17. August 1923, GA 307, S. 243.

203 *Bei uns unterliegt alles:* Vortrag 22. Juli 1924, GA 310, S. 105 f.

205 *Es muß der Unterricht graziös werden:* Vortrag 20. April 1923, GA 306, S. 121.

205 *Man muß sich der Idee:* Philosophie der Freiheit, GA 4, S. 271.

207 *Sie können sich denken:* Vortrag 21. April 1923, GA 306, S. 135–138.

211 *Deshalb wird mit jedem neuen:* Vortrag 21. April 1923, GA 306, S. 151–153.

214 *Die größere Schwierigkeit:* Vortrag 23. August 1922, GA 305, S. 131–133.

217 *Nun sind wir ja bestrebt:* Vortrag 30. Dezember 1921, GA 303, S. 149.

218 *Als unsere Schülerinnen und Schüler:* Vortrag 24. Juli 1924, GA 310, S. 177.

220 *Ja, nun soll man den Lehrplan:* Vortrag 21. April 1923, GA 306, S. 144–146.

223 *Gerade für diesen Lebensabschnitt:* Vortrag 20. April 1923, GA 306, S. 122 f.

224 *Sie lachen jetzt über diese Dinge:* Vortrag 14. August 1924, GA 311, S. 53 f.

225 *Das ist dasjenige:* Vortrag 16. August 1924, GA 311, S. 87.

Vorher ist etwas ganz anderes: Vortrag 20. April 1923, GA 306, S. 121.

227 *Aber weil es noch:* Vortrag vom 21. April 1923, GA 306, S. 152.

231 *Da tritt nun das auf:* Vortrag 30. August 1924, GA 304a, S. 178.

233 *Ferner ist das noch zu beachten:* Vortrag 14. April 1924, GA 309, S. 24.

Sachregister

Weiterführende Literatur (Auswahl)

1. Werke von Rudolf Steiner

(alle Rudolf Steiner Verlag, Dornach)

GA Band

217 *Geistige Wirkenskräfte im Zusammenleben von alter und junger Generation*

293 *Allgemeine Menschenkunde als Grundlage der Pädagogik (I)*

294 *Erziehungskunst. Methodisch-Didaktisches (II)*

297 *Idee und Praxis der Waldorfschule*

300 a–c *Konferenzen mit den Lehrern der Freien Waldorfschule*

302 *Menschenerkenntnis und Unterrichtsgestaltung*

302a *Erziehung und Unterricht aus Menschenerkenntnis*

304 *Erziehung- und Unterrichtsmethoden auf anthroposophischer Grundlage*

Die Erziehung des Kindes, Einzelausgabe. Ein Aufsatz und zwei Vorträge

Das Geheimnis der menschlichen Temperamente, Einzelausgabe

2. Allgemeine Darstellungen

Rudolf Steiner, *Texte zur Pädagogik,* Quellentexte für die Wissenschaften Band 2. Herausgegeben und kommentiert von Johannes Kiersch, Rudolf Steiner Verlag, Dornach 2004.

Frans Carlgren, *Erziehung zur Freiheit,* 9. Auflage, Stuttgart 2005.

Johannes Kiersch, *Die Waldorfpädagogik,* 11. Auflage, Stuttgart 2007.

Christoph Lindenberg, *Waldorfschulen: Angstfrei lernen, selbstbewußt handeln,* Reinbek 1975.

Stefan Leber (Hrsg.), *Waldorfschule heute,* Stuttgart 2001.

Stefan Leber (Hrsg.), *Anthroposophie und Waldorfpädagogik in den Kulturen der Welt,* Stuttgart 1997.

Ernst-Michael Kranich, *Anthropologische Grundlagen der Waldorfpädagogik,* Stuttgart 1999.

Peter Loebell, *Ich bin, der ich werde. Individualisierung in der Waldorfpädagogik,* Stuttgart 2004.

Thomas Marti, *Wie kann Schule die Gesundheit fördern? Erziehungskunst und Salutogenese,* Stuttgart 2006.

3. Spezielle Themen

Zusammenarbeit mit den Eltern

Michael Harslem, *Wie arbeiten Eltern und Lehrer zusammen?* Stuttgart 1999.

Karl-Martin Dietz, *Eltern und Lehrer an der Waldorfschule. Grundzüge einer dialogischen Zusammenarbeit,* Heidelberg 2002.

Zu den Alterstufen und zur Sinneslehre

Rainer Patzlaff, Wolfgang Saßmannshausen, *Leitlinien der Waldorfpädagogik für die Alterstufe von 3 bis 9 Jahren,* Stuttgart 2005.

Hans-Müller-Wiedemann, *Mitte der Kindheit. Das neunte bis zwölfte Lebensjahr,* Stuttgart 2003.

Willi Aeppli, *Sinnesorganismus, Sinnesverlust, Sinnespflege,* Stuttgart 1999.

Wolfgang Schad, *Die menschliche Nervenorganisation und die soziale Frage, Teil 1,* Stuttgart 1992.

Jugendpädagogik

Karl-Martin Dietz, *Erziehung in Freiheit, Rudolf Steiner über die Selbständigkeit im Jugendalter,* Heidelberg 2003.

Peter Selg, *«Eine grandiose Metamorphose». Zur geisteswis-*

senschaftlichen Anthropologie und Pädagogik des Jugendalters, Dornach 2005.

Erhart Fucke, *Grundlinien einer Pädagogik des Jugendalters,* Stuttgart 1998.

Rüdiger Iwan, *Ansätze zur Entwicklung einer neuen Oberstufengestalt,* Stuttgart 2003.

Initiativen

Edding/Mattern/Schneider (Hrsg.), *Praktisches Lernen in der Hibernia-Pädagogik,* Stuttgart 1985.

Freie Pädagogische Vereinigung Bern (Hrsg.), *Waldorfpädagogik in öffentlichen Schulen,* Freiburg 1976.

Thomas Stöckli, Rudolf Wepfer, *Schule am Wildbach. Verbindung von Schule und Beruf als Chance,* Dornach 1997.

M. Brater, Ch. Hemmer-Schanze, Albert Schmelzer, *Schule ist bunt. Eine interkulturelle Schule im Brennpunkt,* Stuttgart 2007.

Schulautonomie

Wenzel M. Götte, *Erfahrungen mit Schulautonomie,* Stuttgart 2006.

Stefan Leber, *Die Sozialgestalt der Waldorfschule,* Stuttgart 1991.

Albert Schmelzer, *Die Dreigliederungsbewegung 1919. Rudolf Steiners Einsatz für den Selbstverwaltungsimpuls,* Heidelberg 1991.